채권각론 사례연습

정진명

동방문화사

머리말

법학은 법전의 내용을 해석하는 해석학이다. 그러므로 법학은 법전이 상정하고 있는 사실관계를 법적으로 분석하여 그 해답을 찾아내는 능력을 기르는 것이 목표이다. 그러나 법학 교육의 현실은 법전의 내용을 해석하고 그 내용을 암기하는 데 매몰되어 있다. 그 결과 학생들이 다양한 법적 쟁점을 체계적으로 이해하고, 실생활에서 마주하는 법률문제를 해결하는 데 어려움을 겪고 있다. 이를 극복하기 위해서는 해당 법률제도에 관한 사례들을 통해 법규범의 구조와 내용을 이해하는 훈련이 필요하다.

사례연습은 민법을 공부하는 학생들이 민사 사례를 통해 민법전의 내용과 민법 이론을 더 잘 이해하고, 그 내용을 심화할 수 있도록 한다. 즉 학생들이 사실관계를 법적으로 분석하고, 이에 대한 법률요건을 설정하여 그 의미와 내용을 확정한 다음, 이를 사실관계에 대입하는 과정을 통하여 민법의 내용과 이론을 체계적으로 이해하고, 해당 법률제도에 관한 실제적인 이해의 폭을 넓힐 수 있다. 특히 사례연습은 다양한 법적 쟁점을 포함하고 있어 교과서 중심의 단선적인 이해에서 법률제도 중심의 체계적인 이해를 가능하게 한다.

이 책은 채권각론 강의를 수강하는 학생들을 대상으로 하므로 채권각론의 여러 법률제도에 관한 사례를 교과서 순서에 따라 작성하였다. 즉 이 책은 채권각론에서 다루어지는 법률제도를 판례의 사안을 변형하여 사례로 만들었으며, 일부는 이론적 쟁점을 중심으로 사례를 구성해 보았다. 채권각론은 계약과 불법행위를 대상으로 하며, 또한 특별법과의 관계도 중요하므로 이러한 요소들을 사례에 반영하였다. 그리고 이 책에 실린 25개의 사례는 채권각론의 기본적인 법률개념을 이해하기 위한 것이지만 그 내용은 채권각론에 한정하지 않고 민법총칙과 채권총론, 물권법의 내용도 담고 있다. 나아가 이 책은 교과서에 실린 민법 이론들에 대한 설명은 가능한 줄이고 채권각론의 전형적인 사례를 통하여 학생들이 알아야 할 법률개념을 논리적으로 설명하는 데 주안점을 두었다.

　이 책은 민법총칙, 물권법 다음으로 나오게 되는 필자의 세 번째 사례연습이다. 그동안 강의를 위해서 작성한 사례를 단행본으로 발간하는 과정에서 민법총칙의 내용을 어느 범위까지 기술할 것인지에 대한 고민이 있었다. 민법 사례에는 다양한 법률제도가 서로 유기적 관련성을 가지고 있으며, 특히 민법총칙에서 다루는 법률개념은 채권각론 사안에서도 핵심적인 역할을 하므로 이를 고려하여 작성하였다. 그리고 이 책을 쓰는 데는 한편으로 기존의 교과서 및 기출문제에서 많은 시사점을 받았으며, 다른 한편으로 이와 차별화된 문제해결 방법을 제시하는 데 어려움이 있었다. 그리하여 독일 및 우리나라에서 일부 도입되고 있는 청구권 규범에 의한 사례풀이 방식을 토대로 하여 사례를 작성하였다.

　이 책이 나오는 데에는 여러분의 도움이 있었다. 먼저 필자를 학문의 길로 이끌어주신 은사이신 서 민 선생님은 변함없는 지도와 격려를 해 주셨고, 동방문화사 조형근 사장님은 출판시장의 어려운 사정하에서도 강의안이었던 원고를 출판하도록 용기를 주었다. 도와주신 모든 분들에게 감사드린다.

2023년 9월

단국대학교 법과대학 연구실에서

정 진 명

목 차

[1] 계약의 성립 ·· 1
[2] 약관의 구속력 ·· 10
[3] 계약교섭의 부당파기 ·· 23
[4] 동시이행의 항변권 ·· 35
[5] 불안의 항변권 ·· 45
[6] 위험부담 ·· 56
[7] 제3자를 위한 계약 ·· 68
[8] 계약해제와 동시이행 ·· 78
[9] 이행불능과 계약해제 ·· 86
[10] 하자담보책임(1): 타인 권리의 매매 ······································ 96
[11] 하자담보책임(2): 채무불이행책임 ·· 105
[12] 임차권의 무단양도 ·· 115
[13] 임차권의 무단전대 ·· 126
[14] 도급계약에서의 담보책임 ·· 132
[15] 부당이득과 불법행위 ·· 147
[16] 불법원인급여 ·· 159
[17] 전용물소권 ·· 170
[18] 일반 불법행위 ·· 178
[19] 책임무능력자의 감독자책임 ·· 187
[20] 사용자책임(1): 대리운전 사고에 대한 책임 ························ 198
[21] 사용자책임(2): 회원권 분양 책임 ·· 212
[22] 도급인책임과 공작물점유자책임 ·· 226
[23] 인격권 침해 ·· 238
[24] 환경오염책임 ·· 247
[25] 자동차결함에 대한 책임 ·· 256

한글색인 ·· 269
판례색인 ·· 271

[1] 계약의 성립

사례

甲은 2023. 4. 1. 당근마켓에 자신이 사용하던 MTB 자전거를 60만원에 매도한다는 광고를 올리면서 MTB의 매수를 원하는 경우 2023. 4. 20.까지 응답하여 줄 것을 요구하였다. 乙은 甲의 광고를 보고 자신이 MTB 자전거를 매수하겠다고 4. 19. 甲에게 이메일을 보냈으나 정보통신망의 오류로 인하여 이메일이 4. 22. 甲에게 도달하였다. 甲은 4. 21. 산악자전거 동호인 모임의 일원인 丙에게 MTB 자전거를 50만원에 매도하였으며, 甲은 4. 22. 乙로부터 이메일을 받자 MTB 자전거를 매도하였다는 사실을 乙에게 통지하였다.

[문제1] 甲과 乙 사이의 법률관계를 설명하시오?

[문제2] 丙은 甲으로부터 MTB 자전거를 50만원에 매수하여 인도받았다. 그러나 丙이 甲으로부터 인도받은 MTB 자전거는 丙이 인식한 산악용 자전거가 아니라 MTB라는 상표의 일반 자전거이다.

甲과 丙 사이의 법률관계를 설명하시오?

【개요】

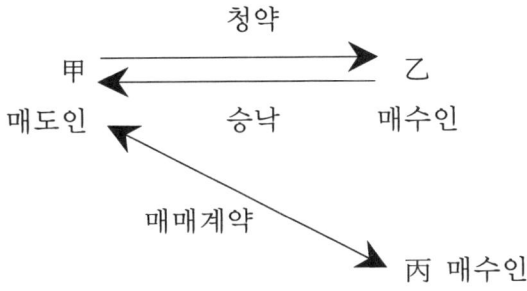

Ⅰ. 문제의 소재

(1) 계약은 계약당사자의 의사표시의 일치, 즉 '합의'에 의하여 성립한다. 따라서 甲과 乙 사이에 매매계약이 성립하는지는 甲의 통지가 청약에 해당하는지, 그리고 승낙이 승낙기간에 도달하지 못한 경우에도 계약이 성립할 수 있는지가 문제된다.

(2) 甲은 丙과 MTB 자전거에 대한 매매계약을 체결하였다. 그러나 계약당사자 사이에 계약의 성립요건인 합의가 존재하는지, 합의가 존재하지 않는 경우 그 효과는 무엇인지, 그리고 다른 요건이 갖추어져 있는 경우에 착오를 이유로 계약을 취소할 수 있는지가 문제된다.

Ⅱ. 甲과 乙 사이의 매매계약의 성립 여부

1. 청약의 존재 여부

계약은 청약과 승낙의 합치에 의하여 성립한다. 여기서 '청약'은 그에 대응하는 승낙과 결합하여 계약을 성립시킬 것을 목적으로 하는 일방적·확정적 의사표시이다. 첫째, 청약은 승낙자가 청약을 받아들일 것인지 아니면 거절할 것인지를 결정할 수 있는 선택권을 주는 상대방 있는 의사표시이며, 그 자체만으로는 법률효과가 발생하지 않는다. 둘째, 청약은 그에 응하는 승낙이 있으면 곧바로 계약을 성립시킬 수 있을 정도의 사항이 포함되어 있어야 한다. 판례도 "계약이 성립하기 위한 법률요건인 청약은 그에 응하는 승낙만 있으면 곧 계약이 성립하는 구체적, 확정적 의사표시여야 하므로, 청약은 계약의 내용을 결정할 수 있을 정도의 사항을 포함시키는 것이 필요하다."고 한다(대판 2003. 4. 11, 2001다53059). 즉 청약의 내용은 곧바로 계약을 성립시킬 수 있도록 내용적으로 확정되거나 적어도 확정될 수 있어야 한다. 예컨대 매매계약을 위한 청약은 최소한 매매의 객체와 대금에 관한 사항이 확정되거나 확정될 수 있어야 한다. 셋째, 청약은 특정인에 대하여 하는 것이 원칙이나 불특정 다수인에 대하여도 할 수 있다. 넷째, 청약은 청약자의 법적 구속의사가 있어야 한다. 광고의 경우 판례는 "광고는 일반적으로 청약의 유인에 불과하지만 내용이 명확하고 확정적이며 광고주가 광고의 내용대로 계약에 구속되려는 의사가 명백한 경우에는 이를 청약으로 볼 수 있다."고 한다(대판 2018. 2. 13, 2017다275447). 나아가 당사자 사이에 계약의 해석을 둘러싸고 다툼이 있어 계약 내용에 관한 서면에 나타난 당사자의 의사해석이 문제되는 경우에는 문언의 내용, 약정이 이루어진 동기와 경위, 약정으로 달성하려는 목적, 당사자의 진정한 의사 등을 종합적으로 고찰하여 논리와 경험칙에 따라 합리적으로 해석하여야 한다(대판 2018. 2. 13, 2017다275447). 사안에서 甲이 당근마켓에 자신이 사용하던 MTB 자전거를 60만원에 매도한다는 광고를 올린 것은 매매의 객체와 대금과 같은 본질적 사항을 포함하고 있어 청약이라고 할 수 있다. 다만, 甲의 광고가 타인으로 하여금 청약을 하게 하려는 청약의 유인에 해당하는지의 여부는 법률행위의 해석 또는 관습에 의하여 정하여진다.

2. 승낙적격 여부

청약은 그에 대한 승낙만 있으면 계약을 성립하게 하는 효력이 있다. 이 경우 청약은 상대방에게 도달한 때에 효력이 생기며(제111조 제1항), 불특정 다수인에 대한 청약은 불특정 다수인이 청약을 알 수 있는 상태가 성립한 때에 도달된 것을 본다. 한편 청약자가 청약을 한 뒤에는 이를 임의로 철회하지 못하므로(제527조), 상대방은 그에 대하여 승낙 또는 거절을 선택할 수 있는 유리한 법적 지위에 있게 된다. 즉 상대방이 청약에 대하여 일정한 기간 내에 승낙이 없거나 거절이 있으면 청약은 소멸한다. 그리고 청약자가 청약을 하면서 승낙기간을 지정한 경우 청약자가 그 기간 내에 승낙의 통지를 받지 못한 때에는 청약은 효력을 잃는다(제528조 제1항). 그러나 청약자가 승낙기간을 정하지 않고 청약을 한 경우에는 청약자가 상당한 기간 내에 승낙의 통지를 받지 못한 때에는 청약은 효력을 잃는다(제529조). 사안에서 甲은 2023. 4. 1. 당근마켓에 MTB 자전거를 60만원에 매도한다는 광고를 올렸고, 乙이 甲의 광고를 보고 청약을 알았으므로 甲은 4. 20.까지 자신의 청약을 철회하지 못한다. 그러나 乙의 이메일이 정보통신망의 오류로 인하여 4. 21. 甲에게 도달하였으므로 甲의 청약은 소멸한다.

3. 연착통지의무

승낙은 청약에 응하여 계약을 성립시킬 목적으로 청약자에 대하여 행하는 의사표시이다. 즉 승낙은 청약과 결합하여 계약을 성립하게 하는 효력이 있으므로 청약에 승낙기간이 정해져 있는 경우에는 승낙이 그 기간 내에 청약자에게 도달하여야 계약이 성립한다(제528조 제1항). 그러나 우리 민법은 예외적으로 승낙의 통지가 승낙기간이 경과한 후에 도달한 경우에 보통 그 기간 내에 도달할 수 있는 발송인 때에는 청약자는 지체없이 상대방에게 연착의 통지를 하여야 하며(제528조 제2항), 청약자가 그 통지를 하지 않은 때에는 승낙의 통지는 연착되지 않은 것으로 본다(제528조 제3항). 사안에서 乙은 甲의 광고를 보고 자신이 MTB 자전거를 매수하겠다고 4. 19. 甲에게 이메일을 보냈으나 정보통신망의 오류로 인하여 이메일이 승낙기간이 지난 4. 21. 甲에게 도달하였다. 그러나 이메일은 일반적으로 전송과 동시에 도달하므로 甲은 乙에게 연착통지의무를 부담한다. 그리하여 甲은 지체없이 4. 22. 乙에게 연착통지를 하였으므로 乙의 승낙은 효력이 없다.

4. 연착된 승낙의 효력

연착된 승낙은 청약자가 이를 새로운 청약으로 볼 수 있다(제530조). 따라서 청약자는 상대방의 승낙을 받아들일 것인지 아니면 거절할 것인지를 자유로이 선택할 수 있다. 새로운 청약이 거절되면 이전의 청약은 효력을 잃게 되므로 이전의 청약에 대하여 동의를 표시하더라도 그것만으로는 계약이 성립하지 않는다. 사안에서 甲은 乙의 승낙을 거절하여 계약을 불성립으로 할 수 있다. 그러나 甲이 乙의 승낙을 받아들이면 계약이 성립되므로 4. 21. 丙에 대한 매매와 함께 이중매매가 성립하게 된다.

Ⅲ. 甲과 丙 사이의 매매계약 성립 여부

1. 합의의 존재 여부

합의는 계약을 성립시키는 계약당사자의 의사표시의 일치를 말하며, 합의에 도달하지 못한 경우를 불합의라고 한다. 이 경우 합의가 언제 존재하는지의 여부는 의사표시 내지 법률행위 해석의 고려하에서만 판단될 수 있다. 계약이 성립하기 위하여 합의가 필요한 범위는 계약의 종류와 당사자의 의사에 의하여 결정되며, 당사자는 계약의 본질적인 구성부분에 관하여는 반드시 합의를 하여야 한다. 다만, 계약당사자들이 그들의 의사표시를 동일한 의사표시로 이해하면 그것이 다의적인 경우라고 하더라도 의사표시의 효력에 영향을 미치지 않는다(오표시무해의 원칙).

한편 불합의는 계약당사자 쌍방의 의사표시가 해석에 의하여 표준적인 것으로 인정되는 의미에서 일치하지 않는 것을 말한다. 이러한 불합의는 계약당사자가 불합의의 존재를 알고 있는 의식적인 불합의와 계약당사자는 완전히 합의하였다고 믿는 반면 실제로는 합의가 존재하지 않는 무의식적인 불합의로 구분되며, 이들은 다시 본질적인 구성부분에 대한 불합의와 부수적인 구성부분에 대한 불합의로 구분된다. 의식적인 불합의가 계약의 본질적인 구성부분에 존재하는 경우에는 계약은 성립하지 않으며, 계약의 부수적인 구성부분에 관하여만 존재하는 경우에는 계약의 해석에 의하여 결정되어야 한다. 이 경우 계약의 해석에 의하여도 합의 여부를 결정할 수 없으면 특별한 사정이 없는 한 불합의라고 하여야 한다. 무의

식적 불합의의 경우 그 불합의가 계약의 본질적인 구성부분에 존재하는 때에는 계약은 당연히 성립하지 않는다. 그러나 불합의가 계약의 부수적인 구성부분에 존재하는 때에는 계약은 합의된 부분에 대해서만 효력을 가진다는 견해와 그것이 아무리 경미하더라도 계약은 처음부터 성립하지 않았던 것이 된다는 견해가 있다. 생각건대 무의식적 불합의의 경우에 계약당사자는 합의가 이루어졌다고 믿고 있는데, 계약이 불성립한다고 하면 거래의 안전 및 당사자의 이익과도 모순된다. 따라서 무의식적 불합의가 계약의 부수적인 구성부분에 존재하는 때에는 예외적으로 합의가 도달된 범위에서 계약이 성립된다고 보아야 한다. 사안에서 甲과 丙은 MTB 자전거에 대한 매매계약을 체결하였으나 丙은 MTB 자전거를 산악용 자전거로 인식한 반면, 甲은 MTB라는 상표의 일반 자전거를 매도하였다. 여기서 계약의 목적물인 MTB 자전거는 계약의 본질적 구성부분(essentialia negotii)에 해당하므로 이에 대한 양당사자의 의사표시에 대한 해석이 필요하다.

2. 의사표시의 해석

의사표시의 해석은 1차적으로 자연적 해석이 행하여져야 하고, 자연적 해석이 행하여질 수 없는 경우에는 규범적 해석이 행하여져야 한다. 자연적 해석은 어떤 의사표시에 관하여 당사자가 사실상 일치하여 이해한 경우에는 그 의미대로 효력을 인정한다. 자연적 해석은 당사자 쌍방이 의욕한 것을 목표로 하기 때문에 당사자의 청약과 승낙이 객관적으로 상이하거나 또는 동일하지만 다의적이더라도 계약은 당사자들이 이해한 의미로 효력을 가진다. 하지만 당사자들이 그들의 의사표시를 동일한 것으로 생각하지 않는 경우에는 규범적 해석이 행하여진다. 규범적 해석은 의사표시의 상대방이 제반사정 하에서 적절한 주의를 베푼 경우에 이해하였어야 하는 것을 목표로 한다. 사안에서 甲과 丙은 계약의 목적물이 MTB 자전거라는 점에 대해서는 상호 간에 의사표시가 일치하지만 丙은 MTB 자전거를 산악용 자전거라고 인식한 반면, 甲은 MTB라는 상표의 일반 자전거를 매도하였다. 이처럼 丙의 의사표시와 甲의 의사표시가 일치하지 않으므로 자연적 해석은 행하여질 수 없고, 규범적 해석이 행하여져야 한다. 이 경우 丙의 청약의 의사표시에 대하여 甲의 입장에서는 합리적인 상대방으로서 적절한 주의를 베풀었다면 계약의 목적물이 MTB라는 산악용 자전거라고 이해하였을 것이다. 이에 대하여 甲의 승낙의 의사표시에 대하여 丙의 입장에서는 MTB라는 상표의 일반 자전거라고 이해하였을 것이다. 따라서 甲의 의사표시와 丙의 의사표시가 일치하지 않으므로 무의식적인 불합의가 존재하며, 그 불합의가 매매목적물이라는 본질적 구성부분에 관하여 존재하고 있으므로 甲과 乙이 모두 계약에 대한 합의가 있다고 믿더라도 甲과 乙 사이의 매매계약은 성립하지 않는다.

3. 착오의 성립 여부

착오는 내심의 효과의사(진의)와 표시행위의 의미가 일치하지 않는 것을 말한다. 그러므로 착오의 존재 여부를 판단하기 위해서는 먼저 표의자의 표시행위의 의미가 탐구되어야 하며, 이 경우 해석에 의하여 확정된 표시행위의 의미와 내용이 표의자의 실제 의사와 일치하지 않아야 한다. 그런데 착오가 문제되는 법률행위가 계약인 경우에는 계약이 성립하지 않으면 취소는 처음부터 문제되지 않으므로 계약의 성립 여부가 먼저 검토되어야 한다. 사안에서 甲과 丙의 의사표시는 해석상 불합의가 존재하여 계약이 성립하지 않으므로 당사자의 착오가 문제되지 않는다.

Ⅳ. 사안의 해결

(1) 甲은 2023. 4. 1. 당근마켓에 MTB 자전거를 60만원에 매도한다는 광고를 올렸고, 乙이 甲의 광고를 보고 청약을 알았으므로 甲은 4. 20.까지 자신의 청약을 철회하지 못한다. 그러나 乙의 이메일이 정보통신망의 오류로 인하여 승낙기간을 지난 4. 21. 甲에게 도달하였으므로 甲의 청약

은 소멸한다. 그리하여 甲은 지체없이 4. 22. 乙에게 연착통지를 하였으므로 乙의 승낙은 효력이 없다. 이처럼 甲은 乙의 승낙을 거절하여 계약을 불성립으로 할 수 있으며, 만일 甲이 乙의 승낙을 받아들이면 계약이 성립하므로 4. 21. 丙에 대한 매매와 함께 이중매매가 성립하게 된다.

(2) 甲과 丙은 계약의 목적물이 MTB 자전거라는 점에 대해서는 상호간에 의사표시가 일치하지만 丙은 MTB 자전거를 산악용 자전거라고 인식한 반면, 甲은 MTB라는 상표의 일반 자전거를 매도하였다. 이처럼 甲의 의사표시와 丙의 의사표시가 일치하지 않으므로 무의식적인 불합의가 존재하며, 그 불합의가 매매목적물이라는 본질적 구성부분에 관하여 존재하고 있으므로 甲과 乙이 모두 계약에 대한 합의가 있다고 믿더라도 甲과 乙 사이의 매매계약은 성립하지 않는다. 그 결과 당사자의 착오는 문제되지 않는다.

> **참고판례**
>
> 1. 대법원 2003. 4. 11. 선고 2001다53059 판결
> [1] 계약이 성립하기 위하여는 당사자의 서로 대립하는 수개의 의사표시의 객관적 합치가 필요하고 객관적 합치가 있다고 하기 위하여는 당사자의 의사표시에 나타나 있는 사항에 관하여는 모두 있어야 하는 한편, 계약 내용의 '중요한 점' 및 계약의 객관적 요소는 아니더라도 특히 당사자가 그것에 중대한 의의를 두고 계약성립의 요건으로 할 의사를 표시한 때에는 이에 관하여 합치가 있어야 계약이 적법·유효하게 성립한다.
> [2] 계약이 성립하기 위한 법률요건인 청약은 그에 응하는 승낙만 있으면 곧 계약이 성립하는 구체적, 확정적 의사표시여야 하므로, 청약은 계약의 내용을 결정할 수 있을 정도의 사항을 포함시키는 것이 필요하다.
> 2. 대법원 2018. 2. 13. 선고 2017다275447 판결
> 광고는 일반적으로 청약의 유인에 불과하지만 내용이 명확하고 확정적이며 광고주가 광고의 내용대로 계약에 구속되려는 의사가 명백한 경우에는 이를 청약으로 볼 수 있다. 나아가 광고가 청약의 유인에 불과하더

라도 이후의 거래과정에서 상대방이 광고의 내용을 전제로 청약을 하고 광고주가 이를 승낙하여 계약이 체결된 경우에는 광고의 내용이 계약의 내용으로 된다. 나아가 당사자 사이에 계약의 해석을 둘러싸고 다툼이 있어 계약내용에 관한 서면에 나타난 당사자의 의사해석이 문제 되는 경우에는 문언의 내용, 약정이 이루어진 동기와 경위, 약정으로 달성하려는 목적, 당사자의 진정한 의사 등을 종합적으로 고찰하여 논리와 경험칙에 따라 합리적으로 해석하여야 한다.

[2] 약관의 구속력

사례*

甲은 보험회사 乙과 자신 소유의 자동차 A에 대한 자동차종합보험계약을 체결하였다. 甲은 A를 자신이 경영하는 회사 앞길에 열쇠를 꽂아 둔 채 정차시켜 놓은 사이에 이전에 위 회사에서 종업원으로 일한 적이 있는 丙이 무단으로 A를 운전하다가 길을 지나던 丁을 치어 현장에서 사망케 하였다. 사고조사 결과 丙은 자동차운전면허가 없으며, 위 사고 당시 혈액 1밀리리터당 알콜 농도 2밀리그램의 주취 상태로 A를 운전하였다는 사실이 확인되었다. 그런데 甲이 乙과 체결한 보험계약의 내용인 약관에는 "甲이 A의 운행으로 인하여 남을 죽게 하거나 다치게 하여 자동차손해배상보장법에 의한 손해배상책임을 짐으로써 입게 될 손해를 乙로부터 보상받는다."는 조항이 포함되어 있었고, 또한 "乙은 A의 운전자가 무면허 운전을 하였을 때 생긴 사고로 인한 손해를 보상하지 않는다."는 조항도 기재되어 있었다.

[문제1] 丁의 유족 戊는 누구에게 어떤 권리를 행사할 수 있는가?
[문제2] 甲은 乙에게 어떤 권리를 행사할 수 있는가?

【개요】

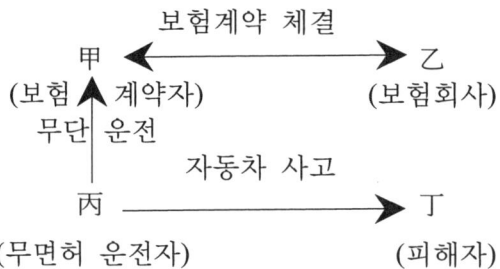

---

* 이 사안은 대법원 1991. 12. 24. 선고 90다카23899 전원합의체 판결에 기초하여 구성한 것이다.

Ⅰ. 문제의 제기

(1) 戊는 丁의 유족으로서 丁의 丙에 대한 재산상 및 정신적 손해배상청구권을 상속하므로 이를 丙에게 행사할 수 있을 것이다. 또한 戊는 丙에게 丁의 사망에 대한 정신적 손해배상도 청구할 수 있을 것이다. 나아가 戊는 甲에게도 丁의 사망에 대한 손해배상을 청구할 수 있으며, 乙에 대해서는 甲에게 지급될 보험금을 자기에게 직접 지급할 것을 청구할 수 있을 것이다.

(2) 甲은 乙과 A에 대한 자동차종합보험계약을 체결하였으므로 "甲이 A의 운행으로 인하여 남을 죽게 하거나 다치게 하여 자동차손해배상보장법에 의한 손해배상책임을 짐으로써 입게 될 손해를 乙로부터 보상받는다."는 조항에 따라 乙에게 보험금 지급을 청구할 수 있을 것이다. 이에 대하여 乙은 "자동차의 운전자가 무면허 운전을 하였을 때 생긴 사고로 인한 손해를 보상하지 않는다."는 조항을 근거로 보상책임의 면책을 항변할 수 있을 것이다.

Ⅱ. 戊의 권리행사

1. 戊의 법적 지위

丁의 유족인 戊는 丙의 과실에 의한 자동차 사고로 丁이 사망하였으므로 사고를 야기한 丙에게 손해배상을 청구할 수 있으며, 자동차 보유자인 甲에게 손해배상을 청구할 수 있으며, 나아가 보험회사인 乙에게도 보험금 지급을 청구할 수 있다.

2. 丙에 대한 손해배상청구

丙은 A를 운전하다가 과실로 丁을 치어 사망에 이르게 하였으므로 丁

은 사망과 동시에 丙에게 재산상 손해배상 및 정신적 손해배상을 청구할 수 있다(제750조, 제751조). 丁의 유족인 戊는 丁의 사망과 동시에 丁이 가진 권리와 의무를 포괄적으로 상속하므로(제997조, 제1005조) 丙에게 이러한 권리들을 행사할 수 있다. 나아가 戊는 丙에게 丁의 사망으로 인한 정신적 손해에 대하여도 그 배상을 청구할 수 있다(제752조).

3. 甲에 대한 권리행사

(1) 戊와 甲의 법률관계

戊는 甲과 아무런 법률관계가 없으므로 원칙적으로 戊는 甲에게 손해배상을 청구할 수 없다. 다만, 丙의 자동차 운행이 甲을 위한 경우에 甲은 戊에게 자동차 운행자의 책임을 진다.

(2) 자동차 운행자의 책임이 성립하려면(자동차손해배상보장법(이하 '자보법'이라 한다) 제3조),

첫째, 자기를 위하여 자동차를 운행하는 자이어야 한다. 여기서 '자동차 운행자'는 자동차에 대한 운행을 지배하여 그 이익을 향수하는 책임주체자로서의 지위에 있는 자를 말하며(대판 1986. 12. 23, 86다카556), 운행지배와 운행이익을 가지고 있어야 한다. 이 경우 '운행지배'는 현실적인 지배에 한하지 않고 사회통념상 간접지배 내지 지배가능성이 있다고 볼 수 있는 경우를 포함한다(대판 1992. 4. 14, 91다4102). 또한 자동차의 소유자 또는 보유자는 통상 그러한 지위에 있는 것으로 추인된다고 할 것이므로 사고를 일으킨 구체적 운행이 보유자의 의사에 기하지 아니한 경우에도 그 운행에 있어 보유자의 운행지배와 운행이익이 완전히 상실되었다고 볼 특별한 사정이 없는 한, 보유자는 당해 사고에 대하여 운행자로서의 책임을 부담한다(대판 1986. 12. 23, 86다카556). 그리고 자동차의 소유자가 그 자동차에 대한 운행지배와 운행이익을 상실하였는지의 여부는 평소의 차량관리 상태, 보유자의 의사와 관계없이 운행이 가능하게 된 경위, 보유자와 운전자와의 관계, 운전자의 차량반환의사의 유무와 무단운행후의 보유자의 승낙가능성, 무단운전에 대한 피해자의 주관적인 인식유무 등 여러 사정을 사회통념에 따라 종합적으로 평가하여 이를 판단하여야 한다(대판 1986. 12. 23, 86다카556). 사안에서 甲은 A를 자신이 경영하는 회사 앞길에 열쇠를 꽂아 둔 채 정차시켜 놓은 점, 丙이 위 회사에서 종업원으로 일한 점, 丙이 甲의 승낙없이 A를 운전하다가 반환하였을 것이라는 점 등을 고려하면 丙의 무단운전은 객관적 외형적으로는 甲을 위한 운행이라고 할 수 있다.

둘째, 자동차의 운행에 의하여야 한다. 여기서 '운행'은 사람 또는 물건의 운송 여부와 관계없이 자동차를 용법에 따라 사용 또는 관리하는 것을 말한다(자보법 제2조 제2호). 사안에서 丙은 A를 운전하였다.

셋째, 다른 사람을 사망하게 하거나 부상하게 하였어야 한다. 사안에서 丙은 丁을 치어 사망에 이르게 하였다.

넷째, 면책사유가 없어야 한다. 사안에서 丙은 운전면허 없이 주취 상태로 A를 운전하다가 사고를 일으켰다. 그 결과 乙은 甲에게 면책사유를 주장할 수 있지만, 甲은 戊에게 면책사유를 주장할 수 없다.

(3) 소결: 丙이 운전면허 없이 주취 상태로 A를 운전하다가 사고를 일으켜 戊를 사망하게 한 것은 甲이 열쇠를 꽂아 둔 채 A를 정차시켜 놓은 과실에 기인하므로 甲은 戊에게 자동차 운행자의 책임을 진다.

Ⅲ. 甲의 乙에 대한 권리행사

1. 甲의 법적 지위

甲은 乙과 A에 대한 자동차종합보험계약을 체결하였다. 따라서 甲은 乙에게 보험금 지급을 청구할 수 있으며, 이에 대하여 乙은 甲에게 보상책임의 면책을 항변할 수 있다.

2. 甲의 보험금 지급 청구

(1) 약관조항의 계약에의 편입 여부

甲은 乙과 A에 대한 자동차종합보험계약을 체결하였으며, 乙은 자동차종합보험약관 조항을 이유로 甲에게 보험금 지급을 거절하고 있으므로 위 약관조항이 계약의 내용으로 편입되었는지가 문제된다.

첫째, 약관이 계약의 내용으로 되기 위해서는 계약당사자 사이에 계약편입에 대한 합의가 있어야 한다. 이 경우 '합의'는 약관을 계약의 내용으로 편입한다는 포괄적인 합의를 말한다. 따라서 고객이 약관의 내용을 알지 못하는 때에도 그 약관의 구속력을 배제할 수 없다(대판 1985. 11. 26, 84다카2543).

둘째, 사업자가 계약을 체결할 때에는 고객에게 약관의 내용을 계약의 종류에 따라 일반적으로 예상되는 방법으로 분명하게 밝히고, 고객이 요구할 경우에는 그 약관의 사본을 고객에게 주어 고객이 그 약관의 내용을 알 수 있도록 하여야 한다(제3조 제2항).

셋째, 사업자는 원칙적으로 약관에 정하여져 있는 중요한 내용을 고객이 이해할 수 있도록 설명하여야 한다(제3조 제3항 본문). 여기서 '중요한 내용'은 고객의 이해관계에 중대한 영향을 미치는 사항으로서 사회통념상 그 사항을 알았는지가 계약체결 여부에 영향을 미칠 수 있는 사항을 말한다(대판 2007. 8. 23, 2005다59475·59482·59499). 다만, 계약의 성질상 설명하는 것이 현저하게 곤란한 경우에는 예외적으로 중요한 내용에 대한 설명의무가 없다(제3조 제3항 단서). 이에 속하는 것으로는, ① 고객이 약관의 내용을 잘 알고 있는 경우, ② 그 내용이 거래상 일반적이고 공통된 것이어서 고객이 별도의 설명 없이도 충분히 예상할 수 있었던 사항, ③ 해당 거래내용이 당연히 적용되는 법령에 정해진 것을 약관에 그대로 기재하거나 부연하는 정도에 불과한 사항이 있다.

사안에서 乙이 약관의 명시의무 및 설명의무를 위반하여 甲과 자동차종합보험계약을 체결한 경우에는 당해 약관을 계약의 내용으로 주장할 수 없다. 하지만 위 약관조항이 계약의 내용으로 편입되었다는 사실에 대해서 甲의 이의가 없으므로 乙은 위 약관조항을 계약의 내용으로 주장할 수 있다.

(2) 약관조항의 유효 여부

甲이 乙과 체결한 자동차종합보험계약 약관이 甲에게 부당하게 불리한 조항인지의 여부가 문제된다. 여기서 약관조항의 불공정성 판단기준으로 약관법은 일반원칙으로서 신의성실 원칙(제6조)과 개별적인 무효사유(제7조 내지 제14조)를 규정하고 있다.

판례는 "약관의 내용통제원리로 작용하는 신의성실의 원칙은 보험약관이 보험사업자에 의하여 일방적으로 작성되고 보험계약자로서는 그 구체적 조항 내용을 검토하거나 확인할 충분한 기회가 없이 보험계약을 체결하게 되는 계약 성립의 과정에 비추어, 약관 작성자는 계약상대방의 정당한 이익과 합리적인 기대 즉 보험의 손해전보에 대한 합리적인 신뢰에 반하지 않고 형평에 맞게끔 약관조항을 작성하여야 한다는 행위원칙을 가리키는 것이며, 보통거래약관의 작성이 아무리 사적자치의 영역에 속하는 것이라고 하여도 위와 같은 행위원칙에 반하는 약관조항은 사적자치의 한계를 벗어나는 것으로서 법원에 의한 내용통제 즉 수정해석의 대상이 되는 것은 당연하며, 이러한 수정해석은 조항 전체가 무효사유에 해당하는 경우뿐만 아니라 조항 일부가 무효사유에 해당하고 그 무효부분을 추출배제하여 잔존부분만으로 유효하게 존속시킬 수 있는 경우에도 가능하다."고 판시하고 있다(대판(전원합의체) 1991. 12. 24, 90다카23899). 그리고 사안에서 "약관 소정의 무면허운전면책조항을 문언 그대로 무면허운전의 모든 경우를 아무런 제한 없이 보험의 보상대상에서 제외한 것으로 해석하게 되면 절취운전이나 무단운전의 경우와 같이 자동차보유자는 피해자에게 손해배상책임을 부담하면서도 자기의 지배관리가 미치지 못하는 무단운전자의 운전면허소지 여부에 따라 보험의 보호를 전혀 받지 못하는 불합리한 결과가 생기는바, 이러한 경우는 보험계약자의 정당한 이익과 합리적인 기대에 어긋나는 것으로서 고객에게 부당하게 불리하고 보험자가 부담하여야 할 담보책임을 상당한 이유 없이 배제하는 것이어서 현저하게 형평을 잃은 것이라고 하지 않을 수 없으며, 이는 보험단체의 공동이익과 보험의 등가성 등을 고려하더라도 마찬가지라고 할 것이므로 결국 위 무면허운전 면책조항이 보험계약자나 피보험자의 지배 또는 관리가능성이 없는 무면허운전의 경우에까지 적용된다고 보는 경우에는 그 조항은 신의성실의 원칙에 반하는 공정을 잃은 조항으로서 약관의 규제에 관한 법률 제6조 제1, 2항, 제7조 제2, 3호의 각 규정에 비추어 무효라고 볼 수밖에 없다."고 판단하였다.

(3) 약관조항 무효의 효과

약관법은 민법과 달리 "약관의 전부 또는 일부의 조항이 제3조 제4항에 따라 계약의 내용이 되지 못하는 경우나 제6조부터 제14조까지의 규정에 따라 무효인 경우 계약은 나머지 부분만으로 유효하게 존속한다."고 일부무효의 원칙을 채택하고 있다(제16조 본문). 다만, 유효한 부분만으로는 계약의 목적달성이 불가능하거나 그 유효한 부분이 한쪽 당사자에게 부당하게 불리한 경우에는 그 계약은 무효로 한다(제16조 단서). 사안의 경우 무면허운전 면책조항이 불공정 조항에 해당하여 무효로 되더라도 나머지 부분만으로 계약의 목적달성이 불가능하거나 일방 당사자에게 부당하게 불리하다고 볼 수 없으므로 보험계약 자체가 무효로 되는 것은 아니다. 따라서 위 무면허운전 면책조항은 甲의 乙에 대한 권리행사에 장애가 되지 않는다.

(4) 소결

甲은 丙에 대해서 A의 운전을 통제할 수 있는 위치에 있지 않았다. 따라서 甲의 보험금 지급 청구에 대해서 乙이 자동차종합보험약관상 무면허운전 면책조항을 근거로 보험금 지급을 거부하는 것은 허용되지 않는다.

Ⅳ. 사안의 해결

(1) 戊는 丁으로부터 丙에 대한 재산상 및 정신적 손해배상청구권을 상속하므로 이를 丙에게 행사할 수 있으며, 丁의 사망에 대하여 丙에게 별도의 정신적 손해배상도 청구할 수 있다. 또한 戊는 甲에게도 丁의 사망에 대한 손해배상을 청구할 수 있으며, 乙에 대해서는 甲에게 지급될 보험금을 자기에게 직접 지급할 것을 청구할 수 있다.

(2) 甲은 乙과 A에 대한 자동차종합보험계약을 체결하였고, 丙에 대해서는 A의 운전을 통제할 수 있는 위치에 있지 않았다. 따라서 甲은 乙에게 약관에 규정된 보험금 지급을 청구할 수 있으며, 乙은 약관에 규정된 무면허운전 면책조항을 근거로 甲에게 보험금 지급을 거부할 수 없다.

참고판례

1. 대법원 1991. 12. 24. 선고 90다카23899 전원합의체 판결

가. 상법 제659조 제1항은 보험사고를 직접 유발한 자 즉 손해발생원인에 전적인 책임이 있는 자를 보험의 보호대상에서 제외하려는 것이므로 보험약관에서 이러한 손해발생원인에 대한 책임조건을 경감하는 내용으로 면책사유를 규정하는 것은 상법 제663조의 불이익변경금지에 저촉되겠지만, 손해발생원인과는 관계없이 손해발생시의 상황이나 인적 관계 등 일정한 조건을 면책사유로 규정하는 것은 위 상법 제659조 제1항의 적용대상이라고 볼 수 없는 것인바, 자동차종합보험보통약관 제10조 제1항 제6호 소정의 책임보험조항의 '자동차의 운전자가 무면허운전을 하였을 때에 생긴 사고로 인한 손해를 보상하지 아니한다'는 이른바 무면허운전면책조항은 사고발생의 원인이 무면허운전에 있음을 이유로 한 것이 아니라 사고발생시에 무면허운전중이었다는 법규위반 상황을 중시하여 이를 보험자의 보상대상에서 제외하는 사유로 규정한 것이므로 위 상법 제659조 제1항의 적용대상이라고 보기 어렵다.

나. 약관의 내용통제원리로 작용하는 신의성실의 원칙은 보험약관이

보험사업자에 의하여 일방적으로 작성되고 보험계약자로서는 그 구체적 조항내용을 검토하거나 확인할 충분한 기회가 없이 보험계약을 체결하게 되는 계약 성립의 과정에 비추어, 약관 작성자는 계약상대방의 정당한 이익과 합리적인 기대 즉 보험의 손해전보에 대한 합리적인 신뢰에 반하지 않고 형평에 맞게끔 약관조항을 작성하여야 한다는 행위원칙을 가리키는 것이며, 보통거래약관의 작성이 아무리 사적자치의 영역에 속하는 것이라고 하여도 위와 같은 행위원칙에 반하는 약관조항은 사적자치의 한계를 벗어나는 것으로서 법원에 의한 내용통제 즉 수정해석의 대상이 되는 것은 당연하며, 이러한 수정해석은 조항 전체가 무효사유에 해당하는 경우뿐만 아니라 조항 일부가 무효사유에 해당하고 그 무효부분을 추출배제하여 잔존부분만으로 유효하게 존속시킬 수 있는 경우에도 가능하다.

다. 위 "가"항의 약관 소정의 무면허운전면책조항을 문언 그대로 무면허운전의 모든 경우를 아무런 제한 없이 보험의 보상대상에서 제외한 것으로 해석하게 되면 절취운전이나 무단운전의 경우와 같이 자동차보유자는 피해자에게 손해배상책임을 부담하면서도 자기의 지배관리가 미치지 못하는 무단운전자의 운전면허소지 여부에 따라 보험의 보호를 전혀 받지 못하는 불합리한 결과가 생기는바, 이러한 경우는 보험계약자의 정당한 이익과 합리적인 기대에 어긋나는 것으로서 고객에게 부당하게 불리하고 보험자가 부담하여야 할 담보책임을 상당한 이유 없이 배제하는 것이어서 현저하게 형평을 잃은 것이라고 하지 않을 수 없으며 이는 보험단체의 공동이익과 보험의 등가성 등을 고려하더라도 마찬가지라고 할 것이므로 결국 위 무면허운전면책조항이 보험계약자나 피보험자의 지배 또는 관리가능성이 없는 무면허운전의 경우에까지 적용된다고 보는 경우에는 그 조항은 신의성실의 원칙에 반하는 공정을 잃은 조항으로서 약관의규제에관한법률 제6조 제1, 2항, 제7조 제2, 3호의 각 규정에 비추어 무효라고 볼 수밖에 없기 때문에 위 무면허운전면책조항은 위와 같은 무효의 경우를 제외하고 무면허운전이 보험계약자나 피보험자의 지배 또는 관리가능한 상황에서 이루어진 경우에 한하여 적용되는 조항으로 수정해석을 할 필요가 있으며 무면허운전이 보험계약자나 피보험자의 지배 또는 관리가능한 상황에서 이루어진 경우라고 함은 구체적으로는 무면허운전이 보험계약자나 피보험자 등의 명시적 또는 묵시적 승인하에 이루어진 경우를 말한다.

[다수의견에 대한 보충의견]

(1) 보통거래약관 및 보험제도의 특성에 비추어 볼 때, 보험약관의 해석은 일반 법률행위와는 달리 개개 계약당사자가 기도한 목적이나 의사를 기준으로 하지 않고 평균적 고객의 이해가능성을 기준으로 하되 보험단체 전체의 이해관계를 고려하여 객관적, 획일적으로 해석하여야 하며, 다만 약관을 계약내용으로 편입하는 개별약정에 약관과 다른 내용이 있을 때에 한하여 개별약정이 우선할 뿐이다. 또 약관이 작성자인 기업에 의하여 일방적으로 유리하게 작성되고 고객에게 그 약관 내용에 관한 교섭이나 검토의 기회가 제대로 주어지지 않는 형성의 과정에 비추어 고객보호의 측면에서 약관내용이 명백하지 못하거나 의심스러운 때에는 약관작성자에게 불리하게 제한해석하여야 한다는 불명료의 원칙이 적용된다.

(2) 그러나 이와 달리 약관조항의 의미가 명확하게 일의적으로 표현되어 있어 다의적인 해석의 여지가 없는 때에는 위와 같은 방법으로 제한해석을 할 수 없고, 다만 그 내용이 불공정하거나 불합리한 경우에 강행법규나 공서량속 또는 신의성실의 원칙에 위반됨을 이유로 그 효력의 전부 또는 일부를 부인할 수밖에 없으며 이는 직접적 내용통제로서의 약관의 수정해석에 해당하는 것이다.

(3) 책임보험조항의 위 무면허운전면책조항이 문언상 다의적으로 해석할 여지가 없을 만큼 명백한 것이라면, 약관의 간접적 내용통제의 방법으로 제한해석을 할 수는 없고, 다만 불공정성 또는 불합리성을 이유로 한 직접적인 내용통제로서 약관의 수정해석을 시도할 수 있을 뿐이라고 할 것이므로 다수의견이 약관규제법의 규정을 근거로 위 무면허면책조항을 수정해석한 것은 정당하다고 할 것이다.

(4) 상법 제659조 제1항, 제663조에 의하여 손해발생이 보험계약자 등에 의하여 유발된 경우보다 보험계약자 등에게 불리하게 면책사유를 정할 수 없는 불이익변경금지의 제한은 손해발생원인에 의한 면책사유에

한하여 적용되고 손해발생시에 상황이나 조건에 의한 면책사유에는 적용될 여지가 없는 것이다.

(5) 책임보험에 있어서의 보험사고원인인 자동차사고의 발생은 운전자의 고의 또는 과실에 의한 행위의 결과이지 교통법규에 의한 면허취득 여부와는 직접 관련이 없는 것이므로, 위 무면허운전면책조항은 사고발생의 원인이 무면허운전에 있음을 이유로 한 것이 아니라 사고발생시에 무면허운전중이었다는 법규위반 상황을 중시하여 보험자의 보상대상에서 제외하도록 한 것이다.

[별개의견]

(1) 상법 제651조와 제653조는 단순히 보험계약의 해지사유만을 규정한 것이 아니라, 보험사고가 발생한 후에도 보험자가 그와 같은 사유를 들어 보험계약을 해지함으로써 보험금액을 지급할 책임을 면할 수 있다는 점에서 넓은 의미에 있어서의 보험자의 면책사유까지 규정한 것이라고 볼 수 있다.

(2) 원래 보험자는 보험계약을 체결함에 있어서 피보험이익에 대한 위험사정을 파악하여 이를 기초로 보험사고가 발생할 개연율을 측정하고 그 결과에 따라 위험을 인수할 것인지의 여부와 보험료 및 그 조건 등을 결정하는 것인바, 이와 같은 과정을 거쳐 보험자가 인수한 위험은 보험기간 중에 그대로 유지되어야 하는 것이므로, 피보험이익에 대한 위험사정을 가장 잘 알 수 있는 위치에 있는 보험계약자와 피보험자에게 보험계약 당시에 그 위험사정을 고지할 의무를 지게 하고, 보험기간 중에도 보험자가 인수한 위험을 보험자의 동의 없이 변경하거나 증가시키지 아니할 위험유지의무를 보험계약자, 피보험자와 보험수익자에게 지우려는 것이 상법 제651조와 제653조의 규정취지이다.

(3) 자동차사고로 인하여 피보험자가 제3자에게 손해배상책임을 짐으로써 입게 되는 손해의 보상을 목적으로 하는 보험계약을 체결함에 있어서, 보험계약자나 피보험자가 자동차를 운전할 피보험자 등이 운전면허를 받지 아니한 사실을 고지하지 아니하였다면, 이것은 바로 위험사정에 관한 중요한 사항을 보험자에게 고지하지 아니한 경우에 해당할 것이고,

또 보험기간 중에 피보험자 등이 받은 운전면허가 취소되거나 그 운전면허의 효력이 정지되었는데도 그대로 자동차를 운전하거나, 운전면허를 받지 아니한 자에게 자동차의 운전을 허용하였다면, 이것은 피보험자 등이 고의 또는 중대한 과실로 인하여 보험사고발생의 위험을 증가시킨 경우에 해당한다고 보는 것이 상당하다.

(4) 무면허라는 점에 관한 보험계약자 등의 고지의무위반사실이나 피보험자등의 고의 또는 중대한 과실로 인한 무면허운전 사실을 알게 된 보험자는 그와 같은 사유만으로 보험계약을 해지할 수 있고, 이 경우에는 이미 보험사고가 발생한 후에 보험계약을 해지하였다고 하더라도 보험자는 일응 보험금액을 지급할 책임을 면하게 되지만, 보험계약자나 피보험자가 무면허운전이 교통사고의 발생에 영향을 미치지 아니하였음을 증명한 때에는 보험계약에 따라 보험금액을 지급받을 수 있도록 하려는 것이 상법이 규정하고 있는 해결방법이라고 볼 수 있다.

(5) 자동차종합보험 중 책임보험에 있어서도 피보험자 등의 무면허운전으로 인한 보험자의 면책사유에 관하여 위에서 본 상법의 규정보다 보험계약자 등에게 불이익하게 규정한 면책약관은 효력이 없는 것이라고 보아야 할 것이므로 보험계약자 등이 고지의무에 위반한 사실이 있는지의 여부나 피보험자 등의 고의 또는 중대한 과실로 인한 무면허운전으로 인하여 교통사고가 발생한 것인지의 여부를 가리지 아니하고, 무면허운전이라는 사실만을 기준으로 그 사실만 있으면 절취운전이나 무단운전의 경우까지 포함하여 보험자가 보험금액을 지급할 책임을 면하도록 정한 면책약관은 보험계약자와 피보험자를 상법 제4편 제1장의 규정보다 더 불이익한 지위에 빠뜨리게 하는 것이어서 상법 제663조에 위반되어 무효라고 볼 수밖에 없다.

2. 대법원 1986. 12. 23. 선고 86다카556 판결

가. 자동차손해배상보장법 제3조 소정의 "자기를 위하여 자동차를 운행하는 자"는 자동차에 대한 운행을 지배하여 그 이익을 향수하는 책임주체로서의 지위에 있는 자를 가르키는 것이고 한편 자동차의 소유자 또는 보유자는 통상 그러한 지위에 있는 것으로 추인된다 할 것이므로 사

고를 일으킨 구체적 운행이 보유자의 의사에 기하지 아니한 경우에도 그 운행에 있어 보유자의 운행지배와 운행이익이 완전히 상실되었다고 볼 특별한 사정이 없는 한 보유자는 당해 사고에 대하여 위 법조의 운행자로서의 책임을 부담하게 된다.

　나. 자동차소유자가 그 자동차에 대한 운행지배와 운행이익을 상실하였는지의 여부는 평소의 차량관리상태, 보유자의 의사와 관계없이 운행이 가능하게 된 경위, 보유자와 운전자와의 관계, 운전자의 차량반환의사의 유무와 무단운행후의 보유자의 승낙가능성, 무단운전에 대한 피해자의 주관적인 인식유무 등 여러 사정을 사회통념에 따라 종합적으로 평가하여 이를 판단하여야 한다.

　다. 근로기준법상 재해보상이 되는 업무상 재해는 업무수행중 그 업무에 기인하여 발생한 재해를 말하는 것이므로 이때는 재해자 자신의 업무수행성과 업무기인성을 절대적인 요건으로 하고 있는 것이어서 차량의 운행이 보유자의 업무와 관련된 것인가의 여부는 그 운행자성을 판단하는 하나의 요소가 될 뿐 그것이 운행자성의 절대적인 요건이 되는 것은 아니라 할 것이고 따라서 자동차손해배상보장법과 근로기준법상의 책임은 그 근거와 성립요건을 달리한다 할 것이다.

[3] 계약교섭의 부당파기

사례*

　甲은 영구조형물을 건립하기로 하고 그 건립 방법에 관하여 분야별로 5인 가량의 작가를 선정하여 조형물의 시안(試案) 제작을 의뢰한 후 그 중에서 최종적으로 1개의 시안을 선정한 다음 그 선정된 작가와 조형물의 제작·납품 및 설치계약을 체결하기로 하였다. 그리하여 甲은 乙을 비롯한 작가 4인에게 시안의 작성을 의뢰하면서 시안이 선정된 작가와 조형물 제작·납품 및 설치계약을 체결할 것이라는 사실을 알렸으나, 조형물의 제작비, 제작시기, 설치장소는 구체적으로 통지하지 않았다. 甲은 작가들이 제출한 시안 중 乙이 제출한 시안을 당선작으로 선정하고 乙에게 그 사실을 통지하였다. 그 후 甲은 내부적 사정과 외부의 경제 여건 등으로 乙과 그 제작비, 설치기간, 설치장소 및 그에 따른 제반 사항을 정한 구체적인 계약을 체결하지 않고 있다가, 당선 사실이 통지된 때로부터 약 3년이 경과한 시점에 乙에게 위 조형물의 설치를 취소하기로 하였다고 통보하였다.

　乙은 甲으로부터 조형물에 대한 시안 당선 통지를 받을 당시 ① 시안 제작을 위해 1,000만원 상당의 비용을 지출하였고, ② 시안 당선 선정 통지를 받은 이후에는 조형물 재료를 구입하기 위하여 5,000만원을 지출하였으며, ③ 甲의 계약체결 거절에 대해서는 조형물 총제작비의 20%에 해당하는 창작비 1억원의 지급을 청구하였다.

　[문제1] 甲과 乙 사이에 조형물 설치계약은 성립하는가?
　[문제2] 乙은 甲에게 손해배상을 청구할 수 있는가?
　[문제3] 乙이 甲에게 청구할 수 있는 손해의 범위는?

【개요】

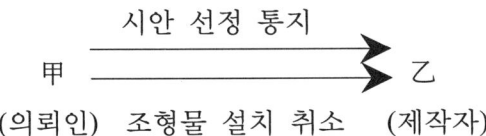

---

* 이 사안은 대법원 2003. 4. 11. 선고 2001다53059 판결에 기초하여 구성한 것이다.

Ⅰ. 문제의 제기

(1) 甲은 乙에게 조형물의 시안 제작을 의뢰하였고, 乙은 甲의 의뢰에 따라 조형물의 시안을 제작하여 甲에게 제출하였으며, 甲은 乙에게 乙이 제작한 조형물의 시안이 선정된 사실을 통지하였다. 그러므로 甲과 乙 사이에 조형물의 제작·납품 및 설치계약이 성립하였는지가 문제된다.

(2) 甲과 乙 사이에 조형물의 제작·납품 및 설치계약이 성립되지 않았으나, 乙은 甲에게 계약교섭의 부당파기에 따른 손해배상책임을 물을 수 있을 것이다.

(3) 乙이 甲에게 계약교섭의 부당파기를 이유로 손해배상을 청구하는 경우에 乙은 甲에게 신뢰손해의 범위에서 손해배상을 청구할 수 있을 것이다.

Ⅱ. 계약의 성립 여부

1. 계약의 법적 성질

甲은 乙을 비롯한 조각가 4인에게 조형물의 시안 제작을 의뢰하였고, 그 후 甲은 乙이 제출한 조형물의 시안을 당선작으로 선정하고 그 사실을 乙에게 통지하였다. 이 경우 甲과 乙이 체결하고자 하는 계약의 법적 성질이 문제된다.

첫째, 甲은 乙에게 '조형물의 제작·납품 및 설치'를 의뢰하였으며, 조형물은 부대체물이므로 甲의 의사표시는 제작물공급계약으로서 법적 성질을 가진다. 만일 조형물이 대체물이라고 한다면 甲의 의사표시는 매매계약으로서 법적 성질을 가진다(대판 2006. 10. 13, 2004다21862).

둘째, 甲은 乙을 비롯한 조각가 4인에게 조형물의 시안 제작을 의뢰하였고, 그 후 甲은 乙이 제출한 조형물의 시안을 당선작으로 선정하고 그 사실을 乙에게 통지하였으므로 현상광고에 해당하는지가 문제된다. 사안의 경우 광고에서 정한 행위를 완료한 자 중에서 우수한 자에게만 보수를 지급하기로 한 '우수현상광고'에 해당할 수 있다(제678조 제1항). 그러나 현상광고에서 '광고'는 '불특정 다수인'에 대한 의사표시만을 말하므로 사안의 경우와 같이 특정인에 대한 의사표시는 광고라고 볼 수 없다.

2. 계약의 성립 여부

甲이 乙에게 조형물의 시안 제작을 의뢰한 다음 乙의 시안이 선정된 사실을 통지하고 乙이 이를 수령한 것을 계약의 성립으로 볼 수 있는지가 문제된다.

첫째, 계약은 원칙적으로 계약당사자의 청약과 승낙의 의사표시 합치에 의하여 성립한다. 여기서 '청약'은 그에 대응하는 승낙과 결합하여 계약을 성립시킬 것을 목적으로 하는 일방적 확정적 의사표시이다. 즉, 계약이 성립하기 위한 법률요건인 청약은 그에 응하는 승낙만 있으면 곧 계약이 성립하는 구체적, 확정적 의사표시여야 하므로, 청약은 계약의 내용을 결정할 수 있을 정도의 사항을 포함시키는 것이 필요하다(대판 2003. 4. 11, 2001다53059). 사안에서 甲이 乙 등 조각가 4인에게 조형물의 시안 제작을 의뢰하면서 시안이 선정된 작가와 조형물 제작·납품 및 설치계약을 체결할 의사를 알렸다고 하더라도 그 의사표시 안에 조형물의 제작·납품 및 설치에 필요한 제작대금, 제작시기, 설치장소를 구체적으로 명시하지 아니하였으므로 甲의 乙에 대한 조형물의 시안 제작 의뢰는 계약의 청약이라고 할 수 없다.

한편 청약은 타인으로 하여금 청약을 하게 하려는 행위인 '청약의 유인'과 구별된다. 즉 청약의 유인은 청약과 달리 합의를 구성하는 의사표시가 되지 못하므로 피유인자가 그에 대응하여 의사표시를 하더라도 계약은 성립하지 않고, 다시 유인한 자가 승낙의 의사표시를 함으로써 비로소 계약이 성립하는 것이다(대판 2007. 6. 1, 2005다5812, 5829, 5836). 사안에서 甲은 乙에게 조형물의 시안 제작을 의뢰하였으므로 제작물공급계약에 대한 청약의 유인이라고 할 수 있다. 그리고 乙은 甲에게 조형물의 시안을 작성하여 제출하였으므로 청약이 있다고 볼 수 있으며, 그 후 甲은 乙에게 시안 선정 사실을 통지하였으므로 승낙에 해당할 수 있다.

둘째, 계약이 성립하기 위하여는 당사자의 서로 대립하는 수 개의 의사표시의 객관적 합치가 있어야 한다. 여기서 '객관적 합치'가 있다고 하기 위해서는 당사자의 의사표시에 나타나 있는 사항에 관하여는 모두 일치하고 있어야 하는 한편, 계약 내용의 '중요한 점' 및 계약의 객관적 요소는 아니더라도 특히 당사자가 그것에 중대한 의의를 두고 계약 성립의 요건으로 할 의사를 표시한 때에는 이에 관하여 합치가 있어야 계약이 적법·유효하게 성립한다(대판 2003. 4. 11, 2001다53059). 사안에서 甲과 乙 사이에 제작물공급계약이 성립하기 위하여는 객관적 합치의 요소인 조형물의 제작·납품 및 설치에 필요한 제작대금, 제작시기, 설치장소 및 제작자의 보수 등이 구체적으로 명시되어야 한다. 그러나 甲과 乙 사이에는 조형물에 대한 의사의 합치 외에 계약 내용의 중요한 점에 대한 합의가 존재하지 않으며, 이를 확정할 수 있는 방법이나 기준에 대한 합의도 존재하지 않는다.

3. 소결

甲과 乙 사이에는 조형물의 제작·납품 및 설치에 관한 의뢰행위와 조형물의 시안 작성 및 제출행위가 존재한다. 그러나 당사자 사이에는 계약 성립에 필요한 본질적 사항이나 중요한 사항에 관한 의사의 합치가 존재하지 않으므로 계약이 성립되었다고 볼 수 없다.

Ⅲ. 계약교섭의 부당파기

1. 乙의 법적 지위

甲은 계약교섭 단계에서 乙에게 계약이 확실하게 체결되리라는 정당한 기대 또는 신뢰를 부여하였고, 乙은 그 신뢰에 따라 행동하였음에도 불구하고 甲은 상당한 이유 없이 乙과의 계약교섭을 파기하였다. 이로 인하여 乙은 손해를 입었으므로 乙은 甲에게 손해배상을 청구할 수 있다. 이 경우 손해배상청구의 법적 근거는 무엇이며, 손해배상의 범위를 어디까지 인정할 것인지가 문제된다.

2. 손해배상청구의 법적 근거

계약당사자들은 계약자유의 원칙에 따라 계약체결 여부를 결정할 수 있으므로 계약교섭 단계에서 계약을 체결하지 않았다고 하더라도 상대방에게 책임을 지지 않는다. 그러나 계약교섭이 장기간에 이루어지고 그로 인하여 상대방이 계약이 확실하게 체결되리라는 정당한 신뢰를 가졌다면 계약교섭을 부당하게 파기한 자는 계약체결을 신뢰한 상대방에게 그로 인한 손해를 배상하여야 한다. 이 경우 손해배상청구의 법적 근거에 대해서는 다양한 견해가 제기되고 있다. **계약책임설**은 계약상의 의무는 급부의무가 전부가 아니고 그 밖에 신의칙상 부수적 의무가 존재하고, 이러한 부수적 의무는 계약의 성립과정에서도 존재한다. 따라서 계약교섭 단계에 있는 당사자들은 신의칙상 부수적 의무인 상대방을 배려할 '보호의무'를 지며, 계약교섭의 부당한 파기는 이러한 보호의무 위반이라고 한다. **불법행위책임설**은 계약체결에 있어서 주의의무는 누구에게나 요구되는 신의칙상 의무이므로 이러한 의무를 위반한 자는 불법행위책임을 진다고 한다. **법정책임설**은 계약교섭 단계에 있는 당사자는 아직 계약을 체결한 것이 아니므로 계약책임으로 볼 수 없으며, 또한 손해배상의무의 성질이나 배상범위가 불법행위책임과 다르다고 한다. 그러므로 계약교섭 단계에 있는 당사자가 부담하는 책임은 계약책임에 유사한 독자적인 법정책임이라고 한다. 이에 대하여 판례는 "어느 일방이 교섭단계에서 계약이 확실하게 체결되리라는 정당한 기대 또는 신뢰를 부여하여 상대방이 그 신뢰에 따라 행동하였음에도 상당한 이유 없이 계약의 체결을 거부하여 손해를 입혔다면 이는 신의성실의 원칙에 비추어 볼 때 계약자유 원칙의 한계를 넘는 위법한 행위로서 불법행위를 구성한다."고 판시하고 있다(대판 2007. 6. 1, 2005다5812,5829,5836).

생각건대 계약체결을 목적으로 계약교섭에 들어간 당사자들은 그들 사이에 계약관계에 유사한 신뢰관계가 생기고, 이러한 신뢰관계를 위반한 책임은 계약에 유사한 책임이라고 할 수 있다. 그러므로 계약교섭의 부당한 파기에 대한 책임도 넓은 의미에서 계약책임이라고 할 수 있다. 다만, 당사자 일방의 행위가 불법행위의 요건을 갖추고 있는 등 특별한 사정이 있으면 불법행위책임이 인정된다. 사안에서 甲은 乙에게 계약에 유사한 책임을 지며, 그 내용은 계약체결상의 과실책임(제535조)을 유추적용 하여야 할 것이다.

3. 손해배상청구의 요건

계약교섭의 부당파기로 인한 손해배상책임이 인정되기 위해서는 그 요건이 충족되어야 한다.

첫째, 계약체결을 목적으로 하는 계약교섭이 개시되어야 한다. 사안에서 甲은 乙에게 조형물의 시안 제작을 의뢰하였고, 乙은 甲의 의뢰에 따라 조형물의 시안을 작성하여 甲에게 제출하였다.

둘째, 신의칙상 보호의무 위반이 있어야 한다. 사안에서 甲은 乙에게 乙이 제작한 조형물의 시안이 선정된 사실을 통지한 다음, 乙과 무관한 자신의 내부적 사정과 경제적 여건 등의 이유로 3년 가까이 계약체결을 미루다가 최종적으로 계약체결을 거부한 것은 乙에 대한 신의칙상의 보호의무를 위반한 것이다.

셋째, 계약의 성립 전에 의무위반이 있어야 한다. 사안에서 甲이 乙에게 계약체결을 거부함으로써 甲과 乙 사이에는 더 이상 계약체결이 존재하지 않는다.

넷째, 의무위반이 위법하여야 한다. 사안에서 甲의 乙에 대한 계약체결

거부행위는 정당한 이유가 없으므로 계약자유의 원칙의 한계를 넘는 위법한 것이라고 할 수 있다.

따라서 乙은 甲에게 계약교섭의 부당파기를 이유로 손해배상을 청구할 수 있다.

4. 손해배상의 범위

(1) **재산적 손해**

계약교섭의 부당파기를 이유로 乙이 甲에게 손해배상을 청구하는 경우에 그 범위는 乙이 계약체결을 신뢰하여 입게 된 손해로 한정된다.

(가) **시안 제작 비용**

계약교섭의 부당파기를 이유로 하는 손해배상 범위에 대하여 판례는 "계약교섭의 부당한 중도파기가 불법행위를 구성하는 경우 그러한 불법행위로 인한 손해는 일방이 신의에 반하여 상당한 이유 없이 계약교섭을 파기함으로써 계약체결을 신뢰한 상대방이 입게 된 상당인과관계 있는 손해로서 계약이 유효하게 체결된다고 믿었던 것에 의하여 입었던 손해 즉 신뢰손해에 한정된다고 할 것이고, 이러한 신뢰손해란 예컨대, 그 계약의 성립을 기대하고 지출한 계약준비 비용과 같이 그러한 신뢰가 없었더라면 통상 지출하지 아니하였을 비용 상당의 손해라고 할 것이며, 아직 계약체결에 관한 확고한 신뢰가 부여되기 이전 상태에서 계약교섭의 당사자가 계약체결이 좌절되더라도 어쩔 수 없다고 생각하고 지출한 비용, 예컨대 경쟁입찰에 참가하기 위하여 지출한 제안서, 견적서 작성비용 등은 여기에 포함되지 아니한다."고 판시하고 있다(대판 2007. 6. 1, 2005다5812, 5829, 5836). 사안에서 乙은 甲으로부터 조형물에 대한 시안 당선 통지를 받을 당시 이미 시안 제작을 위해 1,000만원 상당의 비용을 지출하였다. 그러나 이러한 비용지출은 아직 계약체결에 관한 확고한 신뢰가 부여되기 이전 상태에서 계약체결이 좌절되더라도 어쩔 수 없다고 생각하고 지출한 비용에 불과하여 신뢰손해에 해당하지 않는다. 그러므로 乙은 甲에게 시안 제작 비용의 손해배상을 청구할 수 없다.

(나) 조형물 재료 구입 비용

계약의 성립을 기대하고 그 이행을 위하여 지출한 비용에 대하여 판례는 "계약교섭의 부당한 중도파기가 불법행위를 구성하는 경우, 상대방에게 배상책임을 지는 것은 계약체결을 신뢰한 상대방이 입게 된 상당인과관계 있는 손해이고, 한편 계약교섭 단계에서는 아직 계약이 성립된 것이 아니므로 당사자 중 일방이 계약의 이행행위를 준비하거나 이를 착수하는 것은 이례적이라고 할 것이므로 설령 이행에 착수하였다고 하더라도 이는 자기의 위험 판단과 책임에 의한 것이라고 평가할 수 있다."고 판시하고 있다(대법원 2004. 5. 28, 2002다32301). 사안에서 乙은 甲으로부터 시안 당선 선정 통지를 받은 이후 조형물 재료를 구입하기 위하여 5,000만원을 지출하였다. 그러나 이러한 비용지출은 자기의 위험 판단과 책임에 의한 것이라고 평가할 수 있다. 그러므로 乙은 甲에게 조형물 재료 구입 비용의 손해배상을 청구할 수 없다.

(다) 조형물 창작 비용

乙은 甲이 계약체결을 거절하자 甲에게 조형물 총제작비의 20%에 해당하는 창작비 1억원의 지급을 청구하였다. 그러나 乙이 주장하는 조형물의 창작비는 계약이 정당하게 체결되어 계약이 유효하게 이행되면 乙이 얻게 될 이익에 불과하므로 계약이 적법하게 체결되지 않는 상태에서는 이러한 이익에 대한 손해배상을 청구할 수 없다.

(2) 정신적 손해

甲의 계약교섭 부당파기는 乙에 대해서는 조형물 작가로서의 명예감정 및 사회적 신용과 명성에 대한 직간접적인 침해를 가한 불법행위에 해당한다고 할 것이다. 이에 대하여 판례도 "침해행위와 피해법익의 유형에 따라서는 계약교섭의 파기로 인한 불법행위가 인격적 법익을 침해함으로써 상대방에게 정신적 고통을 초래하였다고 인정되는 경우라면 그러한 정신적 고통에 대한 손해에 대하여는 별도로 배상을 구할 수 있다."고 판시하고 있다(대법원 2004. 5. 28, 2002다32301). 사안에서 甲은 계약교섭의 부당파기로 인하여 乙이 입은 정신적 고통에 대하여 乙에게 이를 금전으로 위자할 책임이 있다.

Ⅳ. 사안의 해결

(1) 甲은 乙에게 조형물의 시안 제작을 의뢰하였고, 乙은 甲의 의뢰에 따라 조형물의 시안을 제작하여 甲에게 제출하였다. 그러나 甲과 乙 사이에는 계약 성립에 필요한 본질적 사항이나 중요한 사항에 관한 의사의 합치가 존재하지 않으므로 계약이 성립되었다고 볼 수 없다.

(2) 甲은 계약교섭 단계에서 乙에게 계약이 확실하게 체결되리라는 정당한 기대 또는 신뢰를 부여하였고, 乙은 그 신뢰에 따라 행동하였음에도 불구하고 甲은 상당한 이유 없이 乙과의 계약교섭을 파기하였으므로 乙은 甲에게 이로 인한 손해배상을 청구할 수 있다.

(3) 乙은 甲으로부터 조형물에 대한 시안 당선 통지를 받을 당시 이미 시안 제작을 위해 1,000만원 상당의 비용을 지출하였으나, 이러한 비용지출은 신뢰손해에 해당하지 않으므로 乙은 甲에게 손해배상을 청구할 수 없다. 또한 乙은 甲으로부터 시안 당선 선정 통지를 받은 이후 조형물 재료를 구입하기 위하여 5,000만원을 지출하였으나, 이러한 비용지출은 자기의 위험 판단과 책임에 의한 것이라고 평가할 수 있으므로 乙은 甲에게 손해배상을 청구할 수 없다. 나아가 乙은 甲이 계약체결을 거절하자 甲에게 조형물 총제작비의 20%에 해당하는 창작비 1억원의 지급을 청구하였으나, 乙이 주장하는 조형물의 창작비는 계약이 적법하게 체결된 경우를 전제로 하므로 乙은 甲에게 이러한 이익에 대한 손해배상을 청구할 수 없

다. 그러나 甲은 계약교섭의 부당파기로 인하여 乙이 입은 정신적 고통에 대하여는 乙에게 이를 금전으로 위자할 책임이 있다.

> **참고판례**
>
> 1. 대법원 2003. 4. 11. 선고 2001다53059 판결
> [1] 계약이 성립하기 위하여는 당사자의 서로 대립하는 수개의 의사표시의 객관적 합치가 필요하고 객관적 합치가 있다고 하기 위하여는 당사자의 의사표시에 나타나 있는 사항에 관하여는 모두 일치하고 있어야 하는 한편, 계약 내용의 '중요한 점' 및 계약의 객관적 요소는 아니더라도 특히 당사자가 그것에 중대한 의의를 두고 계약성립의 요건으로 할 의사를 표시한 때에는 이에 관하여 합치가 있어야 계약이 적법·유효하게 성립한다.
> [2] 계약이 성립하기 위한 법률요건인 청약은 그에 응하는 승낙만 있으면 곧 계약이 성립하는 구체적, 확정적 의사표시여야 하므로, 청약은 계약의 내용을 결정할 수 있을 정도의 사항을 포함시키는 것이 필요하다.
> [3] 어느 일방이 교섭단계에서 계약이 확실하게 체결되리라는 정당한 기대 내지 신뢰를 부여하여 상대방이 그 신뢰에 따라 행동하였음에도 상당한 이유 없이 계약의 체결을 거부하여 손해를 입혔다면 이는 신의성실의 원칙에 비추어 볼 때 계약자유원칙의 한계를 넘는 위법한 행위로서 불법행위를 구성한다.
> [4] 계약교섭의 부당한 중도파기가 불법행위를 구성하는 경우 그러한 불법행위로 인한 손해는 일방이 신의에 반하여 상당한 이유 없이 계약교섭을 파기함으로써 계약체결을 신뢰한 상대방이 입게 된 상당인과관계 있는 손해로서 계약이 유효하게 체결된다고 믿었던 것에 의하여 입었던 손해 즉 신뢰손해에 한정된다고 할 것이고, 이러한 신뢰손해란 예컨대, 그 계약의 성립을 기대하고 지출한 계약준비비용과 같이 그러한 신뢰가 없었더라면 통상 지출하지 아니하였을 비용상당의 손해라고 할 것이며, 아직 계약체결에 관한 확고한 신뢰가 부여되기 이전 상태에서 계약교섭

의 당사자가 계약체결이 좌절되더라도 어쩔 수 없다고 생각하고 지출한 비용, 예컨대 경쟁입찰에 참가하기 위하여 지출한 제안서, 견적서 작성비용 등은 여기에 포함되지 아니한다.

[5] 침해행위와 피해법익의 유형에 따라서는 계약교섭의 파기로 인한 불법행위가 인격적 법익을 침해함으로써 상대방에게 정신적 고통을 초래하였다고 인정되는 경우라면 그러한 정신적 고통에 대한 손해에 대하여는 별도로 배상을 구할 수 있다.

2. 대법원 2006. 10. 13. 선고 2004다21862 판결

당사자의 일방이 상대방의 주문에 따라 자기 소유의 재료를 사용하여 만든 물건을 공급하기로 하고 상대방이 대가를 지급하기로 약정하는 이른바 제작물공급계약은 그 제작의 측면에서는 도급의 성질이 있고 공급의 측면에서는 매매의 성질이 있어 대체로 매매와 도급의 성질을 함께 가지고 있으므로, 그 적용 법률은 계약에 의하여 제작 공급하여야 할 물건이 대체물인 경우에는 매매에 관한 규정이 적용되지만, 물건이 특정의 주문자의 수요를 만족시키기 위한 부대체물인 경우에는 당해 물건의 공급과 함께 그 제작이 계약의 주목적이 되어 도급의 성질을 띠게 된다.

3. 대법원 2007. 6. 1. 선고 2005다5812, 5829, 5836 판결

청약은 이에 대응하는 상대방의 승낙과 결합하여 일정한 내용의 계약을 성립시킬 것을 목적으로 하는 확정적인 의사표시인 반면 청약의 유인은 이와 달리 합의를 구성하는 의사표시가 되지 못하므로 피유인자가 그에 대응하여 의사표시를 하더라도 계약은 성립하지 않고 다시 유인한 자가 승낙의 의사표시를 함으로써 비로소 계약이 성립하는 것으로서 서로 구분되는 것이다.

4. 대법원 2004. 5. 28. 선고 2002다32301 판결

계약교섭의 부당한 중도파기가 불법행위를 구성하는 경우, 상대방에게 배상책임을 지는 것은 계약체결을 신뢰한 상대방이 입게 된 상당인과관계 있는 손해이고, 한편 계약교섭 단계에서는 아직 계약이 성립된 것이 아니므로 당사자 중 일방이 계약의 이행행위를 준비하거나 이를 착수하는 것은 이례적이라고 할 것이므로 설령 이행에 착수하였다고 하더라도 이는 자기의 위험 판단과 책임에 의한 것이라고 평가할 수 있지만 만일 이행의 착수가 상대방의 적극적인 요구에 따른 것이고, 바로 위와 같은 이행에 들인 비용의 지급에 관하여 이미 계약교섭이 진행되고 있었다는 등의 특별한 사정이 있는 경우에는 당사자 중 일방이 계약의 성립을 기대하고 이행을 위하여 지출한 비용 상당의 손해가 상당인과관계 있는 손해에 해당한다.

[4] 동시이행의 항변권

사례

　건설회사 丙은 아파트 신축에 필요한 토지를 매입하는 과정에서 부동산중개업을 하는 乙에게 X를 5,000만원에 매입하여 줄 것을 의뢰하였다. 乙은 丙의 의뢰에 따라 X의 소유자인 甲과 X의 매수에 관한 협의를 하였지만 가격 차이로 결렬되었다. 그러나 乙은 甲과 X에 대한 매매계약이 체결된 것처럼 가장하여 丙으로부터 구매대금 5,000만원을 받았다. 乙은 甲과 계약체결 과정에서 丙의 대리인으로 행세하였고, 또한 丙의 대표이사 丁의 고무명판이 찍혀 있는 부동산매매계약서 용지와 인장을 소지하고 이를 사용하였으므로 甲은 乙을 丙의 대리인으로 믿었다. 그 후 乙은 丙에게 계약서 위조 사실이 발각되지 않도록 甲과 가격을 절충한 끝에 2008. 9. 9.에 계약금 500만원, 9. 25.에 중도금 3,500만원, 10. 10.에 잔금 3,000만원을 지급하기로 하는 매매계약을 체결하였다. 乙은 丙으로부터 받은 5,000만원 중에서 9. 9.에 계약금 500만원, 9. 25.에 중도금의 일부금으로 2,500만원을 甲에게 지급하고, 나머지 2,000만원은 횡령하였다. 그 후 乙은 甲에게 중도금 미지급분과 잔금을 이행하지 않았으며, 甲도 乙에게 소유권이전등기 소요서류를 제공하지 않은 상태에서 잔금지급 기일이 도과하였다.

　[문제1] 甲이 행사할 수 있는 법적 권리는?
　[문제2] 丙이 甲과 乙에게 행사할 수 있는 법적 권리는?

【개요】

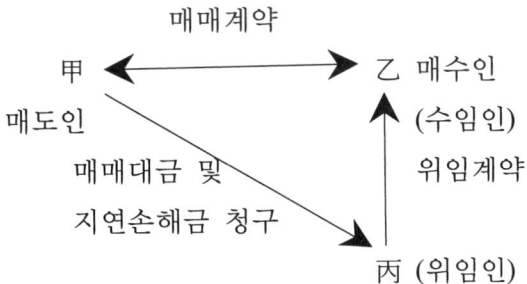

Ⅰ. 문제의 제기

(1) 甲은 乙이 丙의 대리인이라고 믿고 乙과 X에 대한 매매계약을 체결하였으므로 丙에게 乙이 지급하지 않은 매매대금 중 중도금 미지급분 1,000만원과 잔금 3,000만원을 합친 4,000만원의 지급을 청구할 수 있을 것이다. 또한 乙이 甲에게 중도금 일부와 잔금 지급을 지체하였으므로 甲은 乙에게 이에 대한 지연손해금을 청구할 수 있을 것이다.

(2) 丙은 甲에게 乙이 체결한 매매계약은 무권대리행위로서 그 효력이 자신에게 미치지 않는다고 주장할 수 있을 것이다. 또한 丙은 甲이 잔금지급기일인 2008. 10. 10. 이후 X의 소유권이전등기 소요서류를 제공하지 않고 있으며, 이는 매매대금과 동시이행의 관계에 있으므로 10. 10. 이후에는 이행지체 책임이 발생하지 않는다고 주장할 수 있을 것이다.

Ⅱ. 甲의 권리행사

1. 甲의 법적 지위

甲은 丙의 대리인으로 행세하는 乙과 X에 대한 매매계약을 체결하였다. 甲은 乙이 丙을 위한 것임을 표시한 경우에 乙과 체결한 매매계약의 효과를 丙에게 주장할 수 있다(제114조). 그러나 乙이 매매계약 체결시에 丙을 위한 것임을 표시하지 않은 경우에는 그 의사표시는 乙 자신을 위한 것이 된다. 이 경우 甲은 乙의 의사표시가 丙의 대리인으로서 한 것임을 알았거나 알 수 있었을 경우에만 그 의사표시를 丙에게 주장할 수 있다(제115조 단서). 사안에서 乙은 매매계약 체결 시에 丙의 대리인으로 행세를 하였으며, 丙의 대표이사 丁의 고무명판이 찍혀 있는 부동산매매계약서 용지와 인장을 소지하고 이를 사용하였다. 그러므로 甲은 乙이 매매계약 체결시에 丙을 위한 것임을 표시하지 않았다고 하더라도 乙이 丙의 대리인으로 한 것으로 알았다고 할 수 있다. 이 경우 甲이 乙을 丙의 대리인으로 알았다는 증명책임은 乙이 부담한다.

2. 매매대금 지급 청구

乙이 甲과 체결한 매매계약의 효력은 丙에게 귀속되므로 甲은 丙에게 매매대금의 지급을 청구할 수 있다. 또한 乙이 甲과 매매계약 체결 이후 중도금의 일부 및 잔금을 지체하였으므로 甲은 乙에게 지연손해금을 청구할 수 있다.

3. 소결

乙은 丙의 대리인으로서 甲과 X에 대한 매매계약을 체결하였다. 甲은 乙이 매매계약 체결 시에 丙을 위한 것임을 표시하지 않았다고 하더라도 乙이 丙의 대리인으로서 한 것임을 알았으므로 그 효과는 丙에게 귀속된다. 따라서 甲은 丙에게 乙이 지급하지 않은 중도금 일부인 1,000만원 및 잔금 3,000만원의 지급을 청구할 수 있으며, 또한 2008. 10. 10. 이후 발생한 지연손해금도 청구할 수 있다.

III. 丙의 권리행사

1. 丙의 법적 지위

丙은 乙에게 아파트 신축에 필요한 토지 X를 5,000만원에 매입하여 줄 것을 의뢰하였다. 그러나 乙은 甲과 X를 7,000만원에 매수하는 계약을 체결하고, 丙에게는 5,000만원에 매수한 것처럼 가장하여 구매대금을 받았다. 그러므로 丙은 乙이 甲과 체결한 매매계약이 무권대리행위로서 자신에게 효력이 없다고 주장할 수 있는지가 문제된다. 또한 乙이 甲과 체결한 매매계약에는 효력 발생의 장애사유나 계약의 효력 또는 권리 자체의 소멸사유가 존재하지 않지만, 甲이 乙에게 2008. 10. 10.까지 X에 대한 소유권이전등기 소요서류를 제공하지 않았으므로 동시이행의 항변권 행사가 가능한지 문제된다. 한편 丙은 乙에게 횡령한 2,000만원 및 위임계약 위반으로 인한 손해배상을 청구할 수 있다.

2. 甲에 대한 권리행사

(1) 무권대리행위 주장

1) 무권대리란 대리권 없이 행한 대리행위를 말하며, 표현대리와 좁은 의미의 무권대리가 있다. 사안에서 丙은 아파트 신축에 필요한 토지 X를 매입하기 위하여 乙에게 토지매입을 의뢰하였으며, 특히 丙은 乙에게 X를 5,000만원에 매수하여 줄 것을 위임하였으므로 좁은 의미의 무권대리는 성립하지 않는다. 이 경우 표현대리 가운데 권한을 넘은 표현대리가 문제된다.

2) 권한을 넘은 표현대리가 성립하기 위해서는(제126조),

첫째, 대리인에게 일정한 대리권이 있어야 한다(대판 1992. 5. 26, 91다32190). 그러므로 기본대리권이 없는 자의 행위가 대리권이 있다고 생각할 수 있더라도 제126조의 표현대리는 성립하지 않는다(대판 1974. 5. 14, 73다148). 사안에서 乙은 丙으로부터 X를 5,000만원에 매입하여 줄 것을 의뢰받았으므로 기본대리권이 인정된다.

둘째, 대리인이 권한을 넘은 법률행위를 하였어야 한다. 여기서 '권한을 넘은' 법률행위라고 함은 실제로 존재하는 대리권의 범위를 넘는 모든 경우를 말한다. 사안에서 丙은 乙에게 X를 5,000만원에 매입하여 줄 것을 의뢰하였으나, 乙은 X를 7,000만원에 매수하고 5,000만원에 매수한 것으로 가장하였다.

셋째, 상대방이 대리인에게 대리권이 있다고 믿을만한 정당한 이유가 있어야 한다. 여기서 '정당한 이유가 있다'는 의미에 대하여 **다수설과 판례**(대판 1987. 7. 7, 86다카2475)는 여러 사정으로부터 객관적으로 관찰하여 보통사람이라면 대리권이 있는 것으로 믿는 것이 당연하다고 생각하는 것을 의미하며, 따라서 정당한 이유는 상대방의 선의·무과실을 의미한다고 한다. 그리고 정당한 이유를 판단하는 시기는 대리행위 당시이며 그 이후의 사정은 고려되지 않는다고 한다. 한편 정당한 이유에 대한 증명책임을 누가 부담하는지에 대하여 본인이 상대방의 악의나 과실을 증명하여야 한다는 견해(제1설), 상대방이 정당한 이유가 있음을 증명하여야 한다는 견해(제2설), 선의는 상대방이 과실은 본인이 증명하여야 한다는 견해(제3설)가 있다. 생각건대, 제126조는 제125조 및 제129조와 규정 형식이 현저하게 다르므로 법조문에 따라 표현대리를 주장하는 상대방이 정당한 이유에 대한 증명책임을 부담하여야 한다. 사안에서 乙은 매매계약 체결 시에 丙의 대리인으로 행세하였고, 또한 丙의 대표이사 丁의 고무명판이 찍혀 있는 부동산매매계약서 용지와 인장을 소지하고 이를 사용하였으므로 甲은 乙을 丙의 대리인으로 믿는데 정당한 이유가 있다고 할 것이다. 이에 대한 입증책임은 乙을 丙의 대리인으로 믿은 甲이 부담한다.

넷째, 본인의 과실은 묻지 않는다.

결론적으로 乙이 丙의 대리인으로서 甲과 X에 대한 매매계약을 체결한 행위는 제126조의 권한을 넘은 표현대리의 요건을 충족시킨다.

3) 권한을 넘은 표현대리의 요건이 갖추어지면 본인은 무권대리인의 대리행위에 대하여 책임을 진다(제126조 본문). 제126조의 표현대리 결과 본인에게 손해가 생긴 때에는 본인은 대리인에게 기초적 내부관계에 기한 의무위반이나 불법행위를 이유로 손해배상을 청구할 수 있다. 사안에서 乙이 甲과 체결한 매매계약의 효력은 전부 丙에게 귀속되므로 丙은 甲에게 乙이 미지급한 4,000만원의 매매대금과 지연손해금을 배상할 의무를 부담한다.

4) 소결

표현대리는 상대방이 이를 주장하는 경우에만 문제되며, 상대방이 이를 주장하지 않는 한 본인이 표현대리를 주장하지 못한다(이설 없음). 특히 유권대리에 관한 주장 속에는 표현대리에 관한 주장이 포함되어 있다고 볼 수 없으므로(대판(전원합의체) 1983. 12. 13, 83다카1489) 당사자가 표현대리를 주장하는 경우 무권대리인과 무권대리 행위를 특정하여 주장하여야 한다(대판 1984. 7. 24, 83다카1819). 사안에서 甲은 乙이 丙의 대리인으로서 자신과 체결한 매매계약의 효력을 주장하고 있으므로 乙의 표현대리를 주장할 수 있으나, 丙은 甲에게 乙의 표현대리를 주장할 수 없다.

(2) 동시이행의 항변

1) 동시이행의 항변권의 성립요건

동시이행의 항변권이 성립하기 위해서는(제536조),

첫째, 동일한 쌍무계약에 기한 대가적 의미있는 채무가 존재하여야 한다. 사안에서 乙은 甲과 X에 대한 매매계약을 체결하였으므로 乙의 대금지급의무와 甲의 X의 인도 및 소유권이전등기의무는 동일한 쌍무계약에 기한 대가적 의미가 있는 채무이다.

둘째, 상대방의 채무가 변제기에 있어야 한다(제536조 제1항 단서). 여기서 상대방은 '동시이행의 항변권을 가지게 될 자의 상대방', 즉 청구하는 자인 甲을 말한다. 이에 대하여 채무의 이행청구를 받은 자의 채무가 이행기에 있지 않으면 이행청구가 적법하지 않으므로 동시이행의 항변권은 당사자 쌍방의 채무가 모두 변제기에 있는 경우에 성립한다. 사안에서 乙은 甲과 X에 대한 매매계약을 체결하고 2008. 10. 10. 잔금지급 및 소유권이전등기 소요서류를 교부하기로 약정하였으므로 이 요건은 충족된다. 여기서 상대방의 채무가 변제기에 있다는 사실에 대한 증명책임은 甲이 부담한다.

셋째, 상대방이 이행 또는 이행의 제공을 하지 않고서 채무의 이행을 청구하였어야 한다. 상대방이 '채무의 내용에 좇은' 이행을 하면 채권의 대립상태는 소멸하므로 동시이행의 문제는 생기지 않는다. 사안에서 甲은 丙에게 소유권이전등기 소요서류를 제공하지 않고서 매매대금의 이행을 청구하였으므로 이 요건은 충족된다.

결론적으로 甲의 丙에 대한 매매대금의 이행청구는 丙이 동시이행의 항변을 주장할 수 있는 모든 요건을 갖추었다.

2) 동시이행의 항변권의 법적 효과

(가) 항변권자는 상대방이 채무를 이행하거나 이행의 제공을 할 때까지 자기 채무의 이행을 거절할 수 있다. 여기서 동시이행의 항변권은 상대방의 청구가 있어야 성립하고, 항변권자가 이를 원용하여야 효력이 생기는지가 문제된다. 다수설과 판례(대판 1998. 3. 13, 97다54604, 54611; 2006. 2. 23, 2005다53187)는 항변권자의 원용이 필요하다는 견해를 취하고, 소수설은 원용을 기다리지 않고 계약의 체결과 동시에 항변권도 발생한다고 한다. 생각건대 동시이행의 항변권은 재판상 또는 재판 외에 행사하여야 그 효력이 생기며, 행사 시기는 제한이 없으므로 이행기 전이든 후이든 청구를 받은 때 행사하면 된다. 사안에서 丙은 동시이행의 항변권을 원용하여 甲에게 매매대금의 이행을 거절할 수 있다.

(나) 동시이행의 항변권이 존재하는 경우에 항변권자는 자기 채무에 대한 이행거절의 의사를 구체적으로 밝히지 않더라도 이행거절 권능의 존재 자체로서 이행지체 책임이 발생하지 않는다(대판 1998. 3. 13, 97다54604, 54611). 이 경우 항변권자는 동시이행의 항변권을 주장할 필요가 없으며, 상대방이 이행지체를 이유로 계약을 해제하려면 자기 채무의 이행 제공을 하여야 한다(대판 2004. 12. 9, 2004다49525). 사안에서 丙이 甲에게 2008. 10. 10. 이후 4,000만원의 대금 채무를 이행하지 않더라도 甲은 丙에게 이행지체로 인한 손해배상을 청구할 수 없으며, 또한 계약을 해제할 수도 없다. 만일 甲이 X에 대한 매매계약을 해제하려면 丙에게 X의 인도 및 소유권이전등기 소요서류를 제공하여야 한다.

(다) 동시이행의 항변권이 붙은 채권은 자동채권으로 상계하지 못한다(대판 1975. 10. 21, 75다8). 그러나 상대방이 상계하는 것은 허용된다. 사안에서 丙은 소유권이전등기 청구권을 가지는 반면, 甲은 매매대금의 지급청구권을 가진다. 하지만 양자의 채권은 동등한 종류의 채권이 아니므로 서로 상계하지 못한다(제492조 제1항 본문).

3) 소결

丙은 甲이 자기 채무를 이행 또는 이행의 제공을 하지 않고 미지급된 매매대금을 청구하고 있으므로 동시이행의 항변권을 원용하여 그 이행을 거절할 수 있다. 丙이 甲에게 동시이행의 항변을 주장하면 2008. 10. 10. 이후 매매대금에 대한 이자가 발생하지 않으며, 이행지체로 인한 채무불이행 책임도 발생하지 않는다. 다만, 乙이 甲에게 미지급한 중도금 중 일부에 대한 지연손해금은 배상하여야 한다(대판 1991. 3. 27, 90다19930).

3. 乙에 대한 권리행사

(1) 채무불이행에 기한 손해배상청구

丙이 乙에게 X를 매입하여 줄 것을 의뢰하였고, 乙은 丙의 의뢰에 따라 甲과 X의 매수에 관한 협의를 진행하였다. 이처럼 丙과 乙 사이에는 위임계약이 체결되었으므로(제680조) 乙은 '선량한 관리자의 주의'로 위임사무를 처리하여야 한다(제681조). 사안에서 乙은 선관주의의무를 위반하여 甲과 X에 대한 매매계약을 체결하였으므로 丙은 乙과 체결한 위임계약을 해지하고(제689조 제1항), 채무불이행을 이유로 손해배상을 청구할 수 있다.

(2) 불법행위에 기한 손해배상청구

乙은 丙으로부터 받은 X에 대한 매수자금을 횡령하였으므로 丙은 乙에게 불법행위로 인한 손해배상을 청구할 수 있다.

Ⅳ. 사안의 해결

(1) 甲은 乙이 丙의 대리인이라고 믿고 X에 대한 매매계약을 체결하였으므로 丙에게 乙이 지급하지 않은 매매대금 중 중도금 미지급분 1,000만원과 잔금 3,000만원을 청구할 수 있다. 또한 乙이 중도금 일부와 잔금 지

급을 지체하였으므로 甲은 乙에게 이에 대한 지연손해금도 청구할 수 있다.

(2) 乙이 甲과 체결한 X에 대한 매매계약은 무권대리행위로서 그 효력이 丙에게 미친다. 그러므로 丙은 甲에게 乙이 미지급한 4,000만원의 매매대금과 지연손해금을 배상할 의무를 부담한다. 특히 甲은 乙이 丙의 대리인으로서 행한 매매계약의 효력을 주장하고 있으므로 丙은 甲에게 乙의 표현대리를 주장할 수 없다. 한편 丙은 甲이 잔금 지급 기일인 2008. 10. 10. 이후 X의 소유권이전등기 소요서류를 제공하지 않았으므로 동시이행의 관계에 있으며, 丙이 동시이행의 항변권을 원용하여 그 이행을 거절하고 있으므로 이행지체 책임이 발생하지 않는다. 다만, 乙이 甲에게 미지급한 중도금 중 일부에 대한 지연손해금은 배상하여야 한다. 다른 한편 丙은 乙에게 횡령한 2,000만원 및 위임계약 위반으로 인한 손해배상을 청구할 수 있다.

참고판례

1. 대법원 1998. 3. 13. 선고 97다54604, 54611 판결

[1] 쌍무계약에서 쌍방의 채무가 동시이행관계에 있는 경우 일방의 채무의 이행기가 도래하더라도 상대방 채무의 이행제공이 있을 때까지는 그 채무를 이행하지 않아도 이행지체의 책임을 지지 않는 것이고, 이와 같은 효과는 이행지체의 책임이 없다고 주장하는 자가 반드시 동시이행의 항변권을 행사하여야만 발생하는 것은 아니다.

[2] 매수인이 선이행의무 있는 중도금을 지급하지 않았다 하더라도 계약이 해제되지 않은 상태에서 잔대금 지급기일이 도래하여 그 때까지 중도금과 잔대금이 지급되지 아니하고 잔대금과 동시이행관계에 있는 매도인의 소유권이전등기 소요서류가 제공된 바 없이 그 기일이 도과하였다면, 특별한 사정이 없는 한 매수인의 중도금 및 잔대금의 지급과 매도인의 소유권이전등기 소요서류의 제공은 동시이행관계에 있다 할 것이어서 그 때부터는 매수인은 중도금을 지급하지 아니한 데 대한 이행지체의 책

임을 지지 아니한다.

2. 대법원 1987. 7. 7. 선고 86다카2475 판결

표견대리의 효과를 주장하려면 상대방이 자칭 대리인에게 대리권이 있다고 믿고 그와 같이 믿는데 정당한 이유가 있을 것을 요건으로 하는 것인바, 여기의 정당한 이유의 존부는 자칭 대리인의 대리행위가 행하여질 때에 존재하는 제반사정을 객관적으로 관찰하여 판단하여야 하는 것이지 당해 법률행위가 이루어지고 난 훨씬 뒤의 사정을 고려하여 그 존부를 결정해야 하는 것은 아니다.

3. 대법원 1983. 12. 13. 선고 83다카1489 전원합의체 판결

유권대리에 있어서는 본인이 대리인에게 수여한 대리권의 효력에 의하여 법률효과가 발생하는 반면 표현대리에 있어서는 대리권이 없음에도 불구하고 법률이 특히 거래상대방 보호와 거래안전유지를 위하여 본래 무효인 무권대리행위의 효과를 본인에게 미치게 한 것으로서 표현대리가 성립된다고 하여 무권대리의 성질이 유권대리로 전환되는 것은 아니므로, 양자의 구성요건 해당사실 즉 주요사실은 다르다고 볼 수밖에 없으니 유권대리에 관한 주장 속에 무권대리에 속하는 표현대리의 주장이 포함되어 있다고 볼 수 없다.

[5] 불안의 항변권

사례

甲은 乙로부터 상가건물 X 및 상가부지 Y를 10억원에 매수하기로 하는 매매계약을 체결하였다. 계약 내용은, 첫째 매매대금 중 계약금 1억원은 계약 당일인 2010. 9. 24.에, 중도금 5억원은 2010. 12. 23.에, 잔금 4억원은 2011. 3. 23.에 지급하기로 하고, 둘째 지정기일 내에 대금을 지급하지 않으면 연체 금액에 대하여 은행연체율에 의한 연체료를 지급하기로 하고, 셋째 소유권이전등기 및 상가건물 X와 상가부지 Y의 인도는 매수인이 매매대금을 완납하고, 상가건물 X가 준공되어 보존등기가 완료되면 즉시 이행하기로 하였다. 그러나 2011. 2. 10. 상가부지 Y에 丙의 처분금지가처분등기 및 소유권말소예고등기가 기입되어 이행기에 乙의 소유권이전등기의무의 이행이 현저히 불투명하게 되었다. 그리하여 甲은 乙에게 아직 이행하지 않은 잔금 전부의 지급을 거절하고, 급부의 이행보장을 위한 담보제공을 요구하였다. 이러한 와중에 상가건물 X에 대한 乙 명의의 보존등기가 완료되었고, 2011. 5. 10.에는 Y에 대한 丙의 처분금지가처분등기 및 소유권말소예고등기가 말소되었다. 그리하여 乙은 X 및 Y에 대한 소유권이전등기절차의 이행에 필요한 서류를 준비하여 이행의 제공을 한 다음 甲에게 지체된 잔금 및 약정된 연체료의 지급을 최고하였다.
[문제] 甲과 乙 사이의 법률관계는?

【개요】

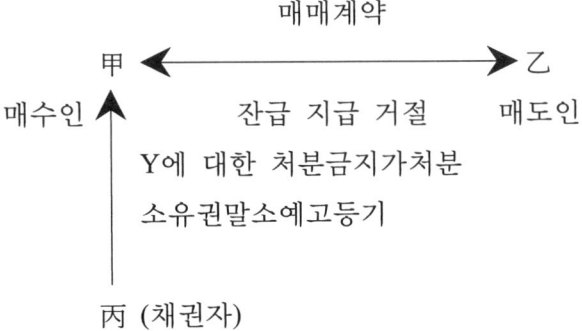

Ⅰ. 문제의 소재

(1) 甲은 乙로부터 X 및 Y를 매수하기로 하는 매매계약을 체결하였으므로 매수인의 법적 지위를 가진다. 그러므로 甲은 乙에게 계약상 합의된 매매대금을 지급하여야 한다. 그러나 이행기에 乙의 소유권이전의무 이행이 불투명하게 되었으므로 甲은 乙에게 이행불능을 주장할 수 있을 것이다. 또한 甲은 乙의 잔금 및 연체료 청구에 대하여 불안의 항변권 및 신의칙에 기한 사정변경을 이유로 잔금 지급을 거절하고, 담보제공을 요구할 수 있을 것이다.

(2) 乙은 매도인으로서 매수인인 甲에게 매매목적물에 대한 완전한 권리를 이전해 주어야 할 의무를 부담한다. 그러나 급부의 목적물인 Y에 처분금지가처분등기 및 소유권말소예고등기가 기입되어 선이행의무자인 甲이 잔금 지급을 거절하도록 한 원인을 제공하였다. 그러나 乙은 이행기 이후 급부이행이 곤란한 현저한 사유를 제거하였으므로 乙은 甲에게 잔금 및 연체료의 지급을 청구할 수 있을 것이다.

Ⅱ. 甲의 권리행사

1. 乙의 이행불능 여부

(1) 甲과 乙은 X 및 Y에 대한 매매계약을 체결하였으므로 乙은 甲에게 특별한 사정이 없는 한, 제한이나 부담 없는 소유권이전등기의무를 부담한다(대판 1991. 9. 10, 91다6368). 그러나 乙이 甲에게 매도한 Y에 처분금지가처분등기 및 소유권말소예고등기가 기입되어 있어 甲이 이행기에 목적물에 대한 완전한 소유권을 취득할 수 없게 되었다. 그러므로 乙의 이행불능 여부가 문제된다.

(2) 乙에게 이행불능 책임이 성립되기 위한 요건으로는,

첫째, 이행이 불능이어야 한다. 여기서 '불능'은 물리적·절대적 불능에

한하지 않으며, 사회의 일반적인 거래관념을 기준으로 하여 규범적으로 판단하여야 한다(통설, 판례). 그리고 불능은 채권이 성립할 때에는 가능하였으나 후에 이르러 불능이 된 경우에 한하며, 불능 여부는 이행기를 기준으로 판단한다. 이와 관련하여 Y에 대한 처분금지가처분등기 및 소유권말소예고등기가 이행기에 乙의 소유권이전등기 절차의 이행을 불가능하게 하는지의 여부가 문제된다. 여기서 '가처분등기'는 단지 그에 저촉하는 범위 내에서 가처분채권자에게 대항할 수 없는 효과가 있다는 것이고, '예고등기'는 등기원인의 무효 또는 취소로 인한 등기의 말소 또는 회복의 소가 제기된 경우에 그 등기에 의하여 소의 제기가 있었음을 제3자에게 경고하여 계쟁 부동산에 관하여 법률행위를 하고자 하는 선의의 제3자로 하여금 소송의 결과 발생할 수도 있는 불측의 손해를 방지하려는 것이다(대판 1998. 9. 22, 98다2631). 판례는 "계쟁 부동산에 대한 처분금지가처분등기 및 소유권말소예고등기는 곧바로 부동산 위에 어떤 지배관계가 생겨서 소유권등기명의자가 그 부동산을 임의로 타인에게 처분하는 행위 자체를 금지하는 것이 아니므로 이로 인하여 소유권이전등기 절차의 이행이 불가능하게 되는 것은 아니다."고 한다(대판 1993. 5. 27, 92다20163). 사안에서 매매의 목적물인 Y에는 계약체결 이후인 2011. 2. 10. 丙의 처분금지가처분등기 및 소유권말소예고등기가 기입되었다. 그러나 이는 乙의 소유권이전등기 절차의 이행을 불가능하게 하는 것이 아니므로 이행불능의 요건을 충족시키지 못한다.

둘째, 채무자의 책임있는 사유로 불능이 되었어야 한다. 사안에서 Y에 대한 丙의 처분금지가처분등기 및 소유권말소예고등기는 乙의 책임있는 사유에 해당하지 않는다.

셋째, 이행불능이 위법하여야 한다. 사안에서는 이행불능이 발생하지 않았으므로 위법성은 문제되지 않는다.

(3) 소결: Y에 대한 丙의 처분금지가처분등기 및 소유권말소예고등기는 이행불능의 요건을 충족시키지 못하므로 甲은 乙에게 이행불능을 주장할 수 없다.

2. 乙에 대한 항변권 행사

(1) 甲이 乙에게 매매대금을 완납한 이후 乙이 소유권이전등기를 이전하여 주기로 약정하였으므로 甲의 대금지급의무는 乙의 등기이전의무에 대하여 선이행의무이다. 그러나 선이행의무와 대가관계에 있는 乙의 반대급부가 이행기에 그 이행이 현저히 곤란하게 된 경우에 선이행의무자 甲은 후이행의무자 乙의 반대급부 이행이 확실하여 질 때까지 자신의 선이행의무의 이행을 거절할 수 있는지가 문제된다. 이 경우 甲에게 고려되는 권리로는 불안의 항변권과 신의칙에 기한 사정변경의 항변이 있다.

(2) 乙에 대한 불안의 항변권이 성립하기 위한 요건으로는(제536조 제2항),

첫째, 상대방의 이행이 곤란할 현저한 사유가 있어야 한다. 여기서 '상대방의 이행이 곤란할 현저한 사유가 있는 때'란 선이행의무를 지게 된 채권자가 계약성립 후 채무자의 신용불안이나 재산상태 악화 등의 사정으로 반대급부를 이행 받을 수 없는 사정변경이 생기는 경우이고, '자기의 채무이행을 거절할 수 있는 경우'란 이로 인하여 당초의 계약내용에 따른 선이행의무를 이행하게 하는 것이 공평과 신의칙에 반하게 되는 경우를 말한다(대판 1990. 11. 23, 90다카24335). 사안에서 Y에 대한 가처분등기 및 예고등기는 본안소송 결과에 따라서는 그 지상의 X까지 불법점유를 이유로 철거당할 위험을 안고 있으므로 특별한 약정이 없는 한 가처분등기 및 예고등기는 채무자의 재산관계의 본질적 악화에 해당한다.

둘째, 계약체결 이후 상대방의 이행이 곤란할 현저한 사유가 발생하여야 한다. 이러한 이행곤란 사유의 판단 시점은 선이행의무의 이행기를 기준으로 한다. 그러나 이행곤란 사유가 계약체결 당시에 이미 존재하여 반대급부청구권이 처음부터 위험에 처하게 될 경우에도 불안의 항변권을 인정하여야 할 것인지에 대하여는 논란이 있다. 이에 대하여는 민법 제536조 제2항의 직접적용뿐만 아니라 유추적용도 인정할 수 없다는 견해(유추적용 부정설)와 민법 제536조 제2항을 유추적용 하여야 한다는 견해(유추적용 긍정설)가 있다. 생각건대 계약체결 전에 이미 후이행의무자의 재산상태가 악화된 경우에는 법률행위의 중요부분, 즉 신용도에 관한 착오를 이유로 계약을 취소하거나(제109조) 또는 경우에 따라서는 사기를 이유로 계약을 취소할 수 있다(제110조). 나아가 신용도에 대한 설명의무 위반을 이유로 계약체결상의 과실책임을 물을 수 있으므로(제535조) 불안의 항변권은 이행곤란 사유가 계약체결 후에 발생한 경우에만 인정된다고 하여야 할 것이다.

셋째, 선이행의무자의 반대급부청구권 행사가 위험에 처해 있어야 한다. 즉 상대방의 재산상태가 악화되었다고 하더라도 담보가 충분한 경우에는 제536조 제2항은 적용되지 않는다.

결론적으로 乙은 X가 준공되어 보존등기가 완료되면 즉시 이행하여야 할 의무를 부담함에도 불구하고 이행기에 Y에 대한 처분금지가처분등기 및 소유권말소예고등기가 기입되어 있어 그 이행이 현저히 불투명하게 되었다. 이러한 재산상태의 악화는 甲이 가진 소유권이전등기청구권의 행사를 위험에 빠뜨렸으므로 불안의 항변권의 성립요건을 충족시킨다.

(3) 불안의 항변권 행사의 효과로는

(가) 선이행의무자는 상대방이 반대급부를 이행할 때까지 자신의 이행을 거절할 수 있다. 즉 후이행의무자가 동시이행을 하지 않고 있는 경우에 선이행의무자도 이행을 거절할 수 있다. 그리고 선이행의무자가 불안의 항변권을 행사하면 선이행의무자의 이행지체는 항변에 기한 정당한 행위가 되어 위법성이 조각된다(대판 1995. 2. 28, 93다53887). 그러나 선이행의무자의 이행거절권 행사에 대하여는 논란이 있다.

첫째, 이행거절권 행사는 반드시 이행의 착수 전에 거절권을 행사할 수 있는 것이 아니라 이행의 착수 후에도 거절권을 행사할 수 있다. 즉 선이행의무자는 이행의 착수 전에는 이행의 착수를 거절할 수 있고, 이미 이행 중에 있는 때에는 그 이행을 중단할 수 있다. 이와 같이 이행거절권은 아직 이행하지 않은 부분에 대한 장래의 이행을 거절하는 권능이므로 이미 이행한 부분에 대하여는 그 반환을 청구하지 못한다.

둘째, 이행거절권이 적극적으로 행사되어야 하는지의 여부이다. 판례와 소수설은 동시이행의 항변 법리를 제536조 제2항에 그대로 적용하여 대가적 채무 간에 이행거절의 권능을 가지는 경우에는 비록 이행거절의 의사를 구체적으로 밝히지 아니하였다고 할지라도 이행거절 권능의 존재 자체로 이행지체 책임은 발생하지 않는다고 한다(대판 1988. 9. 27, 87다카1092; 1997. 7. 25, 97다5541). 이에 대하여 다수설은 불안의 항변권은 선이행의무자가 자신의 이행기 도래시 상대방의 후이행에 대한 불안 사유를 제시하며 자신의 이행을 거절하고, 그 거절이 정당한 것으로 판정될 때 비로소 불안 사유가 제거될 때까지 잠정적으로 자신의 이행을 유예받는 것에 불과하므로 적극적으로 이행거절권을 행사하여야 한다고 한다. 생각건대 불안의 항변권이란 동시이행의 예외로서 인정되었던 이시이행의 관계에서 선이행의무자가 자신의 선이행을 거절할 수 있는 급부거절권이기 때문에 동시이행의 항변권에서의 이행거절권과 다르다. 즉 선이행의무자의 이행거절권은 존재 자체만으로는 아무런 의미가 없고, 선이행의무자가 적극적으로 이행거절권을 행사하여야 그 효력이 있다고 할 수 있다.

셋째, 선이행의무자의 불안의 항변권은 이행곤란 사유가 계속되는 동안에만 잠정적으로 인정된다. 그러므로 후이행의무자는 이행곤란 사유를 제거함으로써 선이행의무자의 이행거절권을 소멸시킬 수 있다. 이 경우 후이행의무자는 이행곤란 사유를 제거하기 위하여 이행의 제공까지는 필요 없고 선이행의무자의 불안 사유를 제거할 정도의 이행의 보장으로 충분하다. 사안에서 甲은 계약금과 중도금을 이미 지급하였으나 잔금은 아직 지급하지 않았으므로 잔금지급만 거절할 수 있다. 그리고 甲이 이행거절권을 가지고 있는 이상 이행지체 책임은 발생하지 않는다. 다만, 2011. 5. 10.에 丙의 처분금지가처분등기 및 소유권말소예고등기가 말소되었고, 이에 乙이 소유권이전등기 절차의 이행에 필요한 서류를 준비하여 이행의 제공을 한 다음 잔금의 지급을 최고한 이상 甲은 乙에게 다시 잔금지급의무를 부담한다.

(나) 우리 민법은 선이행의무자에게 이행거절권만 규정하고 있으나 반

대급부의 이행을 위한 담보제공도 요구할 수 있다고 본다(통설). 다만, 후이행의무자의 반대급부 이행과 담보제공은 서로 동등한 관계에 있으므로 선이행의무자가 선택적으로 요구할 수 없다. 사안에서 甲은 乙에게 이행곤란 사유를 들어 급부이행에 대한 담보제공을 요구할 수 있다.

(4) 소결

甲은 乙에게 계약목적물인 Y에 대한 처분금지가처분등기 및 소유권말소예고등기가 기입되어 있어 이행기에 목적물에 대한 소유권 취득이 현저히 곤란하다는 이유를 들어 불안의 항변권을 행사할 수 있다. 즉 甲은 乙에게 아직 이행하지 않은 잔금 4억원의 지급을 거절할 수 있으며, 또한 급부이행에 대한 담보제공도 요구할 수 있다. 그러나 乙이 2011. 5. 10. 이행곤란 사유를 제거하고 소유권이전등기 절차의 이행에 필요한 서류를 준비하여 이행의 제공을 한 다음 잔금지급을 청구하였으므로 甲은 乙의 청구를 인용하여야 한다.

3. 사정변경원칙의 적용 여부

(1) 甲은 乙과 X 및 Y를 매수하기로 하는 매매계약을 체결하였으나 Y에 대한 처분금지가처분등기 및 소유권말소예고등기가 기입되어 있어 乙의 이행이 현저히 불투명하게 되었다. 그러므로 甲이 乙에게 처음에 약정된 계약내용을 강제하는 것이 신의칙에 반하는지의 여부, 즉 甲이 이를 이유로 계약내용의 이행을 거절할 수 있는 권능을 가지는지가 문제된다.

(2) 甲이 신의칙에 기한 사정변경을 주장할 수 있기 위한 요건으로는 (대판 2007. 3. 29, 2004다31302), 계약성립 당시 그 기초로 된 사정이 변경되어야 한다. 여기서 '사정'이라 함은 적어도 당사자 중의 일방이 계약체결의 전제로 삼았던 것으로서, 그러한 사정이 전제되지 않았다면 객관적으로 볼 때 계약당사자가 계약을 체결하지 않았거나 달리 체결하였을 정도로 중요한 것이어야 한다. 사안에서 Y에 대한 처분금지가처분등기 및

소유권말소예고등기는 乙이 甲에게 Y의 소유권이전등기 절차의 이행을 불가능하게 하는 것은 아니므로 객관적으로 계약내용을 수정할 중대한 사정의 변경이라고 보기 어렵다.

(3) 소결

Y에 대한 처분금지가처분등기 및 소유권말소예고등기는 乙이 甲에게 소유권이전등기 절차의 이행을 불가능하게 하는 중대한 사정의 변경이 아니므로 甲은 乙에게 사정변경의 원칙을 주장하여 자신의 잔금지급을 거절할 수 없다.

Ⅲ. 乙의 권리행사

1. 甲의 이행지체 여부

(1) 甲은 乙과 매매대금 중 잔금을 2011. 3. 23.까지 지급하기로 약정하였으나 乙의 소유권이전의무 이행의 불투명을 이유로 잔금지급을 거절하였다. 그러므로 甲의 乙에 대한 잔금지급 불이행이 이행지체를 성립시키는지가 문제된다.

(2) 甲에 대하여 이행지체 책임이 성립하기 위한 요건으로는,

첫째, 채무의 이행기가 도래하여야 한다. 여기서 이행지체를 성립시키는 이행기는 확정기한이 있는 채무의 경우 이행기의 도래로 이행지체에 빠진다(제387조 제1항). 그리고 이행기는 채무자에게 동시이행의 항변권과 같은 채권자의 이행청구를 거절할 수 있는 대항사유를 가지고 있는지와 무관하다. 사안에서 甲이 乙에게 2011. 3. 23.까지 잔금 4억원을 지급을 하지 않은 것은 이 요건을 충족시킨다.

둘째, 채무의 이행이 가능하여야 한다. 여기서 채무의 이행이 가능한지의 여부는 단순히 절대적·물리적으로 불능인 경우가 아니고 사회생활에 있어서의 경험법칙 또는 거래상의 관념에 비추어 볼 때 채권자가 채무자의

이행의 실현을 기대할 수 없는 경우를 말한다. 사안에서 甲은 매매대금이라는 금전채무를 부담하고 있으므로 이 요건을 충족시킨다.

셋째, 채무자에게 책임 있는 사유가 있어야 한다. 여기서 '책임 있는 사유'는 채무자의 고의·과실은 물론 신의칙상 이와 동일하게 취급되는 법정대리인이나 이행보조자의 고의·과실 등도 포함한다(제391조). 사안에서 甲은 乙의 소유권이전의무 이행의 불투명을 이유로 이행기에 잔금지급을 거절하였으므로 甲의 유책성은 인정되지 않는다.

넷째, 채무자가 자신의 채무를 이행하지 않은 것이 위법하여야 한다. 여기서 위법성 조각과 관련하여 **다수설**은 채무자가 유치권(제320조), 동시이행의 항변권(제536조), 기한유예의 항변권 등 법률상 정당한 사유가 있는 때에는 위법성이 조각되어 이행이 지체되더라도 이행지체의 책임이 생기지 않는다고 한다. 이에 대하여 **소수설**은 유책사유로서의 고의·과실 개념 속에는 위법성의 요소가 포함되어 있으므로 동시이행의 항변권과 같은 법률상 정당한 사유가 있는 경우에는 채무자에게 유책사유가 없다고 한다. **판례**는 이행거절 권능의 존재 그 자체로 인하여 이행지체 책임이 발생하지 않으므로 채무자가 자신의 채무를 이행하지 아니하였다고 하더라도 그 지체책임을 지지 않는다고 한다(대판 2006. 10. 26, 2004다24106, 24113). 사안에서 甲은 乙에게 불안의 항변권을 행사하였으므로 甲의 이행지체는 위법성이 조각되어 그 책임을 면하게 된다.

(3) 소결

甲은 2011. 3. 23.까지 매매대금 중 잔금 4억원을 지급하지 않았다. 그러나 甲은 乙에게 불안의 항변권을 행사하였으므로 甲은 이행지체 책임을 지지 않는다.

2. 甲의 연체금지급 의무

(1) 甲과 乙은 지정기간 내에 매매대금을 지급하지 않을 경우에 연체금액에 대하여 은행연체율에 의한 연체료를 지급하기로 약정하였다. 그러나

선이행의무자인 甲이 이행기에 잔금을 이행하지 않았으므로 이행기를 도과한 연체금액에 대하여 연체료를 지급하여야 하는지가 문제된다.

(2) 연체금 약정의 법적 성격은 일종의 지연배상에 대한 예정(제398조 제1항)으로서 이행지체 책임이 발생할 때 비로소 그 지급의무가 발생한다(대판 1988. 4. 12, 86다카2476; 1989. 7. 25, 88다카6273, 6280). 즉 연체금 약정은 계약위반 또는 채무불이행을 전제로 하므로 채무불이행책임이 발생하지 않으면 손해배상액의 약정도 무효로 된다.

(3) 소결

甲은 2011. 3. 23.까지 잔금 4억원을 지급하지 않았다. 그러나 甲은 불안의 항변권을 행사하여 이행지체의 책임을 면하므로 연체료의 지급의무를 부담하지 않는다.

Ⅳ. 사안의 해결

甲은 乙에게 2011. 3. 23.까지 잔금 4억원을 지급하여야 하지만 불안의 항변권을 행사하여 잔금지급을 거절하고, 담보제공을 요구할 수 있다. 그리고 불안의 항변권 행사의 효과에 따라 이행지체 책임을 면하므로 연체금의 지급의무를 부담하지 않는다. 그러나 乙이 2011. 5. 10. Y에 대한 처분금지가처분등기 및 소유권말소예고등기를 말소하고, X에 대한 소유권이전등기 절차의 이행에 필요한 서류를 준비하여 이행의 제공을 한 다음 지체된 잔금 및 연체금의 지급을 청구하였으므로 甲은 이와 동시이행으로 乙에게 잔금 4억원을 지급하여야 한다.

참고판례

1. 대법원 1990. 11. 23. 선고 90다카24335 판결

민법 제536조 제2항 소정의 선이행의무를 지고 있는 당사자가 상대방의 이행이 곤란한 현저한 사유가 있는 때에 자기의 채무이행을 거절할

수 있는 경우란 선이행채무를 지게 된 채권자가 계약성립 후 채무자의 신용불안이나 재산상태의 악화 등의 사정으로 반대급부를 이행받을 수 없는 사정변경이 생기고 이로 인하여 당초의 계약내용에 따른 선이행의무를 이행케 하는 것이 공평과 신의칙에 반하게 되는 경우를 말하는 것이고, 이와 같은 사유는 당사자 쌍방의 사정을 종합하여 판단하여야 할 것이다.

2. 대법원 2006. 10. 26. 선고 2004다24106, 24113 판결

아파트 수분양자의 중도금 지급의무는 아파트를 분양한 건설회사가 수분양자를 아파트에 입주시켜 주어야 할 의무보다 선이행하여야 하는 의무이나, 건설회사의 신용불안이나 재산상태의 악화 등은 민법 제536조 제2항의 건설회사의 의무이행이 곤란할 현저한 사유가 있는 때 또는 민법 제588조의 매매의 목적물에 대하여 권리를 주장하는 자가 있는 경우에 매수인이 매수한 권리의 전부나 일부를 잃을 염려가 있는 때에 해당하여, 아파트 수분양자는 건설회사가 그 의무이행을 제공하거나 매수한 권리를 잃을 염려가 없어질 때까지 자기의 의무이행을 거절할 수 있고, 수분양자에게는 이러한 거절권능의 존재 자체로 인하여 이행지체 책임이 발생하지 않으므로, 수분양자가 건설회사에 중도금을 지급하지 아니하였다고 하더라도 그 지체책임을 지지 않는다.

[6] 위험부담

사례*

　건설회사 甲은 2017. 10. 17. 乙로부터 부동산 X를 10억 원에 매수하되, 계약금 1억원은 계약 당일에, 1차 중도금 3억원은 2017. 11. 10.에, 2차 중도금 2억원은 2018. 1. 15.에, 잔금 4억원은 2018. 4. 20.에 각 지급하기로 하는 매매계약을 체결하고, 계약금 1억원과 1차 중도금 3억원을 지급하였다. 그러나 甲은 선이행의무가 있는 2차 중도금 2억원을 지급일에 이행하지 않았고, 乙은 甲에게 2018. 2. 28.까지 2차 중도금을 지급할 것을 최고하였다. 한편 甲은 2018. 2. 24. 乙에게 X에 대한 매매계약은 공동주택사업 승인을 조건으로 체결되었는데 그 조건의 성취가 불가능하다는 등의 이유로 매매계약의 실효를 주장하면서 계약금과 1차 중도금 합계 4억원의 반환을 요구하였다. 이에 대하여 乙은 2018. 4. 21. 甲에게 공동주택사업 승인은 매매계약의 조건이 될 수 없다며 2차 중도금의 지급을 거듭 최고하였다. 그 와중에 X는 丙(한국토지주택공사)에 수용되었고, 乙은 수용보상금으로 10억원을 지급받았다.
　甲과 乙 사이의 법률관계는?

【개요】

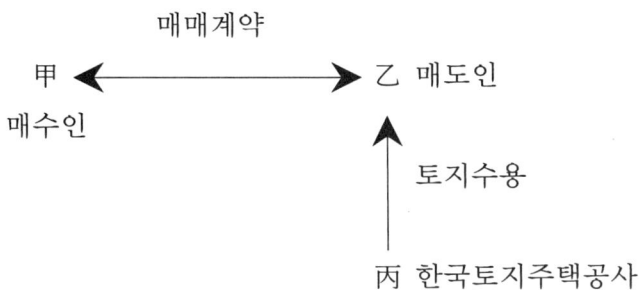

---

* 이 사안은 대법원 2004. 3. 12. 선고 2001다79013 판결에 기초하여 구성한 것이다.

Ⅰ. 문제의 제기

(1) 甲이 乙과 체결한 X에 대한 매매계약은 丙의 토지수용으로 인하여 乙의 소유권이전등기의무가 이행불능되었다. 그러므로 甲은 乙에게 2차 중도금 및 잔금 지급 의무의 소멸을 주장할 수 있을 것이다. 또한 甲은 乙에게 이미 지급한 계약금과 1차 중도금을 부당이득으로 반환청구 할 수 있을 것이며, 乙의 2차 중도금 및 잔금 지급 청구에 대하여는 동시이행의 항변을 주장할 수 있을 것이다.

(2) 甲은 乙에게 반대급부인 자신의 잔금 지급 의무를 이행하지 아니할 의사를 명백히 표시하여 소유권이전등기의무의 이행제공이 있더라도 그 수령을 거절할 의사를 명백히 표시하였다. 또한 乙의 소유권이전등기의무가 丙의 토지수용으로 인하여 이행불능된 것은 '채권자의 책임 있는 사유'에 기인한 것이다. 그러므로 乙은 甲에게 미지급된 매매대금의 지급을 청구할 수 있을 것이며, 중도금의 이행지체에 대한 손해배상도 청구할 수 있을 것이다.

Ⅱ. 甲의 乙에 대한 권리행사

1. 甲의 법적 지위

甲은 乙과 X에 대한 매매계약을 체결하였으므로 甲은 乙에게 X의 인도청구권을 가진다(제568조). 그러나 X가 丙에게 수용되어 乙의 소유권이전등기의무가 이행불능되었으므로 甲은 乙에게 2차 중도금 2억원과 잔금 4억원을 지급할 필요가 없다. 만일 乙이 甲에게 2차 중도금과 잔금 지급을 청구하는 경우에 甲은 乙에게 동시이행의 항변을 주장할 수 있다.

2. 위험부담 주장

(1) 위험부담 원칙의 성립 여부

우리 민법은 쌍무계약의 당사자 일방의 채무가 당사자 쌍방의 책임 없는 사유로 이행할 수 없게 된 때에는 채무자는 상대방의 이행을 청구하지 못한다고 규정하고 있다(제537조). 이러한 위험부담 원칙이 성립하기 위한 요건으로는,

첫째, 쌍무계약의 상환적 채무가 존재하여야 한다. 사안에서 甲은 乙과 X에 대한 매매계약을 체결하였으므로 乙은 甲에게 X의 이전 의무를 지며, 甲은 乙에게 대금지급 의무를 진다.

둘째, 일방 채무가 후발적 불능이 되어야 한다. 사안에서 甲은 乙과 X에 대한 매매계약을 체결하였으나 X가 丙에게 수용되어 乙은 甲에게 X를 이전할 수 없게 되었다.

셋째, 후발적 불능이 당사자 쌍방의 책임 없는 사유로 생겼어야 한다. 사안에서 X가 丙에게 수용된 것은 甲과 乙의 책임 없는 사유에 해당한다.

결론적으로 甲과 乙 사이의 법률관계는 민법 제537조에 규정된 위험부담 원칙의 요건을 충족한다.

(2) 위험부담 원칙의 적용

위험부담 원칙이 성립하면 반대급부의 위험은 채무자가 부담한다.

첫째, 乙은 甲에게 반대급부인 매매대금의 이행을 청구하지 못하고, 당사자 사이의 채권관계는 그대로 소멸한다.

둘째, 乙이 급부의 이행불능을 원인으로 대상물 또는 배상청구권을 취득하는 경우에 甲은 乙에게 자신의 반대급부를 이행하고 대상청구를 하거나 또는 민법 제537조를 원용하여 자신의 반대급부 소멸을 주장할 수 있는 선택권을 가진다. 사안에서 甲은 乙에게 2차 중도금 및 잔금 4억원을 지급하고 乙이 丙으로부터 받은 수용보상금 10억원을 청구하거나 민법 제

537조를 원용하여 자신의 반대급부 소멸을 주장할 수 있다.

셋째, 乙의 급부가 불능이 되기 전에 甲이 乙에게 반대급부의 전부 또는 일부를 이행한 경우에 乙이 수령한 반대급부는 乙의 급부가 이행불능이 된 때부터 법률상의 원인이 없는 부당이득이 되므로 甲은 乙에게 그 반환을 청구할 수 있다(대판 1975. 8. 29, 75다765; 대판 2009. 5. 28, 2008다98655,98662; 대판 2017. 10. 12, 2016다9643). 만일 甲이 乙의 급부가 불능이 된 사실을 모르고 반대급부를 이행한 경우에 그 급부는 비채변제의 법리에 따라 부당이득이 되므로 甲은 乙에게 그 반환을 청구할 수 있다(제742조 참조). 사안에서 甲은 乙에게 지급한 계약금 1억원과 1차 중도금 3억원을 부당이득으로 반환청구 할 수 있다.

3. 동시이행의 항변

(1) 동시이행의 항변권 성립 여부

동시이행의 항변권이 성립하기 위한 요건으로는,

첫째, 동일한 쌍무계약에 의하여 당사자 쌍방이 대가적 의미 있는 채무를 부담하고 있어야 한다. 사안에서 甲은 乙과 X에 대한 매매계약을 체결하였으므로 乙은 甲에게 X의 이전 의무를 지며, 甲은 乙에게 대금지급 의무를 진다.

둘째, 당사자 쌍방의 채무가 모두 변제기에 있어야 한다. 따라서 상대방의 채무는 변제기에 있지 않고 자기 채무만이 변제기에 있는 당사자는 동시이행의 항변권을 행사하지 못한다. 그러나 학설과 판례는 선이행의무자가 이행하지 않고 있는 동안에 상대방의 채무가 변제기에 이른 때에는 선이행의무자에게도 예외적으로 동시이행의 항변권을 인정한다. 이는 다시 특별한 제한을 두지 않고 일반적으로 항변권을 인정하는 다수설과 특별한 사정이 없는 경우에만 인정하는 소수설 및 판례로 구분된다. 판례는 "매수인이 선이행의무 있는 중도금을 지급하지 않았다 하더라도 계약이 해제되지 않은 상태에서 잔대금 지급일이 도래하여 그때까지 중도금과 잔대금이 지급되지 아니하고 잔대금과 동시이행의 관계에 있는 매도인의 소유권이전등기 소요서류가 제공된 바 없이 그 기일이 도과하였다면, 다른 특별한 사정이 없는 한, 매수인의 중도금 및 잔대금의 지급과 매도인의 소유권이전등기 소요서류의 제공은 동시이행의 관계에 있다 할 것"이라고 한다(대판 1980. 4. 22, 80다268; 대판 1988. 9. 27, 87다카1029; 대판 1991. 3. 27, 90다19930; 대판 1992. 4. 14, 91다43107; 대판 1998. 3. 13, 97다54604, 54611; 대판 1999. 7. 9, 98다13754, 13761; 대판 2001. 7. 27, 2001다27784, 27791; 대판 2002. 3. 29, 2000다577). 생각건대 선이행의무자에게 예외적으로 동시이행의 항변권을 인정하는 취지에 비추어 소수설과 판례의 태도가 타당하다. 사안에서 甲은 乙로부터 X를 10억원에 매수하면서 계약금 1억원과 1차 중도금 3억원을 지급하였으나 선이행의무가 있는 2차 중도금 2억원을 이행기에 이행하지 않았다.

셋째, 상대방이 자기 채무의 이행 또는 그 제공을 하지 않고 이행을 청구하여야 한다. 사안에서 乙은 甲에게 자기 채무를 이행하지 않은 채 2차 중도금 지급을 청구하고 있으며, 乙이 甲에게 2차 중도금 지급을 최고하는 동안에 자기 채무의 변제기가 도래하였다.

결론적으로 甲은 乙에게 동시이행의 항변을 주장할 수 있다.

(2) 동시이행의 항변권의 효과

甲은 乙이 채무를 이행하거나 이행의 제공을 할 때까지 자기 채무의 이행을 거절할 수 있다. **다수설과 판례**는 동시이행의 항변권은 재판상 또는 재판 외에서 행사하여야 그 효력이 생기며, 만일 이를 행사하지 않으면 청구권은 그 효력을 온전하게 가진다고 한다(**원용설**)(대판 1990. 11. 27, 90다카25222; 대판 2006. 2. 23, 2005다53187). 다만, 이행지체 책임은 동시이행의 항변권을 행사하지 않아도 발생하지 않는다고 한다. 이에 대하여 **소수설**은 동시이행의 항변권은 쌍무계약상의 채무의 성질에 해당하는 것이므로 원용이 필요 없다고 한다(**불원용설**).

생각건대 항변권의 본질에 비추어 다수설이 타당하다. 그리고 동시이행의 항변권 행사 여부는 항변권자가 자유롭게 결정할 수 있으며, 행사시기는 제한이 없으므로 이행기 전이든 후이든 관계없이 상대방으로부터 이행청구를 받은 때 행사하면 된다. 사안에서 甲은 잔금 지급기일인 2018. 4. 20. 이후 乙의 대금청구에 대하여 동시이행의 항변권을 행사할 수 있다.

Ⅲ. 乙의 甲에 대한 주장

1. 乙의 법적 지위

乙은 甲과 X에 대한 매매계약을 체결하였으므로 甲에게 매매대금의 지급을 청구할 수 있다(제568조). 그러나 당사자 쌍방의 책임 없는 사유로 乙의 소유권이전의무가 이행불능되었으므로 乙은 甲에게 반대급부인 매매대금을 청구할 수 없다. 그러므로 乙은 甲에게 자신의 소유권이전의무가 甲의 책임 있는 사유로 이행할 수 없게 되었다고 주장하거나 또는 甲의 수령지체 중에 甲에 대한 소유권이전의무가 이행불능되었다고 주장하면서 甲에게 미지급된 매매대금의 이행을 청구할 수 있다.

2. 위험부담 주장

(1) 채권자위험부담 원칙의 성립 여부

우리 민법은 쌍무계약의 당사자 일방의 채무가 채권자의 책임 있는 사유로 이행할 수 없게 된 때에는 채무자는 상대방의 이행을 청구할 수 있다고 규정하고 있다(제538조 제1항 제1문). 이러한 채권자 위험부담 원칙이 성립하기 위한 요건으로는,

첫째, 당사자는 쌍무계약의 상환적 채무를 부담하여야 한다. 사안에서 甲은 乙과 X에 대한 매매계약을 체결하였으므로 乙은 甲에게 X의 이전의무를 지며, 甲은 乙에게 대금지급 의무를 진다.

둘째, 당사자 일방의 채무가 후발적 불능이어야 한다. 사안에서 甲은 乙과 X에 대한 매매계약을 체결하였으나 X가 丙에게 수용되어 乙은 甲에게 X를 이전할 수 없게 되었다.

셋째, 채권자의 책임 있는 사유에 의한 급부불능이어야 한다. 여기서 "채권자의 책임 있는 사유"는 채무불이행에 있어서 채무자의 유책사유와 동일한지의 여부가 문제된다. 이에 대하여는 **양자를 동일하게 보는 견해와 이를 구분하는 견해**가 있다. 판례는 "쌍무계약에서 위험부담에 관한 채무자부담주의 원칙의 예외를 정하고 있는 제538조 제1항 제1문에서 '채권자의 책임 있는 사유'라고 함은 채권자의 어떤 작위나 부작위가 채무자의 이행의 실현을 방해하고, 그 작위나 부작위는 채권자가 이를 피할 수 있었다는 점에서 신의칙상 비난받을 수 있는 경우를 의미한다."고 한다(대판 2004. 3. 12, 2001다79013). 여기서 채권자의 책임 있는 사유란 "그로 인하여" 이행이 불능으로 된 책임사유를 의미한다고 하기보다 "그 결과로" 이행이 불능이 된 책임사유를 의미하므로 양자를 구분하는 후자의 견해가 타당하다. 즉 채무자가 자기 채무에 대하여 진지하고 종국적인 이행거절의 의사를 명백히 표시하였고, 그 결과 채권자가 자기 채무를 이행할 수 없어야 한다. 사안에서 乙은 甲에게 최고 없이 또한 자기 채무의 이행제공 없이 계약을 해제할 수 있다. 그러나 乙이 甲에게 X를 인도하지 못하면서 매매대금의 지급을 청구하는 것을 가능케 할 정도로 甲에게 책임 있는 사유가 있다고 보기 어렵다.

(2) 소결

채권자가 반대급부를 계약에 위반되게 거절하고 이로 인해 채무자가 이와 상환으로 급부되는 자신의 채무를 이행하지 못하던 중에 이행불능에 빠진 경우에 이러한 이행불능이 채권자의 책임 있는 사유로 인한 것이라고 볼 수 있는가? 민법 제538조 제1항 제1문이 채무자의 불이행에 책임이 있는 채권자가 그 불이행으로 인한 위험의 부담을 상대에게 전가시킨다는 것은 신의칙에 반한다는 사고에 기초하는 것이라고 할 수 있다. 즉 채권자의 책임 있는 사유는 적극적으로 채무자의 이행의 실현을 방해하는 행위로서 신의칙상 비난받을 수 있는 경우에 한한다. 그러므로 계약의 실효를 주장하면서 자신의 대금 지급을 거절한 매수인의 행위만으로는 매도인의 소유권이전의무의 이행불능과 직접적인 인과관계를 인정하기 어렵고, 또한 이를 신의칙상 비난할만한 이행방해 행위라고 보기도 어렵다.

결론적으로 乙은 甲에게 채권자 위험부담 원칙을 주장할 수 없으므로 甲의 이행청구에 대하여 항변할 수 없다. 만일 乙의 주장이 받아들여진다면 乙은 이미 수령한 계약금 등을 甲에게 반환할 의무가 없다고 항변할 수 있다.

3. 채권자의 수령지체 중의 이행불능 주장

(1) 이행불능 성립 여부

우리 민법은 "채권자의 수령지체 중에 당사자 쌍방의 책임 없는 사유로 이행할 수 없게 된 때에도 같다."고 수령지체 중의 이행불능에 대하여 규정하고 있다(제538조 제1항 제2문). 이러한 채권자의 수령지체 중의 이행불능에 해당하기 위한 요건으로는,

첫째, 채무자는 급부할 수 있는 권능을 가지고 있어야 한다. 사안에서 乙은 甲에게 X를 이전할 의무가 있다.

둘째, 급부의 불이행이 수령지체 '중에' 발생하여야 한다. 따라서 수령지체가 성립하는 순간에는 급부의 이행이 가능했어야 한다. 그러나 수령지체와 불이행 사이에는 어떠한 인과관계가 존재할 필요는 없고 수령지체 중에 불이행이 발생한 것만으로 족하다. 만일 수령지체 중에 급부가 불능이 되면 급부가 불능으로 된 때부터 수령지체는 종료된다. 사안에서 甲의 수령지체 중에 X가 丙에게 수용되어 이행불능이 되었다.

셋째, 채무의 이행에 채권자의 수령 또는 협력이 필요한 경우이어야 한다. 사안에서 甲은 乙과 체결한 X에 대한 매매계약이 공동주택사업 승인을 조건으로 체결되었는데 그 조건의 성취가 불가능하다는 등의 이유로

매매계약의 실효를 주장하고 있다.

넷째, 수령지체의 일반적인 요건을 갖추어야 한다. 수령지체의 요건으로서는 이행의 제공이 필요하고(제400조) 이행의 제공 방법은 현실제공을 원칙으로 하되, 채권자가 미리 변제받기를 거절하는 경우에는 구두제공으로 족하다(제460조). 판례는 채권자가 변제를 받지 아니할 의사가 확고한 경우, 이른바 채권자의 영구적 불수령의 경우라고 하더라도 민법 제538조의 수령지체에 해당하기 위해서는 현실제공이나 구두제공이 필요하다고 한다(대판 2004. 3. 12, 2001다79013).

(2) 소결

乙은 甲의 수령지체 중에 토지수용이라는 이행불능 사유가 발생하였으므로 민법 제538조 제1항 제2문이 적용될 수 있다고 주장한다. 그러나 甲이 급부를 수령할 의사를 전혀 보이지 아니한 이른바 채권자의 영구적 불수령의 경우라도 甲을 수령지체에 빠지게 하기 위해서는 乙이 소유권이전등기에 필요한 서류 등을 준비하여 두고, 甲에게 그 서류들을 수령하여 갈 것을 최고하는 구두제공을 하여야 한다. 그러나 乙은 甲에게 이행의 제공을 하지 않았으므로 수령지체의 요건이 충족되지 않아 甲에게 반대급부의 이행을 청구할 수 없다.

4. 손해배상 청구

甲은 乙에게 2차 중도금 2억원은 2018. 1. 15.에, 잔금 4억원은 2018. 4. 20.에 각 지급하여야 할 의무를 지고 있음에도 불구하고 매매계약의 실효를 주장하면서 계약금과 1차 중도금 합계 금 4억원의 반환을 요구하였다. 그러나 乙이 甲에게 2차 중도금 및 잔금의 지급을 거듭 최고하는 동안에 자기 채무의 변제기가 도래하였으므로 甲은 乙에게 동시이행의 항변을 주장할 수 있다. 특히 甲의 이행지체 책임은, 특별한 사정이 없는 한, 동시이행의 항변권을 행사하지 않아도 쌍무계약상 채무의 성질에 비추어 당연히 발생하지 않으므로 甲이 이를 원용할 필요가 없다.

Ⅳ. 사안의 해결

(1) 甲은 매매계약이 해제되지 아니하여 유효인 상태에서 당사자 쌍방의 책임 없는 사유로 乙의 소유권이전의무가 이행불능되었으므로 채무자 위험부담 원칙에 따라 乙에게 제2차 중도금 및 잔금을 이행할 의무가 없다. 반면 甲은 乙에게 이미 이행한 계약금과 1차 중도금을 부당이득으로 반환청구 할 수 있으며, 乙의 2차 중도금 및 잔금이행 청구에 대하여는 동시이행의 항변을 주장할 수 있다.

(2) 乙은 甲이 자신의 잔대금 지급채무를 이행하지 아니할 의사를 명백히 표시하여 소유권이전의무의 이행제공이 있더라도 그 수령을 거절할 의사가 명백하였다고 할지라도 甲의 행위만으로는 乙의 소유권이전의무의 이행불능과 직접적인 인과관계를 인정하기 어렵고, 또한 이를 신의칙상 비난할만한 이행방해 행위라고 보기도 어렵다. 즉 甲에게 급부불능에 대하여 책임 있는 사유가 있다고 보기 어려우므로 乙은 甲에게 채권자 위험부담을 주장할 수 없다. 또한 채권자의 영구적 불수령의 경우라고 하더라도 민법 제538조의 수령지체에 해당하기 위해서는 현실제공이나 구두제공이 필요하지만, 乙은 甲에게 이행의 제공을 하지 않았으므로 수령지체의 요건이 충족되지 않아 乙은 甲에게 반대급부의 이행을 청구할 수 없다. 나아가 乙은 甲에게 2차 중도금 및 잔금의 이행지체에 대한 책임을 물을 수 있지만, 乙이 甲에게 2차 중도금 및 잔금의 지급을 거듭 최고하는 동안에 자기 채무의 변제기가 도래하였으므로 甲의 이행지체 책임은 발생하지 않는다.

참고판례

1. 대법원 2004. 3. 12. 선고 2001다79013 판결

[1] 민법 제538조 제1항 소정의 '채권자의 책임 있는 사유'라고 함은 채권자의 어떤 작위나 부작위가 채무자의 이행의 실현을 방해하고 그 작위나 부작위는 채권자가 이를 피할 수 있었다는 점에서 신의칙상 비난받을 수 있는 경우를 의미한다.

[2] 민법 제400조 소정의 채권자지체가 성립하기 위해서는 민법 제460조 소정의 채무자의 변제 제공이 있어야 하고, 변제 제공은 원칙적으로 현실제공으로 하여야 하며 다만 채권자가 미리 변제받기를 거절하거나 채무의 이행에 채권자의 행위를 요하는 경우에는 구두의 제공으로 하더라도 무방하고, 채권자가 변제를 받지 아니할 의사가 확고한 경우(이른바, 채권자의 영구적 불수령)에는 구두의 제공을 한다는 것조차 무의미하므로 그러한 경우에는 구두의 제공조차 필요 없다고 할 것이지만, 그러한 구두의 제공조차 필요 없는 경우라고 하더라도, 이는 그로써 채무자가 채무불이행책임을 면한다는 것에 불과하고, 민법 제538조 제1항 제2문 소정의 '채권자의 수령지체 중에 당사자 쌍방의 책임 없는 사유로 이행할 수 없게 된 때'에 해당하기 위해서는 현실제공이나 구두제공이 필요하다(다만, 그 제공의 정도는 그 시기와 구체적인 상황에 따라 신의성실의 원칙에 어긋나지 않게 합리적으로 정하여야 한다).

2. 대법원 2009. 5. 28. 선고 2008다98655, 98662 판결

[1] 민법 제537조는 채무자위험부담주의를 채택하고 있는바, 쌍무계약에서 당사자 쌍방의 귀책사유 없이 채무가 이행불능된 경우 채무자는 급부의무를 면함과 더불어 반대급부도 청구하지 못하므로, 쌍방 급부가 없었던 경우에는 계약관계는 소멸하고 이미 이행한 급부는 법률상 원인 없는 급부가 되어 부당이득의 법리에 따라 반환청구 할 수 있다.

[2] 매매 목적물이 경매절차에서 매각됨으로써 당사자 쌍방의 귀책사유 없이 이행불능에 이르러 매매계약이 종료된 사안에서, 위험부담의 법리에 따라 매도인은 이미 지급받은 계약금을 반환하여야 하고 매수인은

목적물을 점유·사용함으로써 취득한 임료 상당의 부당이득을 반환할 의무가 있다고 한다.

3. 대법원 2017. 10. 12. 선고 2016다9643 판결

[1] 쌍무계약에서 계약 체결 후에 당사자 쌍방의 귀책사유 없이 채무의 이행이 불가능하게 된 경우 채무자는 급부의무를 면함과 더불어 반대급부도 청구하지 못하므로, 쌍방 급부가 없었던 경우에는 계약관계는 소멸하고, 이미 이행한 급부는 법률상 원인 없는 급부가 되어 부당이득의 법리에 따라 반환청구할 수 있다. 한편 계약 당시에 이미 채무의 이행이 불가능했다면 특별한 사정이 없는 한 채권자가 이행을 구하는 것은 허용되지 않고, 이미 이행한 급부는 법률상 원인 없는 급부가 되어 부당이득의 법리에 따라 반환청구 할 수 있으며, 나아가 민법 제535조에서 정한 계약체결상의 과실책임을 추궁하는 등으로 권리를 구제받을 수 있다.

채무의 이행이 불가능하다는 것은 절대적·물리적으로 불가능한 경우만이 아니라 사회생활상 경험칙이나 거래상의 관념에 비추어 볼 때 채권자가 채무자의 이행의 실현을 기대할 수 없는 경우도 포함한다. 이는 채무를 이행하는 행위가 법률로 금지되어 그 행위의 실현이 법률상 불가능한 경우에도 마찬가지이다.

[2] 법령에 따라 토지분할에 행정관청의 분할허가를 받아야 하는 토지 중 일부를 특정하여 매매계약이 체결되었으나, 그 부분의 면적이 법령상 분할허가가 제한되는 토지분할 제한면적에 해당하여 분할이 불가능하다면, 매도인이 그 부분을 분할하여 소유권이전등기절차를 이행할 수 없으므로, 특별한 사정이 없는 한 매도인의 소유권이전등기의무는 이행이 불가능하다고 보아야 한다.

[7] 제3자를 위한 계약

사례

乙은 자신의 공작기계 X를 丁에게 매도한 사실을 숨긴 채, 甲에게 이를 다시 5,000만원에 매도하기로 하는 매매계약을 체결하였다. 그리고 乙은 甲과 매매대금 5,000만원을 자신의 채권자로서 X를 압류하고 있는 丙에게 甲이 직접 지급할 것을 약정하였다. 그런데 丙은 乙이 丁에게 X를 인도하기 이전에 X를 압류하였고, 甲과 乙의 요청에 따라 X에 대한 압류집행의 해제를 승낙하면서 甲에게 수익의 의사표시를 하였다. 그리하여 甲은 乙과의 약정에 따라 丙에게 5,000만원을 지급하였다. 이후 甲은 丁을 상대로 X의 인도청구를 구하는 소를 제기하였으나 丁이 먼저 乙로부터 X를 매수하고 이를 인도받아 점유하고 있으므로 丁이 X의 소유권을 취득하였다는 이유로 패소하였다.

[문제1] 甲이 乙과 丙에게 주장할 수 있는 권리는?

[문제2] 乙이 甲에게 X를 이행하였으나 甲이 丙에게 5,000만원을 지급하지 않은 경우에 甲, 乙, 丙 사이의 법률관계는?

【개요】

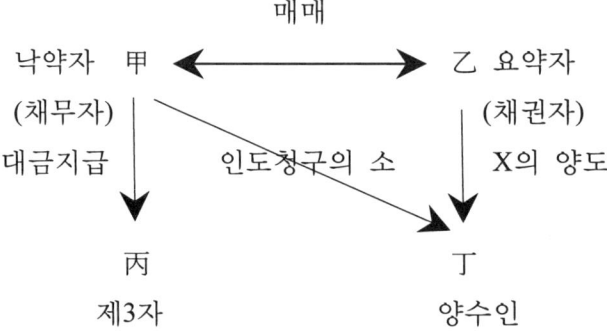

Ⅰ. 문제의 제기

(1) 甲은 乙과 X에 대한 매매계약을 체결하였으나 乙이 목적물을 인도할 수 없으므로 乙에게 채무불이행을 이유로 X에 대한 매매계약을 해제할 수 있으며, 또한 손해배상을 청구할 수 있을 것이다. 그리고 乙은 X를 丁에게 매도한 사실을 숨긴 채 甲에게 매도하였으므로 甲은 乙에게 사기를 이유로 X에 대한 매매계약을 취소할 수 있을 것이다. 한편 甲은 乙과 체결한 매매계약에 따라 丙에게 매매대금 5,000만원을 지급하였지만, 乙과 체결한 매매계약을 해제하였으므로 丙에게 이미 지급한 5,000만원을 원상회복 청구할 수 있을 것이다. 또한 甲은 乙과 체결한 매매계약을 취소하고 丙에게 이미 지급한 5,000만원을 부당이득으로 반환청구 할 수 있을 것이다. 이에 대하여 丙은 甲에게 제3자를 위한 계약에 기한 항변을 할 수 있을 것이다.

(2) 甲은 乙과 X에 대한 매매계약을 체결하면서 대금지급 방법에 관한 약정을 하였으나 甲이 丙에게 매매대금을 이행하지 않은 경우에 乙은 甲에게 채무불이행을 이유로 X에 대한 매매계약을 해제할 수 있으며, 또한 손해배상을 청구할 수 있을 것이다. 또한 丙도 甲에게 채무불이행을 이유로 손해배상을 청구할 수 있을 것이다. 그러나 丙은 乙에게는 제3자를 위한 계약에 기한 권리를 행사할 수 없을 것이다.

Ⅱ. 甲의 권리행사

1. 甲의 법적 지위

甲은 乙과 X에 대한 매매계약을 체결하였으므로 甲은 乙에게 X의 인도를 청구할 수 있다(민법 제568조). 그러나 乙이 X를 이미 丁에게 매도하여 甲이 X를 취득할 수 없으므로 甲은 乙에게 X에 대한 매매계약을 해제하고, 그로 인한 손해배상을 청구할 수 있다. 또한 乙은 甲을 기망하여 X

에 대한 매매계약을 체결하였으므로 甲은 乙에게 사기를 이유로 X에 대한 매매계약을 취소할 수 있다.

한편 甲은 乙과 체결한 X에 대한 매매계약에 따라 丙에게 매매대금 5,000만원을 지급하였다. 그러나 甲이 乙과 체결한 X에 대한 매매계약을 해제하거나 또는 취소하는 경우에 甲은 丙에게 지급한 5,000만원을 부당이득으로 반환청구 할 수 있다.

2. 甲의 乙에 대한 권리행사

(1) 매매계약의 해제

甲이 乙과 체결한 X에 대한 매매계약을 해제하기 위해서는(제546조),

첫째, 채무의 이행이 불능이 되어야 한다. 여기서 채무의 이행이 '불능'이라는 것은 단순히 절대적·물리적으로 불능인 경우가 아니라 사회생활에 있어서의 경험법칙 또는 거래상의 관념에 비추어 볼 때 채권자가 채무자의 이행의 실현을 기대할 수 없는 경우를 말한다. 사안에서 甲은 X를 점유하고 있는 丁에게 X의 인도청구를 구하는 소를 제기하였으나 丁이 먼저 X를 乙로부터 매수하고 이를 인도받아 점유하고 있음으로써 그 소유권을 취득하였다는 이유로 패소하였다. 그러므로 甲이 乙과 체결한 X에 대한 매매계약은 불능에 해당한다.

둘째, 이행불능이 '채무자의 책임 있는 사유'에 의한 것이어야 한다. 사안에서 乙은 甲과 X에 대한 매매계약을 체결하기 이전에 X를 丁에게 매도하였으므로 매매계약의 이행불능은 乙의 책임 있는 사유에 기한 것으로 된다.

결론적으로 甲이 乙과 체결한 X에 대한 매매계약은 乙의 채무불이행에 의하여 해제권의 발생요건이 충족된다. 이 경우 해제권이 발생하는 시기는 이행불능이 생긴 때이므로 甲이 丁에 대한 소송에서 패소한 때이다.

(2) 손해배상 청구

甲은 乙과 X에 대한 매매계약을 체결하였지만, 乙이 X를 이미 丁에게 양도하여 X를 취득할 수 없게 되었다. 그러므로 甲은 乙에게 X의 채무불이행을 이유로 손해배상을 청구할 수 있다(제390조).

(3) 매매계약의 취소

乙의 매매가 사기에 의한 의사표시가 되기 위한 요건으로는(제110조 제1항),

첫째, 사기에 의한 의사표시가 있어야 한다.

둘째, 기망행위자에게 고의가 있어야 한다. 여기서 '고의'는 표의자를 기망하여 착오에 빠지게 하려는 고의와 그 착오에 기하여 표의자로 하여금 구체적인 의사표시를 하게 하려는 고의가 있어야 한다.

셋째, 사기자의 기망행위가 있어야 한다. 여기서 '기망행위'라 함은 표의자에게 그릇된 관념을 가지게 하거나 이를 강화 또는 유지하려는 모든 용태를 말한다. 그리고 기망행위는 적극적으로 허위의 사실을 주장하거나 소극적으로 진실한 사실을 은폐하는 것일 수 있다.

넷째, 기망행위가 위법하여야 한다. 여기서 위법성의 유무는 개별적인 경우 신의칙 및 거래관념에 따라 판단하여야 한다.

다섯째, 기망행위와 의사표시 사이에 인과관계가 있어야 한다.

사안에서 乙은 X를 丁에게 매도한 사실을 숨긴 채 甲에게 이를 다시 매도하였다. 甲은 乙의 기망행위에 의하여 乙과 X에 대한 매매계약을 체결하였다. 그러므로 甲은 乙에게 사기를 이유로 X에 대한 매매계약을 취소할 수 있다. 이 경우 乙의 사기가 성립하기 위한 법률요건은 X에 대한 매매계약의 취소를 주장하는 甲이 증명하여야 한다.

3. 甲의 丙에 대한 권리행사

(1) 계약의 성질결정

甲이 乙과 체결한 계약이 "제3자를 위한 계약에 해당하는지는 당사자의 의사가 그 계약에 의하여 제3자에게 직접 권리를 취득하게 하려는 것인지에 관한 의사해석의 문제로서 이는 계약체결의 목적, 계약에 있어서의 당사자의 행위의 성질, 계약으로 인하여 당사자 사이 또는 당사자와 제3자 사이에 생기는 이해득실, 거래관행, 제3자를 위한 계약제도가 갖는 사회적 기능 등 제반 사정을 종합하여 계약당사자의 합리적 의사를 해석함으로써 판별할 수 있다"(대판 1996. 1. 26, 94다54481; 대판 1997. 10. 24, 97다28698 등). 사안에서 甲은 乙과 X에 대한 매매계약을 체결하였고, 매매대금은 甲이 직접 丙에게 지급할 것을 약정하였다. 따라서 甲은 丙에게 매매대금을 지급하였고, 丙은 甲과 乙의 요청에 따라 X에 대한 압류집행의 해제를 승낙하였으므로 甲과 乙 사이의 매매계약은 제3자를 위한 계약에 해당한다.

(2) 부당이득 반환청구

낙약자가 요약자와의 기본계약에 기하여 제3자에게 채무의 전부를 이행한 상태에서 기본계약이 해제된 경우에 낙약자는 해제에 기한 원상회복으로서 제3자에게 부당이득반환을 청구할 수 있는지가 문제된다. 이에 대하여, 제1설은 요약자에게 반환청구를 하여야 한다는 견해, 제2설은 제3자에게 반환청구를 하여야 한다는 견해, 제3설은 기본관계는 무효지만 대가관계가 유효인 경우에는 제3자에 대한 낙약자의 급부에 의하여 요약자가 채무를 면하게 되면, 요약자와 제3자 사이의 유효한 결제를 부인할 필요가 없으므로 낙약자는 요약자에게 부당이득반환을 청구하여야 하고, 기본관계와 대가관계가 동시에 무효인 경우에는 낙약자는 급부관계에서 제3자에게 부당이득반환을 청구할 수 있고, 요약자도 원인관계에서 제3자에게 부당이득반환을 청구를 할 수 있으며, 이 경우 요약자가 반환을 받았으면 낙약자는 기본관계에서 요약자에 대하여 부당이득반환을 청구할 수 있다는 견해가 있다. 판례는 제1설과 같이 "제3자를 위한 계약관계에서 낙약자와 요약자 사이의 법률관계(이른바 기본관계)를 이루는 계약이 해제된 경우 그 계약관계의 청산은 계약의 당사자인 낙약자와 요약자 사이에 이루어져야 하므로, 특별한 사정이 없는 한, 낙약자가 이미 제3자에게 급부한 것이 있더라도 낙약자는 계약해제에 기한 원상회복 또는 부당이득을 원인으로 제3자를 상대로 그 반환을 구할 수 없다."고 판시하고 있다(대법원 2005. 7. 22. 선고 2005다7566, 7573).

생각건대 낙약자의 제3자에 대한 급부는 기본관계를 이루는 계약당사자인 요약자와 낙약자 사이의 채권관계에 기한 급부일 뿐이며, 이로 인한 부당이득 반환의무는 당연히 요약자와 낙약자 사이에서만 발생한다. 또한 이러한 기본관계는 계약해제로 인하여 무효가 되더라도 대가관계에 아무런 하자가 없는 경우 제3자의 급부수령은 요약자와의 대가관계에 기한 정당한 수령으로서 부당이득반환의 대상이 되지 아니한다. 그리고 낙약자의 제3자에 대한 급부에 의하여 요약자가 자신의 채무를 면하게 되는 경우 낙약자는 제3자가 아닌 요약자에게 부당이득반환을 청구하여야 한다. 만일 낙약자가 제3자에게 직접 부당이득반환을 청구할 수 있게 되면, 자기 책임하에 체결된 계약에 따른 위험부담을 제3자에게 전가시키는 것이 되어 계약법의 기본원리에 반하는 결과를 초래하게 된다. 따라서 제3자를 위한 계약관계에서 낙약자와 요약자 사이의 법률관계(이른바 기본관계)를 이루는 계약이 해제된 경우에 낙약자가 이미 제3자에게 급부한 것에 대해 계약해제에 기한 원상회복 또는 부당이득을 원인으로 제3자를 상대로 그 반환을 구할 수 없다. 사안에서 甲은 매매계약의 해제에 따른 원상회복 또는 매매대금으로 지급된 것이 부당이득이라는 이유로 丙에게 5,000만원의 반환을 청구할 수 없다.

Ⅲ. 甲의 채무불이행에 따른 법률관계

1. 甲과 乙 사이의 법률관계

(1) 기본계약의 해제

제3자가 수익의 의사표시를 하는 등으로 제3자의 권리가 확정된 후 요약자가 낙약자의 채무불이행을 이유로 계약을 해제할 수 있는지에 대해서는 논란이 있다. 이에 대하여 **다수설과 판례**(대판 1970. 2. 24, 69다1410, 1411)는 요약자는 제3자의 동의 없이 낙약자의 채무불이행을 이유로 계약을 해제할 수 있다고 보는 반면, 소수설은 민법 제541조를 근거로 하여 제3자의 동의가 있어야 계약을 해제할 수 있다고 한다. 우리 민법 제541조는 "제3자의 권리가 생긴 후에는 당사자는 이를 변경 또는 소멸시키지 못한다."고 규정하고 있는데, 이는 제3자를 위한 계약에 기하여 발생한 권리에 관한 것이다. 그러므로 요약자가 계약당사자의 지위에서 가지는 해제권은 제3자의 동의 없이 낙약자에게 행사할 수 있다. 사안에서 甲이 丙에게 매매대금 5,000만원을 지급하지 않은 경우에 乙은 丙의 동의 없이 甲에게 기본관계인 매매계약을 해제할 수 있다.

(2) 요약자의 손해배상청구

제3자가 수익의 의사표시를 하는 등으로 제3자의 권리가 확정된 후 요약자가 낙약자의 채무불이행을 이유로 '자기에 대하여' 손해배상을 청구할 수 있는지에 대해서는 논란이 있다. 이에 대하여 요약자가 제3자에 대한 이행에 특별한 이익이 있는 때에는 독립한 손해배상청구권을 가진다는 **긍정설**과 요약자는 제3자에게 배상할 것을 청구할 수 있을 뿐이고 자기에 대하여 배상할 것을 청구하지 못한다는 **부정설**이 있다. 생각건대 낙약자의 채무불이행으로 인하여 발생한 손해는 궁극적으로 제3자에 대한 것이므로 부정설이 타당하다. 사안에서 甲의 채무불이행에 의하여 발생한 손해는 궁극적으로 丙의 권리를 침해하는 것이므로 乙은 甲에게 자기에게 배상할 것을 청구할 수 없다.

3. 甲과 丙 사이의 법률관계

제3자를 위한 계약에서는 제3자가 수익의 의사표시를 하면 계약으로부터 직접 채권을 취득하게 된다. 따라서 수익의 의사표시를 한 제3자는 낙약자에게 직접 그 이행을 청구할 수 있을 뿐만 아니라 요약자가 기본계약을 해제한 경우에는 낙약자에게 자기가 입은 손해의 배상을 청구할 수 있다(대판 1994. 8. 12, 92다41559). 그러나 제3자는 계약당사자가 아니므로 낙약자의 채무불이행을 이유로 요약자와 낙약자 사이에 체결된 X에 대한 매매계약을 해제할 수 없다.

4. 乙과 丙 사이의 법률관계

제3자를 위한 계약의 체결 원인이 된 요약자와 제3자 사이의 법률관계(이른바 대가관계)의 효력은 제3자를 위한 기본계약 자체뿐만 아니라 그에 기한 요약자와 낙약자 사이의 법률관계(이른바 기본관계)의 성립이나 효력에 영향을 미치지 않는다(대판 2003. 12. 11, 2003다49771). 이처럼 대가관계는 기본관계에 아무런 영향을 미치지 못하지만, 대가관계가 유효하게 존재하지 않는 경우에 요약자는 제3자에게 낙약자로부터 받은 것을 부당이득으로 반환청구 할 수 있다.

Ⅳ. 사안의 해결

(1) 甲은 乙과 X에 대한 매매계약을 체결하였으나 乙이 목적물을 인도할 수 없으므로 甲은 乙에게 채무불이행을 이유로 X에 대한 매매계약을 해제할 수 있으며, 또한 손해배상을 청구할 수 있다. 그리고 乙은 X를 丁에게 매도한 사실을 숨긴 채 甲에게 매도하였으므로 甲은 乙에게 사기를

이유로 X에 대한 매매계약을 취소할 수 있다. 그러나 甲이 乙과 체결한 X에 대한 매매계약을 해제하거나 또는 취소하는 경우에도 甲은 丙에게 이미 지급한 5,000만원을 부당이득으로 반환청구 할 수 없다.

(2) 甲이 乙과 X에 대한 매매계약을 체결하면서 丙에 대한 대금지급방법에 관한 약정을 하였지만, 甲이 丙에게 매매대금을 이행하지 않은 경우에 乙은 甲에게 채무불이행을 이유로 X에 대한 매매계약을 해제할 수 있으며, 또한 손해배상을 청구할 수 있다. 또한 丙도 甲에게 채무불이행을 이유로 손해배상을 청구할 수 있다. 그러나 乙과 丙 사이의 대가관계는 甲과 乙 사이의 기본관계에 영향을 미치지 않으므로 丙은 乙에게 제3자를 위한 계약에 기한 권리를 행사할 수 없다.

참고판례

1. 대법원 1997. 10. 24. 선고 97다28698 판결

　제3자를 위한 계약이라 함은 통상의 계약이 그 효력을 당사자 사이에서만 발생시킬 의사로 체결되는 것과는 달리 계약 당사자가 자기들 명의로 체결한 계약에 의하여 제3자로 하여금 직접 계약 당사자의 일방에 대하여 권리를 취득하게 하는 것을 목적으로 하는 계약인바, 어떤 계약이 제3자를 위한 계약에 해당하는지 여부는 당사자의 의사가 그 계약에 의하여 제3자에게 직접 권리를 취득하게 하려는 것인지에 관한 의사해석의 문제로서 이는 계약 체결의 목적, 계약에 있어서의 당사자의 행위의 성질, 계약으로 인하여 당사자 사이 또는 당사자와 제3자 사이에 생기는 이해득실, 거래 관행, 제3자를 위한 계약제도가 갖는 사회적 기능 등 제반 사정을 종합하여 계약 당사자의 합리적 의사를 해석함으로써 판별할 수 있다.

2. 대법원 2005. 7. 22. 선고 2005다7566, 7573 판결

　제3자를 위한 계약관계에서 낙약자와 요약자 사이의 법률관계(이른바 기본관계)를 이루는 계약이 해제된 경우 그 계약관계의 청산은 계약의

당사자인 낙약자와 요약자 사이에 이루어져야 하므로, 특별한 사정이 없는 한 낙약자가 이미 제3자에게 급부한 것이 있더라도 낙약자는 계약해제에 기한 원상회복 또는 부당이득을 원인으로 제3자를 상대로 그 반환을 구할 수 없다.

3. 대법원 2003. 12. 11. 선고 2003다49771 판결

제3자를 위한 계약의 체결 원인이 된 요약자와 제3자(수익자) 사이의 법률관계(이른바 대가관계)의 효력은 제3자를 위한 계약 자체는 물론 그에 기한 요약자와 낙약자 사이의 법률관계(이른바 기본관계)의 성립이나 효력에 영향을 미치지 아니하므로 낙약자는 요약자와 수익자 사이의 법률관계에 기한 항변으로 수익자에게 대항하지 못하고, 요약자도 대가관계의 부존재나 효력의 상실을 이유로 자신이 기본관계에 기하여 낙약자에게 부담하는 채무의 이행을 거부할 수 없다.

[8] 계약해제와 동시이행

사례

甲은 乙에게 2015. 7. 27. 자신의 아파트 A를 5억원에 매도하면서 계약금 5,000만원은 계약 당일에, 중도금 2억 5,000만원은 2015. 8. 20.에, 잔금 2억원은 2015. 9. 30.에 지급받고 A의 소유권을 이전하기로 하는 매매계약을 체결하였다. 그런데 乙은 甲에게 계약금과 중도금을 지급하였으나 잔금은 은행의 대출이 중지되어 이행기를 도과하였고, 甲은 잔금지급 기일인 2015. 9. 30. A의 소유권이전등기 신청에 필요한 서류를 준비하여 이행장소로 정한 부동산중개사 사무실에 그 서류 등을 보관시키면서 언제든지 잔금과 상환으로 그 서류들을 수령할 수 있음을 통지하였다. 그러나 乙이 계속하여 잔금 지급을 지체하자 甲은 2015. 10. 10. 乙에게 잔금을 지급하지 않았으니 계약을 해제하겠다는 통지하였고, 이에 대하여 乙은 2015. 10. 20. 잔금 2억원과 지연손해금을 준비하여 甲에게 변제제공을 하면서 A의 인도 및 소유권등기 이전을 청구하였다.

[문제1] 甲의 권리행사는 타당한가?
[문제2] 乙이 대항할 수 있는 방법은?

[개요]

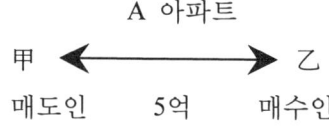

매도인   5억   매수인

2015. 7. 27. 계약금 5천만원 교부
2015. 8. 20. 중도금 2억 5천만원 교부
2015. 9. 30. 잔금 2억 지체
2015. 10. 10. 매도인의 해제 통고
2015. 10. 20. 변제제공 및 목적물인도청구

Ⅰ. 문제의 제기

(1) 甲은 乙과 2015. 7. 27. 자신의 아파트 A를 5억원에 매도하기로 하는 계약을 체결하였으므로 甲은 乙에게 A의 소유권등기 이전의무를 부담하며, 乙은 甲에게 5억원의 매매대금 지급의무를 부담한다. 그러나 乙은 잔금 지급의 이행기인 2015. 9. 30.까지 매매대금 중 일부인 2억원을 지급하지 않았으므로 甲은 乙에게 이행지체로 인한 채무불이행책임을 물을 수 있을 것이다. 또한 甲은 乙의 이행지체를 이유로 계약을 해제할 수 있을 것이다.

(2) 乙은 甲의 권리행사에 대하여 동시이행의 항변을 주장하거나 또는 자신의 채무의 변제제공을 이유로 甲의 계약해제에 대하여 대항할 수 있을 것이다.

Ⅱ. 甲의 乙에 대한 권리행사

1. 甲의 법적 지위

甲은 乙과 A에 대한 매매계약을 체결하였으므로 乙은 甲에게 매매대금을 지급할 의무를 부담한다(제568조). 그러나 乙은 甲에게 계약금과 중도금은 지급하였지만 잔금은 지급기일을 도과하였으므로 채무불이행을 이유로 손해배상을 청구할 수 있다. 또한 乙은 甲에게 잔금을 지급하지 않고 있으므로 甲은 乙에게 이행지체를 이유로 계약을 해제할 수 있다.

2. 손해배상청구

(1) 乙의 잔금 지급 지연이 이행지체가 성립되기 위한 요건으로는
첫째, 이행기가 도래하여야 한다. 사안에서 잔금 지급기일이 2015. 9. 30.이므로 乙의 채무는 확정기한부 채무이며, 이행기가 도래하였음에도 불

구하고 채무자가 급부를 이행하지 않으면 채무자는 지체책임을 진다(제387조 제1항 전문).

둘째, 이행기에 이행이 가능하여야 한다. 乙이 甲에게 부담하는 채무는 매매대금인 금전채무이고, 금전채무의 경우에는 이행불능이 존재하지 않으므로 이행이 가능하다고 볼 수 있다.

셋째, 이행지체에 대하여 채무자의 책임 있는 사유가 있어야 한다. 금전채무의 경우 채무자는 과실 없음을 항변하지 못한다(제397조 제2항).

넷째, 이행하지 않은 것이 위법하여야 한다. 사안에서 은행의 대출이 금지되어 乙이 이행기를 도과한 경우에 이는 위법성 조각사유에 해당하지 않는다.

결론적으로 乙이 甲에게 잔금 2억원을 2015. 9. 30.까지 지급하지 못한 것은 이행지체에 해당한다.

(2) 乙이 甲에게 잔금을 지급하지 못하여 발생한 이행지체의 효과로는,

첫째, 甲은 乙에게 이행지체로 인하여 발생한 손해를 배상 청구할 수 있다(제390조). 이 경우 지연배상의 범위는 甲이 자신의 급부를 계속 이행제공 하는 동안에만 乙의 동시이행의 항변권이 배제되므로 그 기간 동안에만 지연배상을 청구할 수 있다.

둘째, 지연배상과 함께 본래의 급부인 잔금 2억원의 지급을 청구할 수 있으며, 乙이 불응하면 甲은 강제이행을 법원에 청구할 수 있다(제389조 제1항).

2. 甲의 계약해제

(1) 계약해제가 성립하기 위한 요건으로는(제544조),

첫째, 채무자의 이행지체가 있어야 한다. 이와 관련하여 채무자에게 책임 있는 사유가 있어야 한다는 견해(유책사유 필요설)와 채무자의 유책사유는 해제권 발생의 필수요건이 아니라 유책사유가 있으면 손해배상책임이

추가적으로 발생할 뿐이라는 견해(유책사유 불요설)가 있다. 생각건대 우리 민법 제544조는 이행지체의 경우에 유책사유를 요구하고 있지 않으므로 유책사유 불요설이 타당하다고 생각한다. 사안에서 乙은 자신의 잔금 지급 의무를 은행의 대출 중지라는 주관적 사정을 이유로 지체하고 있으므로 이 요건은 충족된다.

한편 채무자가 동시이행의 항변권을 가지는 경우에는 당연효가 인정되므로 채권자가 채무자를 이행지체에 빠뜨리기 위해서는 이행의 제공을 하여야 한다(대판 1996. 11. 26, 96다35590 · 35606). 사안에서 甲은 잔금 지급 기일인 2015. 9. 30. A의 소유권이전등기 신청에 필요한 서류를 준비하여 이행 장소로 정한 부동산중개사 사무실에 그 서류 등을 보관시키면서 언제든지 잔금과 상환으로 그 서류들을 수령할 수 있음을 통지하였으므로 이행의 제공이 있다고 볼 수 있다.

둘째, 채권자가 상당한 기간을 정하여 이행을 최고하여야 한다. 여기서 '최고'는 채권자가 채무자에 대하여 채무의 이행을 촉구하는 것을 말하며, '상당한 기간'이란 채무자가 이행의 준비를 하고 이를 이행함에 필요한 기간을 말한다. 즉 매도인이 매수인에게 잔금을 지급하지 아니하였으니 매매계약을 해제하겠다는 통지를 한 때에는 이로써 잔금 지급의 최고가 있었다고 보아야 하며, 그로부터 상당한 기간이 경과하도록 매수인이 잔금을 지급하지 아니하였다면 매도인은 매매계약을 해제할 수 있다(대판 1994. 11. 25, 94다35930). 사안에서 甲은 2015. 9. 30. 자신의 채무를 이행 제공 함과 동시에 2015. 10. 10. 乙에게 매매계약을 해제하겠다고 통지를 하였으므로 상당한 기간이 경과하면 해제의 효력이 발생한다.

셋째, 채무자가 최고기간이 지나도록 이행을 하지 않아야 한다. 채무자가 최고기간이 지나도록 이행을 하지 않으면 채권자에게 해제권이 발생하지만 그에 의하여 계약이 당연히 해소되는 것은 아니다(대판 2013. 6. 27, 2013다14880, 14897). 즉 매수인의 지급기한 도과 및 매도인의 해제통지만으로 계약을 해제시키기로 하는 특약이라고 볼 수 있는 특별한 사정이 있는 경우를 제외하고는 매도인이 해제권을 행사하기 전에 매수인이 계약의 이행 또는 이행의 제공을 하면 매도인의 해제권은 소멸한다. 사안에서 甲이 乙에게 2015. 10. 10. 해제의 통지를 하였지만 아직 최고기간이 도과하였다고 볼 수 없을 뿐만 아니라 당사자의 특약 등 특별한 사정이 없으므로 2015. 10. 10. 甲의 乙에 대한 해제의 통지로써 매매계약이 자동적으로 소멸하지 않는다.

(2) 소결

甲은 乙에게 2015. 9. 30. 자신의 채무를 이행제공하고, 2015. 10. 10. 乙에게 매매계약을 해제하겠다고 통지하였다. 그러나 甲의 해제의 의사표시는 최고기간이 도과하였다고 볼 수 없을 뿐만 아니라 당사자의 특약 등 특별한 사정이 없으므로 2015. 10. 10. 甲의 해제통지로써 매매계약이 자동적으로 소멸하지 않는다. 따라서 2015. 10. 20. 乙의 甲에 대한 잔금지급은 정당한 채무의 이행이 되어 甲의 乙에 대한 해제권은 소멸한다.

Ⅲ. 乙의 甲에 대한 항변

1. 乙의 법적 지위

乙은 매수인으로서 매도인인 甲의 권리행사에 대하여 동시이행의 항변을 주장하거나 또는 변제제공을 통하여 자신의 채무를 소멸시킬 수 있다.

2. 동시이행의 항변

(1) 동시이행의 항변권이 성립하기 위한 요건으로는(제536조 제1항),

첫째, 쌍방의 채무가 동일한 쌍무계약으로부터 발생하여야 한다. 사안에서 甲이 乙과 체결한 매매계약은 쌍무계약이므로 甲과 乙은 동시이행관계에 있는 반대급부 의무를 부담한다.

둘째, 상대방의 채무가 변제기에 있어야 한다. 사안에서 乙이 부담하는 계약금과 중도금은 선이행의무를 내용으로 하는 채무이므로 동시이행의 항변의 대상이 되지 않는다. 그러나 乙의 잔금 지급 의무는 甲의 소유권이전등기 소요서류의 제공의무와 동시이행의 관계가 성립된다.

셋째, 상대방이 반대급부의 이행 또는 이행제공을 하지 않고 이행청구를 하여야 한다. 사안에서 甲은 잔금 지급기일인 2015. 9. 30. A의 소유권이전등기 신청에 필요한 서류를 준비하여 이행장소로 정한 부동산중개사 사무실에 그 서류 등을 보관시키면서 언제든지 잔금과 상환으로 그 서류들을 수령할 수 있음을 통지하였으므로 이행의 제공이 이루어졌다.

(2) 소결

乙이 甲과 체결한 매매계약은 쌍무계약이므로 乙과 甲은 상호 간에 동시이행관계에 있는 반대급부 의무를 부담한다. 그러나 甲은 2015. 9. 30. 자신의 채무를 이행제공 하였으므로 乙은 甲에게 동시이행의 항변권을 주장할 수 없다.

3. 변제제공의 항변

(1) 채무의 내용에 좇은 변제제공이라고 할 수 있기 위해서는(제460조),

첫째, 완전한 급부의 제공이 있어야 한다. 사안에서 乙은 잔금 2억원을 지체하였으므로 잔금 및 잔금 지급기일부터 발생한 지연손해금도 포함하여 지급하여야 한다.

둘째, 변제제공이 올바른 시기에 올바른 장소에서 행하여져야 한다. 사안에서 乙은 甲에게 해제권이 발생하는데 필요한 상당한 기간 내에 甲의 주소에서 이행하여야 한다.

셋째, 변제제공이 올바른 채권자에게 행하여져 한다. 사안에서 乙이 甲에게 2015. 10. 20.에 행한 잔금 2억원 및 지연손해금의 이행은 변제제공의 요건을 충족시킨다.

(2) 변제제공의 효과로는

첫째, 채무자는 변제제공이 있으면 채무불이행으로부터 발생하는 일체의 책임을 면한다(제461조). 사안에서 乙은 2015. 10. 20. 甲에게 잔금 2억원과 지연손해금을 변제하였으므로 乙의 甲에 대한 변제제공은 정당한 채무의 이행이 되어 甲의 해제권은 소멸한다.

둘째, 채무자가 변제제공을 하였음에도 불구하고 채권자가 이를 수령하지 않으면 채권자지체가 성립한다(제400조). 사안에서 乙은 甲에게 변제제공을 하였으므로 A의 소유권이전등기 소요서류의 이행을 청구할 수 있다. 만일 甲이 乙의 변제제공을 수령하지 않으면 채권자지체가 성립한다.

Ⅳ. 사안의 해결

(1) 甲은 乙에게 이행지체를 이유로 손해배상 및 잔금의 이행을 청구할 수 있다. 그러나 甲은 乙에게 2015. 9. 30. 자신의 채무를 이행제공 함과 동시에 2015. 10. 10. 乙에게 매매계약을 해제하겠다고 한 통지는 아직 최고기간이 도과하였다고 볼 수 없을 뿐만 아니라 당사자의 특약 등 특별한 사정이 없으므로 甲이 乙에게 해제통지를 하였더라도 乙과 체결한 매매계약은 자동으로 해제되지 않는다.

(2) 乙은 甲에게 동시이행의 항변권을 주장할 수 없다. 그러나 乙은 甲에게 2015. 10. 20. 잔금 2억원과 지연손해금을 변제하였으므로 乙의 甲에 대한 잔금 지급은 정당한 채무의 이행이 되어 甲의 해제권은 소멸된다. 이에 따라 乙은 甲에게 A의 소유권이전등기 소요서류의 이행을 청구할 수 있으며, 만일 甲이 乙의 변제제공을 수령하지 않으면 채권자지체가 성립한다.

참고판례

1. 대법원 1996. 11. 26. 선고 96다35590, 35606

쌍무계약의 일방 당사자가 이행기에 한번 이행제공을 하여서 상대방을 이행지체에 빠지게 한 경우, 신의성실의 원칙상 이행을 최고하는 일방 당사자로서는 그 채무이행의 제공을 계속할 필요는 없다 하더라도 상대방이 최고기간 내에 이행 또는 이행제공을 하면 계약해제권은 소멸되므로 상대방의 이행을 수령하고 자신의 채무를 이행할 수 있는 정도의 준비가 되어 있으면 된다.

2. 대법원 2013. 6. 27. 선고 2013다14880, 14897

채권자가 채무자에게 지급하여야 할 채무의 이행을 최고한 것을 부적법한 이행의 최고라고 할 수는 없다고 할지라도 그 이행을 지체하게 된 전후 사정, 그 이행에 관한 당사자의 태도, 소송의 경과 등 제반 사정에 비추어 보아 채무자가 최고기간 또는 상당한 기간 내에 이행하지 아니한 데에 정당한 사유가 있다고 여겨질 경우에는 신의칙상 그 최고기간 또는 상당한 기간 내에 이행 또는 이행의 제공이 없다는 이유로 해제권을 행사하는 것이 제한될 수 있다.

[9] 이행불능과 계약해제

사례*

甲은 건설업자 乙로부터 상가건물의 일부인 A를 10억원에 분양받기로 하는 계약을 체결하고, 분양대금의 일부인 6억원을 지급하고 A를 명도받았다. 그리고 A의 소유권이전등기는 甲이 매매대금을 완납함과 동시에 이행하기로 하였다. 그 후 乙은 분양계약상의 잔금 4억원에 대한 채권을 丙에게 양도하고 이를 甲에게 통지하였고, 甲은 丙에게 잔금의 일부인 2억원을 지급하였다. 그 후 乙은 자금 사정이 악화되어 시가 약 100억원의 상가건물에 채권최고액 70억원의 근저당권설정등기와 상가건물에 대한 소유권이전등기청구권 및 분양권에 대하여 약 65억원에 이르는 수 개의 가압류 또는 압류등기가 설정되었다. 이에 甲은 乙이 이러한 담보권설정등기를 모두 말소하고 A의 소유권이전등기절차를 이행할 수 없는 무자력 상태에 빠졌다고 판단하고, 乙에게 소유권이전등기의무가 이행불능임을 이유로 A에 대한 분양계약의 해제를 통지하였다. 그리고 甲은 丙에게 乙로부터 채권을 양수받은 이후 자신이 지급한 2억원의 반환을 청구하였다.

[문제] 甲의 권리행사는 타당한가?

[개요]

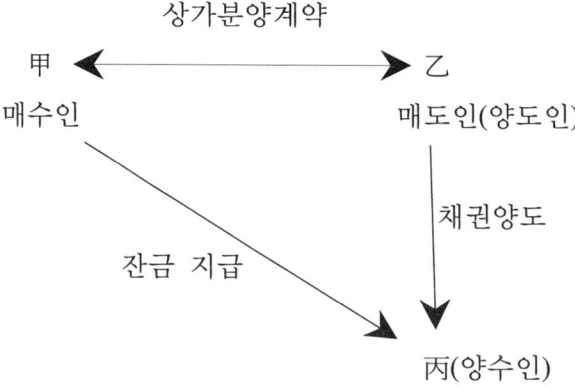

---

* 이 사안은 대법원 2003. 1. 24. 선고 2000다22850 판결에 기초하여 구성한 것이다.

Ⅰ. 문제의 제기

(1) 甲은 乙과 A의 분양계약을 체결한 당사자로서 乙이 상가건물에 설정된 담보권을 말소할 수 없는 무자력 상태이므로 자신의 잔금 지급에 대한 이행의 제공없이 A의 분양계약을 해제할 수 있을 것이다. 이에 대하여 乙은 甲에게 상가건물이 근저당설정 및 가압류 되었다는 사유만으로 A의 분양계약을 해제할 수 없으며, 또한 자신의 소유권이전등기의무와 甲의 잔금 지급 의무는 동시이행관계에 있으므로 甲이 잔금을 이행의 제공이 있어야 A의 분양계약을 해제할 수 있다고 주장할 수 있다.

(2) 甲은 乙로부터 채권양도의 통지를 받은 때까지 乙에게 생긴 사유로 丙에게 대항할 수 있다. 그러므로 甲은 乙의 채무불이행을 이유로 발생한 분양계약의 해제를 丙에게 주장할 수 있을 것이다. 그 결과 甲은 丙의 대금청구가 있으면 이를 거절하고, 이미 이행한 부분은 그 반환을 청구할 수 있을 것이다. 이에 대하여 丙은 甲에게 자신은 제548조 제1항의 제3자에 속하므로 해제의 효력이 미치지 않는다고 주장할 수 있으며, 또한 乙이 甲에 대하여 가지는 권리를 대위 주장할 수 있을 것이다.

Ⅱ. 甲의 乙에 대한 권리행사

1. 甲의 법적 지위

甲은 乙과 A의 분양계약을 체결한 계약당사자로서 계약상의 급부에 대한 이행청구권을 행사할 수 있다. 만일 乙이 이를 이행하지 않으면 계약을 해제하고 손해배상을 청구할 수 있다.

2. 이행청구권 행사

甲은 乙과 A를 구입하기로 하는 상가분양계약을 체결하였다. 甲은 乙

로부터 이미 A를 명도받았지만 A의 소유권이전등기는 매매대금의 완납과 동시에 이행하기로 약정하였으므로 매매대금을 완납할 때까지 乙에게 A의 소유권이전등기 이행을 청구할 수 없다.

3. 계약해제

(1) 甲이 乙과 체결한 계약을 해제하기 위해서는 약정해제 사유가 발생하거나 또는 법정해제 사유가 발생하여야 한다. 사안에서 甲은 乙이 상가건물에 설정된 담보권을 말소할 수 없는 무자력을 이유로 계약을 해제하였으므로 이행불능에 의한 계약해제가 문제된다.

이행불능에 의한 계약해제가 성립하기 위해서는(제546조),

첫째, 채무자에게 책임있는 사유에 의하여 채무의 이행이 불능으로 되어야 한다. 여기서 채무의 이행이 "불능"이라 함은 단순히 절대적·물리적으로 불능인 경우가 아니라 사회생활에 있어서의 경험법칙 또는 거래상의 관념에 비추어 볼 때 채권자가 채무자의 이행 실현을 기대할 수 없는 경우를 말한다(대판 2003. 1. 24, 2000다22850). 사안에서는 채무자가 과도한 피담보채무를 변제하여 매매목적물의 담보권설정등기를 말소할 수 없는 무자력 상태에 있는 것을 불능이라고 볼 수 있는지가 문제된다. 채무자의 무자력은 객관적 불능에 대비되어 주관적 불능 또는 무자력(Unvermögen)이라고 하며, 채무자에게는 급부이행이 불가능하나 다른 제3자에게는 여전히 급부이행이 가능한 상태를 가리키는 개념이다. 계약해제는 진행 중인 계약관계의 사활을 결정하는 형성적인 것이고, 그 행사가 해제권자의 일방적인 선택에 의하며, 그리고 해제 여부에 당사자의 이해관계가 첨예하게 대립하고 있으므로 다른 방법으로는 계약 본래의 목적을 달성할 가능성이 없는 경우에 행사되는 최후적 수단(ultima ratio)의 성격을 갖는다. 그러므로 이행불능과 관련하여 계약해제가 갖는 보다 실제적인 의미는 불능과 동일시되거나 그에 근접하는 중대한 불이행이 발생하여 이행이 이루어질 것을 기대하기 어렵게 되어 더 이상 채권자를 그 계약에 구속시키는 것이 적당치 않은 경우이다. 일반적으로 매매목적물이 가압류되었다는 사유만으로는 매매계약을 해제할 수 없지만(대판 1995. 4. 14, 94다6529; 대판 1999. 6. 11, 99다11045), 사안에서와 같이 채무자의 무자력 등으로 가압류 등을 말소할 가능성이 없는 경우에는 목적달성 불능으로 보아 계약을 해제할 수 있다고 할 것이다(대판 2003. 1. 24, 2000다22850; 대판 2006. 6. 16, 2005다39211).

둘째, 이행불능이 채무자의 책임 있는 사유에 의한 것이어야 한다. 이 경우 이행기가 도래하기 전이라도 불능으로 된 시점에 해제권이 발생한다.

셋째, 이행불능의 경우 해제권자는 상대방에 대한 최고를 요하지 않는다. 즉 매도인의 매매계약상의 소유권이전등기의무가 이행불능이 되어 이를 이유로 매매계약을 해제함에 있어서는 상대방의 잔금 지급 의무가 매도인의 소유권이전등기의무와 동시이행관계에 있다고 하더라도 그 이행의 제공을 필요로 하지 않는다(대판 2003. 1. 24, 2000다22850). 사안에서 乙은 계약의 목적을 달성할 수 없는 무자력 상태에 있으므로 불능에 해당하며, 또한 이행불능의 경우에는 최고를 요하지 않으므로 甲은 乙의 불능시에 해제권을 가진다.

(2) 해제권 행사

해제권의 행사는 상대방에 대한 의사표시로 하여야 한다(제543조 제1항). 그러나 이행불능은 그 자체로서 자동적으로 계약을 해소시키는 효과가 있다. 즉 일방의 채무가 이행불능으로 확정되면 그 계약은 목적을 달성할 수 없어 자동적으로 해소되고, 상대방은 유책사유가 있는 경우에 그에 대한 배상책임을 물을 수 있다. 사안에서 甲은 乙에 대하여 상가분양계약을 해제할 수 있고, 이 경우 최고는 필요하지 않다.

(3) 해제의 효과

계약이 해제되면 그 효력이 소급적으로 소멸하므로(대판 1977. 5. 24,

75다1394), 당사자는 계약상의 의무를 면한다. 그 결과 해제되는 계약에 의하여 발생한 채권·채무는 모두 소급적으로 소멸하므로 아직 이행하지 않은 채무는 이행할 필요가 없고, 이미 이행한 급부는 원상회복하여야 한다(제548조 제1항). 이 경우 원상회복의 범위는 당사자의 선의·악의 또는 이익의 현존 여부를 묻지 않고 받은 이익의 전부를 상대방에게 반환하여야 하며(대판 1998. 12. 23, 98다43175), 양 당사자가 부담하는 원상회복의무는 동시이행관계에 있다(제549조). 사안에서 甲은 乙로부터 A를 명도받았으므로 이를 乙에게 반환하여야 하며, 乙도 甲으로부터 받은 매매대금 6억원을 동시에 甲에게 반환하여야 한다.

4. 소결

甲은 乙로부터 이미 A를 명도받았으나 A의 소유권이전등기는 매매대금의 완납과 동시에 이행하기로 약정하였으므로 매매대금을 완납할 때까지 A의 소유권이전등기의 이행을 청구할 수 없다. 그러나 乙이 계약목적을 달성할 수 없는 무자력 상태에 있으므로 甲은 乙의 이행불능을 이유로 계약을 해제할 수 있다. 이 경우 甲은 乙로부터 이미 A를 명도받았으므로 이를 乙에게 반환하여야 하며, 乙도 甲으로부터 받은 매매대금 6억원을 동시에 甲에게 반환하여야 한다.

III. 甲의 丙에 대한 권리행사

1. 丙의 법적 지위

丙은 乙로부터 A의 잔금 채권을 양수하였으므로 다른 사정이 없으면 잔금 채권은 동일성을 유지하면서 丙에게 이전된다. 따라서 丙은 잔금 채권에 관하여 甲에게 채권자의 법적 지위를 가진다.

2. 甲의 권리행사

(1) 적용 법리

계약당사자의 일방이 계약상의 채권을 제3자에게 양도한 경우 양도인에게 채무불이행 등이 발생하여 상대방인 채무자가 계약을 해제하였다면 채권의 양수인은 여전히 채무자에게 대항할 수 있는지가 문제된다. 이에 대하여 판례는 계약해제의 효과가 채권양도보다 우선한다는 결과를 도출하기 위하여 민법 제548조 제1항 단서의 제3자 보호범위에 관한 법리를 원용하고 있다. 그러나 계약해제의 소급적 효력은 등기·인도 등으로 물권화되지 못한 채권은 보호받을 수 없으므로 제548조 제1항 단서의 제3자 보호범위에 관한 법리가 아니라 채권양도에서 채무자의 보호범위를 정한 제451조 제2항의 해석론이 우선 적용되어야 한다는 견해가 있다.

(2) 제548조 제1항 단서의 제3자 보호범위에 관한 법리

우리 민법은 제548조 제1항 단서에서 해제에 의하여 "제3자의 권리를 해하지 못한다."고 규정하고 있다. 여기서 "제3자"란 일반적으로 계약이 해제되는 경우 그 해제된 계약으로부터 생긴 법률효과를 기초로 하여 해제 전에 새로운 이해관계를 가졌을 뿐 아니라 등기·인도 등으로 완전한 권리를 취득한 자를 말하고, 계약상의 채권을 양수한 자는 여기서 말하는 제3자에 해당하지 않는다(대판 2000. 4. 11, 99다1685; 대판 1964. 9. 22, 64다596 등). 그리고 판례는 계약해제의 경우 계약해제 이전에 해제로 인하여 소멸되는 채권을 양수한 자는 계약해제의 효과에 반하여 자신의 권리를 주장할 수 없음은 물론이고, 나아가 특단의 사정이 없는 한 채무자로부터 이행받은 급부를 원상회복하여야 할 의무가 있다고 한다(대판 2000. 8. 22, 2000다23433). 사안에서 乙의 甲에 대한 잔금 채권이 丙에게 양도된 후, 甲이 乙의 소유권이전등기의무 불이행을 이유로 매매계약을 해제하였다. 이 경우 丙이 취득한 권리는 채권에 불과하고 대세적 효력을 갖는 권리가 아니어서 丙은 제548조 제1항 단서의 해제의 소급효가 미치지 아니하는 '제3자'에 해당하지 않는다. 그러므로 丙이 취득한 채권은 甲의 해제로 인하여 소멸하며, 해제에는 丙의 동의가 필요하지 않다. 이 경우 丙은 乙에게 하자담보책임을 물을 수 있다.

(3) 제451조 제2항의 채무자 보호범위에 관한 법리

1) 항변권의 존재 유무

채권양도에 의하여 채권은 동일성을 유지하면서 양수인에게 이전한다. 즉 양수인은 양도인이 가지고 있던 채권을 취득하므로 채무자가 양도인에게 가지고 있던 항변권이나 이의권도 양수인에게 존재한다.

2) 항변권 행사

우리 민법은 채권양도의 경우 "채무자는 양도통지를 받은 때까지 양도인에 대하여 생긴 사유로서 양수인에게 대항할 수 있다."(제451조 제2항)고 하여 채무자 보호에 한계를 두고 있다. 그러므로 계약의 취소나 해제와 같은 형성권에 기한 항변권은 채무자가 그 행사의 의사표시를 채권양도 전에 하였다면 그 효력이 유지되는 것은 당연하다. 그런데 계약해제는 양도통지 이후에 행사되는 것이 보통이므로 해제권을 행사한 채무자는 채권의 양수인에게 항변권을 행사할 수 있는지가 문제된다.

첫째, 항변권이 채권양도 당시에 채권자에 대하여 성립하고 있어야 하는지의 문제이다. 이 경우 채무자의 방어가능성이 채권양도를 통해 악화되어서는 안 된다는 채무자 보호의 측면을 고려하면, 채권양도 시에 항변사유 발생의 기초 또는 법적 근거를 가졌다고 판단되는 경우에도 양수인에게 대항할 수 있는 것으로 확장해석 되어야 할 것이다. 즉 계약해제의 경우 채권양도의 통지 시에는 해제권이 발생하지 않았더라도 채무불이행의 일반적 가능성을 가지고 항변사유 발생의 기초가 있는 것으로 해석하여 통지 후의 해제로서 채무자가 양수인에게 대항할 수 있다고 보아야 할 것이다.

둘째, 항변권을 행사하는 상대방이 누구인지의 문제이다. 원칙적으로는 채무자로 보아야 하며, 현실적으로 채권자에 대하여 항변권을 행사할 수 없는 사정이 있는 경우에는 양수인에 대해서도 취소나 해제로 인한 항변권을 행사할 수 있다고 보아야 할 것이다.

사안에서 乙이 甲에 대한 잔금 채권을 丙에게 양도한 이후 甲이 乙의 소유권이전등기의무 불이행을 이유로 계약을 해제하였다. 이 경우 甲은 계약해제를 가지고 丙에게 대항할 수 있다고 보아야 할 것이므로 甲은 채권양도 이후 丙에게 지급한 잔금 반환을 청구할 수 있다.

3. 소결

乙의 甲에 대한 잔금 채권이 丙에게 양도된 후, 甲이 乙의 소유권이전등기의무 불이행을 이유로 매매계약을 해제하였다. 이 경우 丙은 민법 제548조 제1항 단서의 해제의 소급효가 미치지 아니하는 '제3자'에 해당하지 않으므로 丙이 취득한 채권은 甲의 해제로 인하여 소멸한다. 이 경우 甲의 해제권 행사에 丙의 동의가 필요하지 않으며, 丙은 乙에게 하자담보책임을 물을 수 있다. 다른 한편 乙이 甲에 대한 잔금 채권을 丙에게 양도하였다는 통지를 하였다고 하더라도 채무자 甲은 계약해제를 가지고 양수인 丙에게 대항할 수 있다고 보아야 할 것이다. 그러므로 甲은 채권양도 이후에 丙에게 지급한 잔금 반환을 청구할 수 있다.

IV. 사안의 해결

(1) 甲은 乙과 A의 분양계약을 체결한 당사자로서 乙이 상가건물에 설정된 담보권을 말소할 수 없는 무자력 상태이므로 자신의 잔금 지급에 대한 이행의 제공없이 乙과 체결한 A의 분양계약을 해제할 수 있다.

(2) 甲은 양도통지를 받을 때까지 乙에 대하여 생긴 사유로 丙에게 대항할 수 있으므로 乙의 채무불이행을 이유로 발생한 분양계약 해제를 丙에게 주장할 수 있다. 그 결과 丙의 대금청구가 있으면 이를 거절하고, 이

미 지급한 잔금 반환을 청구할 수 있다.

> ### 참고판례
>
> 1. 대법원 2003. 1. 24. 선고 2000다22850 판결
> [1] 채무의 이행이 불능이라는 것은 단순히 절대적·물리적으로 불능인 경우가 아니라 사회생활에 있어서의 경험법칙 또는 거래상의 관념에 비추어 볼 때 채권자가 채무자의 이행의 실현을 기대할 수 없는 경우를 말한다.
> [2] 매도인의 매매계약상의 소유권이전등기의무가 이행불능이 되어 이를 이유로 매매계약을 해제함에 있어서는 상대방의 잔대금지급의무가 매도인의 소유권이전등기의무와 동시이행관계에 있다고 하더라도 그 이행의 제공을 필요로 하는 것이 아니다.
> [3] 민법 제548조 제1항 단서에서 규정하고 있는 제3자란 일반적으로 계약이 해제되는 경우 그 해제된 계약으로부터 생긴 법률효과를 기초로 하여 해제 전에 새로운 이해관계를 가졌을 뿐 아니라 등기·인도 등으로 완전한 권리를 취득한 자를 말하고, 계약상의 채권을 양수한 자는 여기서 말하는 제3자에 해당하지 않는다고 할 것인바, 계약이 해제된 경우 계약해제 이전에 해제로 인하여 소멸되는 채권을 양수한 자는 계약해제의 효과에 반하여 자신의 권리를 주장할 수 없음은 물론이고, 나아가 특단의 사정이 없는 한 채무자로부터 이행받은 급부를 원상회복하여야 할 의무가 있다.
>
> 2. 대법원 1995. 4. 14. 선고 94다6529 판결
> [1] 가압류나 가처분 등 보전처분은 법원의 재판에 의하여 집행되는 것이기는 하나 그 실체상 청구권이 있는지 여부는 본안소송에 맡기고 단지 소명에 의하여 채권자의 책임하에 하는 것이므로, 그 집행 후에 집행채권자가 본안소송에서 패소확정되었다면 그 보전처분의 집행으로 인하여 채무자가 입은 손해에 대하여 특별한 반증이 없는 한 집행채권자에게 고의 또는 과실이 있다고 추정되고, 따라서 그 부당한 집행으로 인한 손

해에 대하여 이를 배상하여야 할 책임이 있다.

[2] 매매목적물인 아파트에 대하여 채권자의 가처분집행이 되어 있다고 해서 위 매매에 따른 소유권이전등기가 불가능한 것도 아니고, 다만 채권자가 본안소송에서 승소하여 채권자에게 소유권이전등기가 경료되는 경우에는 매수인이 소유권을 상실할 수 있으나 이는 담보책임 등으로 해결할 수 있고 경우에 따라서는 신의칙 등에 의해 대금지급채무의 이행을 거절할 수 있음에 그친다고 할 것이므로 매수인으로서는 위 가처분집행이 유지되고 있다는 점만으로 매도인이 계약을 위반하였다고 하여 위 매매계약을 해제할 수는 없는 노릇이어서, 매도인이 받은 계약금의 배액을 매수인에게 지급하였다고 하더라도 그것은 매매계약에 의거한 의무에 의한 것이라고는 볼 수 없고 호의적인 지급이거나 지급의무가 없는데도 있는 것으로 착각하고 지급한 것이라고 보일 뿐이어서 위 위약금 지급과 위 가처분집행 사이에는 법률적으로 상당인과관계가 있다고 볼 수는 없다.

[10] 하자담보책임(1): 타인 권리의 매매

사례

甲은 乙과 2017. 5. 15. 자기 소유의 토지 X를 5억원에 매도하기로 하는 매매계약을 체결하였다. 乙은 甲에게 계약 당일에 계약금 5천만원을, 6. 10.에 중도금 2억원 5천만원을, 6. 30.에 잔금 2억원을 지급하기로 하였다. 乙은 2017. 6. 15. 甲으로부터 매수한 X를 丙에게 6억원에 매도하기로 하는 전매계약을 체결하고, 계약 당일 계약금으로 5천만원을 수령하였다. 그리고 중도금 2억 5천만원은 6. 28.에, 잔금 3억원은 7. 10.에 받기로 하였다. 전매계약의 당사자인 乙과 丙은 매도인 乙이 위약 시에는 계약금의 두 배를, 매수인 丙이 위약 시에는 계약금을 반환 청구하지 못하기로 하는 위약금 약정도 하였다. 2017. 6. 25. X는 부동산거래신고법에 따른 규제지역으로 지정·공고되었고, 丙은 甲 명의로 되어 있는 X에 대한 소유권이전등기가 불가능할 것을 염려하여 乙에게 중도금과 잔금 지급을 미루었다. 그 결과 별다른 자금력이 없던 乙도 甲에게 잔금 2억원을 지급하지 못하였다.

[문제1] 甲과 乙 사이의 법률관계를 설명하시오?
[문제2] 甲이 乙로부터 잔금을 받지 못하자 계약을 해제하고 X를 丁에게 매도한 다음 소유권이전등기를 해 준 경우에 丙은 乙에게 어떤 권리를 행사할 수 있는가?

[개요]

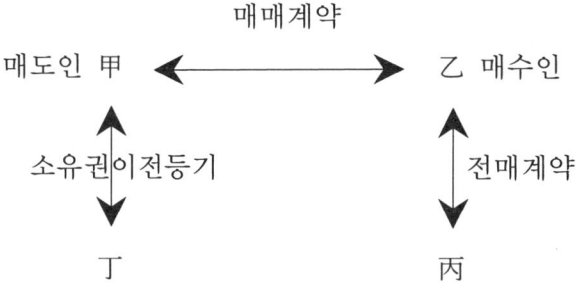

Ⅰ. 문제의 제기

(1) 甲과 乙은 X에 대한 매매계약을 체결하였으므로 甲은 乙에게 대금 지급을 청구할 수 있으며, 乙은 甲에게 X의 이전 및 소유권이전등기를 청구할 수 있다. 그러나 乙이 자신의 책임 있는 사유로 잔금 2억원을 甲에게 지급하지 못하였으므로 甲은 乙에게 채무불이행을 이유로 손해배상을 청구할 수 있을 것이다.

(2) 丙은 乙과 X에 대한 매매계약을 체결하였으므로 乙에게 X의 이전 및 소유권이전등기를 청구할 수 있다. 그러나 乙은 甲으로부터 매수한 X를 丙에게 미등기 전매하였으므로 乙은 甲으로부터 X에 대한 권리를 취득하여 丙에게 이전하여야 한다. 하지만 甲이 X를 丁에게 매도하고 소유권이전등기를 해 주었으므로 乙은 X를 취득하여 丙에게 이전할 수 없게 되었다. 따라서 丙은 乙에게 타인의 권리매매를 이유로 담보책임을 물을 수 있을 것이다. 또한 乙이 자신의 책임있는 사유로 丙에게 X를 이전할 수 없게 되었으므로 丙은 乙에게 채무불이행책임을 물을 수 있을 것이다.

Ⅱ. 甲과 乙 사이의 법률관계

1. 당사자 관계

甲은 乙과 X에 대한 매매계약을 체결하였으므로 甲은 乙에게 대금 지급을 청구할 수 있으며, 乙은 甲에게 X의 이전 및 소유권이전등기를 청구할 수 있다.

2. 甲의 권리행사

(1) 甲의 권리행사 정당성

甲과 乙 사이에 X에 대한 매매계약 및 乙과 丙 사이에 X에 대한 전매계약이 체결된 이후 X가 부동산거래신고법에 따른 규제지역으로 지정·공고되었다. 이 경우 X에 대한 매매계약 및 전매계약에 대하여 부동산거래신고법이 적용되는지가 문제된다. 부동산거래신고법으로 전면 개정되기 이전의 국토이용관리법에 대하여 판례는 "국토이용관리법상의 토지거래허가 규제구역 내에 있는 토지에 관한 매매계약 체결일이 규제구역으로 지정고시 되기 전인 때에는 그 매매계약은 관할관청의 허가를 받을 필요가 없다."고 판시하고 있다(대판 1992. 5. 12, 91다33872). 사안에서 甲은 乙과 2017. 5. 15. X에 대한 매매계약을 체결하였고, 乙은 丙과 2017. 6. 15. X에 대한 전매계약을 체결한 후인 2017. 6. 25.에 X가 부동산거래신고법에 따른 규제지역으로 지정·공고되었다. 따라서 甲과 乙 사이의 X에 대한 매매계약과 乙과 丙 사이의 전매계약은 관할관청의 허가를 받을 필요가 없다. 그 결과 甲과 乙 사이의 매매계약은 유효하며, 다만 乙이 甲에게 잔금을 지급하지 않은 것이 이행지체에 해당하는지가 문제된다.

(2) 이행지체의 성립 여부

乙의 甲에 대한 대금지급의무가 이행지체로 되기 위해서는, 첫째 이행기가 도래하여야 하며, 둘째 채무의 이행이 가능하여야 하며, 셋째 채무불이행이 채무자의 책임 있는 사유에 의하여야 하고, 넷째 채무를 이행하지 않은 것이 위법하여야 한다. 사안에서 乙은 甲에게 2017. 6. 30.까지 잔금 2억원을 지급하여야 하지만 乙은 丙으로부터 전매계약에 따른 중도금을 받지 못하여 결국 甲에게 잔금 2억원을 지급하지 못하였다. 그러나 이러한 사정은 乙의 책임있는 사유에 해당하므로 甲은 乙에게 이행지체로 인한 손해배상을 청구할 수 있다. 다만, 乙은 甲이 잔금 지급을 청구하는 경우에 이행기인 6. 30.까지 甲이 자신의 급부를 이행하지 않으면 乙은 甲에게 동시이행의 항변을 주장할 수 있다.

3. 소결

甲은 乙에게 2억원의 잔금 지급을 청구할 수 있으며, 乙이 잔금을 지급하지 않으면 채무불이행을 이유로 손해배상을 청구할 수 있다. 이에 대해서 乙은 甲에게 X의 이전 및 소유권이전등기를 청구할 수 있으며, 甲이 6. 30.까지 자신의 재산권이전의무를 이행하지 않은 채 잔금 지급을 청구하면 乙은 甲에게 동시이행의 항변을 주장할 수 있다.

III. 丙의 乙에 대한 권리행사

1. 丙의 법적 지위

丙은 乙과 X에 대한 매매계약을 체결하였으므로 乙에게 X의 이전 및 소유권이전등기를 청구할 수 있다(제568조 제1항). 이 경우 乙은 甲으로부터 X의 소유권을 취득하여 이를 丙에게 이전해 주어야 할 매도인의 의무를 진다(제569조). 하지만 甲이 乙의 잔금 지급 지체를 이유로 계약을 해제하고 X를 丁에게 매도한 다음 소유권이전등기를 해 주었으므로 乙은 X를 취득하여 丙에게 이전할 수 없게 되었다. 따라서 丙은 乙에게 타인의 권리매매를 이유로 담보책임을 물을 수 있으며(제570조), 또한 乙의 책임 있는 사유로 X를 丙에게 이전할 수 없게 되었으므로 丙은 乙에게 채무불이행책임을 물을 수 있다(제390조).

2. 丙의 권리행사

(1) 담보책임

(가) 타인의 권리매매

타인의 권리도 매매의 목적으로 할 수 있다. 이 경우 매도인은 그 권리를 취득하여 매수인에게 이전하여야 하며(제569조), 그 권리를 이전할 수 없는 때에는 매도인은 매수인에게 담보책임을 진다(제570조). 이러한 담보책임이 성립하려면, 첫째 매매의 목적물이 현존하고 있어야 하고, 둘째 그것이 타인의 권리에 속하기 때문에 매수인에게 이전할 수 없어야 한다. 여기서 '이전할 수 없다는 것'은 "채무불이행에 있어서와 같은 정도로 엄격하게 해석할 필요는 없고 사회통념상 매수인에게 해제권을 행사시키거나 손해배상을 구하게 하는 것이 형평에 타당하다고 인정되는 정도의 이행장애가 있으면 족하고 반드시 객관적 불능에 한하는 엄격한 개념은 아니다."(대판 1982. 12. 28, 80다2750). 셋째, 이전 불능이 이행기 전에 생겼는지 아니면 그 후에 생겼는지는 묻지 않는다. 한편 매도인이 부동산을 매수한 뒤 자신의 명의로 등기하지 않은 채 이를 제3자에게 매도한 경우(미등기전매)에 타인의 권리매매가 성립하는지가 문제된다. 이에 대하여 **학설**은 타인의 권리매매로 보며(통설), 반면에 **판례**는 타인의 권리매매가 아니라고 하는 판결(대판 1972. 11. 28, 72다982; 대판 1996. 4. 12, 95다55245)과 타인의 권리매매라는 판결(대판 1982. 1. 26, 81다528; 대판 1986. 7. 22, 86다249)이 있다.

사안에서 乙은 丙과 甲 소유의 X에 대한 미등기 전매계약을 체결하였으므로 그 소유권을 취득하여 丙에게 이전하여야 한다. 그러나 甲이 X를 丁에게 매도하고 소유권이전등기를 해 주었으므로 乙은 丙에게 X에 대한 소유권을 취득하여 이전하는 것이 불가능하게 되었다. 그러므로 乙은 丙에게 담보책임을 부담한다.

(나) 책임의 내용

타인의 권리매매의 경우 매도인이 그 권리를 취득하여 매수인에게 이전할 수 없으면 매도인은 매수인에게 담보책임을 진다.

첫째, 매수인은 선의·악의와 무관하게 매도인에게 그의 유책사유를 묻지 않고 계약을 해제할 수 있다(제570조 본문). 사안에서 丙은 乙이 X의 소유권자가 아니라는 사실을 알았더라도 乙과 체결한 X에 대한 매매계약을 해제할 수 있다.

둘째, 매도인이 하자담보책임을 지는 경우라도 매수인이 계약 당시 그 권리가 매도인에게 속하지 아니함을 안 때에는 손해배상을 청구하지 못한다(제570조 단서). 사안에서 乙이 丙과 X에 대한 미등기 전매계약을 체결할 당시 X의 소유명의가 甲으로 되어 있었으므로 특별한 사정이 없는 한 丙은 계약 당시 X의 소유권이 乙에게 속하지 아니한다는 사실을 알았다고 볼 수 있다. 따라서 丙은 乙에게 담보책임에 기한 손해배상을 청구할 수 없다.

(2) 채무불이행책임

매도인은 매수인에게 재산권이전의무를 부담한다. 매도인의 재산권이전의무가 불능으로 된 경우에 선의의 매수인은 매도인에게 그로 인하여 발생한 손해의 배상을 청구할 수 있다(제570조 단서). 하지만 악의의 매수인은 제570조에 기한 손해배상청구를 할 수 없으며, 다만 매도인에게 유책사유가 있는 경우 채무불이행책임을 물을 수 있다(대판 1970. 12. 29, 70다2449; 대판 1993. 11. 23, 93다37328). 사안에서 乙은 잔금 지급일에 甲에게 잔금을 지급하지 않아 甲이 乙과 체결한 매매계약을 해제하였다. 이에 따라 乙이 甲으로부터 X의 소유권을 넘겨받는다는 것은 사회통념상 불가능하게 되었다. 따라서 丙은 乙에게 이행불능을 이유로 계약을 해제하고 손해배상을 청구할 수 있다(제546조, 제390조). 이 경우 손해배상액은 丁에게 X의 소유권이전등기가 경료된 때의 X의 시가이다.

(3) 위약금 약정

乙과 丙은 위약금 약정을 하였고, 丙은 잔금 지급일에 乙에게 잔금을 지급하지 않은 점에서 丙에게도 유책사유가 있다고 할 수 있다. 따라서 乙의 손해배상에서 丙의 과실을 참작하여 상계할 수 있는지가 문제되지만(제396조), 판례는 손해배상액을 예정한 경우에는 과실상계를 적용할 성질의 것이 아니라고 한다(대판 1972. 3. 31, 72다108). 다만, 위약금의 액수가 비교적 과다한 점을 들어 법원이 이를 적당히 감액할 수 있다고 할 것이다(제398조 2항).

(4) 책임 경합

담보책임과 위약금 약정은 서로 경합한다. 사안에서 丙은 乙에게 계약금 5,000만원의 반환과 손해배상으로서 위약금 1억원을 청구할 수 있다.

3. 소결

乙이 甲에게 잔금 지급을 지체하여 甲이 乙과 X에 대한 매매계약을 해제하고 丁에게 X에 대한 소유권이전등기를 해 주었다. 따라서 丙은 乙에게 타인의 권리매매를 이유로 담보책임을 물을 수 있으며, 또한 X의 이전불능에 乙의 책임 있는 사유가 있으므로 채무불이행을 이유로 손해배상을 청구할 수 있다. 이 경우 담보책임과 위약금 약정은 서로 경합하므로 丙은 乙에게 계약금 5,000만원의 반환과 손해배상으로서 위약금 1억원을 청구할 수 있다.

Ⅳ. 사안의 해결

(1) 甲과 乙은 X에 대한 매매계약을 체결하였으므로 甲은 乙에게 대금지급을 청구할 수 있으며, 乙은 甲에게 X의 이전 및 소유권이전등기를 청구할 수 있다. 그러나 乙이 자신의 책임 있는 사유로 잔금 2억원을 甲에게 지급하지 못하였으므로 甲은 乙에게 채무불이행을 이유로 손해배상을 청구할 수 있다.

(2) 丙은 乙과 X에 대한 매매계약을 체결하였으므로 乙에게 X의 이전 및 소유권이전등기를 청구할 수 있다. 그런데 乙은 甲으로부터 매수한 X를 丙에게 미등기 전매하였으므로 乙은 X를 취득하여 丙에게 이전하여야 한다. 그러나 乙은 X를 취득하여 이전할 수 없으므로 丙은 乙에게 타인의 권리매매를 이유로 담보책임을 물을 수 있다. 즉 丙은 乙에게 X에 대한

매매계약을 해제할 수 있다. 또한 X의 이전 불능은 乙의 책임 있는 사유로 발생하였으므로 丙은 乙에게 채무불이행책임을 물을 수 있다. 따라서 丙은 乙에게 계약금 5,000만원의 반환과 손해배상으로서 위약금 1억원을 청구할 수 있다.

참고판례

1. 대법원 1982. 12. 28. 선고 80다2750 판결
민법 제570조는 타인의 권리매매에 있어서 매수인 보호를 위한 규정으로 여기의 이른바 소유권의 이전불능은 채무불이행에 있어서와 같은 정도로 엄격하게 해석할 필요는 없고 사회통념상 매수인에게 해제권을 행사시키거나 손해배상을 구하게 하는 것이 형평에 타당하다고 인정되는 정도의 이행장애가 있으면 족하고 반드시 객관적 불능에 한하는 엄격한 개념은 아니다.

2. 대법원 1996. 4. 12. 선고 95다55245 판결
부동산을 매수한 자가 그 소유권이전등기를 하지 아니한 채 이를 다시 제3자에게 매도한 경우에는 그것을 민법 제569조에서 말하는 '타인의 권리매매'라고 할 수 없다.

3. 대법원 1982. 1. 26. 선고 81다528 판결
피고가 매수부동산을 이전등기 아니한 채 원고에게 전매한 경우는 타인의 권리의 매매라고 할 것이고, 원고가 피고의 위 전매사실을 알고, 매매계약을 체결하였다면 원고는 이건 부동산의 소유권이 피고에게 속하지 아니함을 알고 있었다고 할 것이다.

4. 대법원 1993. 11. 23. 선고 93다37328 판결
타인의 권리를 매매의 목적으로 한 경우에 있어서 그 권리를 취득하여 매수인에게 이전하여야 할 매도인의 의무가 매도인의 귀책사유로 인하여 이행불능이 되었다면 매수인이 매도인의 담보책임에 관한 민법 제570조

단서의 규정에 의해 손해배상을 청구할 수 없다 하더라도 채무불이행 일반의 규정(민법 제546조, 제390조)에 좇아서 계약을 해제하고 손해배상을 청구할 수 있다.

5. 대법원 1970. 12. 29. 선고 70다2449 판결

매매계약 당시 그 토지의 소유권이 매도인에 속하지 아니함을 알고 있던 매수인은 매도인에 대하여 그 이행불능을 원인으로 손해배상을 청구할 수 없고, 다만 그 이행불능이 매도인의 귀속사유로 인하여 이루어진 것인 때에 한하여 그 손해배상을 청구할 수 있는 것이므로 그 이행불능이 매도인의 귀속사유로 인한 것인가는 매수인이 입증해야 한다.

[11] 하자담보책임(2): 채무불이행책임

사례*

　甲은 A시의 도시계획사업시행자로서 乙로부터 토지 X를 10억원에 매입하는 계약을 체결하고 X의 소유권등기도 이전받았다. 그런데 乙은 甲과 X에 대한 매매계약을 체결하기 이전에 자신의 토지 X가 甲의 사업시행지에 포함되었음을 알게 되었고, 乙은 이를 기화로 당시 인근 도로 및 지표면보다 약 1m 이상 낮은 X를 인근 도로 등과 같은 높이의 대지로 조성하면 토지가 수용되는 경우에 보상에서 유리할 것으로 판단하여 X에 대한 성토작업을 하였다. 乙은 토사로 X를 매립할 경우 수지타산이 맞지 않는다고 판단하여 토사와 함께 산업폐기물 등을 불법으로 외관상 쉽게 발견되지 않도록 은밀히 매립하였다. 그 결과 甲은 개발이 가능한 정상적인 토지보다 2억원 높은 가격으로 乙로부터 X를 구입하였다. 또한 甲은 사업 시행 중에 A시로부터 X에 매립된 산업폐기물의 제거에 대한 행정명령을 받았고, 甲은 산업폐기물을 제거하는데 15억원의 비용을 지출하였다.
　[문제] 甲이 乙에게 행사할 수 있는 권리와 그 내용은 무엇인가?

[개요]

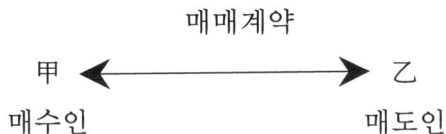

---

* 이 사안은 대법원 2004. 7. 22. 선고 2002다51586 판결에 기초하여 구성한 것이다.

I. 문제의 소재

(1) 乙은 X에 불법으로 산업폐기물을 매립하였지만 이러한 사실을 甲에게 고지하지 않은 채 甲과 X에 대한 매매계약을 체결하였다. 이러한 乙의 행위는 위법한 기망행위에 해당하므로 甲은 乙에게 X에 대한 매매계약을 취소할 수 있을 것이다.

(2) 乙은 매립된 산업폐기물을 제거하지 않고서는 정상적인 용도로 사용할 수 없는 X를 개발이 가능한 정상적인 토지로 속여 실제보다 높은 가격으로 甲에게 매각하였다. 그러므로 甲은 乙에게 채무불이행으로 인한 손해배상책임 또는 매매목적물에 대한 하자담보책임을 물어 손해배상을 청구할 수 있을 것이다.

II. 사기행위에 의한 매매계약 취소

사기에 의한 법률행위가 성립하기 위해서는(제110조),

첫째, 기망의 고의가 있어야 한다. 사안에서 乙은 X를 높은 가격으로 매도하기 위하여 X에 불법으로 산업폐기물을 매립하였고, 甲과 X에 대한 매매계약을 체결하기 위하여 이러한 사실을 甲에게 알리지 않았다.

둘째, 기망행위가 있어야 한다. 사안에서 乙은 X에 불법으로 산업폐기물을 매립하였으나 이러한 사실을 알리지 않은 채 甲과 X에 대한 매매계약을 체결하였다.

셋째, 기망행위가 위법하여야 한다. 乙은 甲에게 X에 산업폐기물이 매립된 사실을 알릴 의무가 있지만 이러한 의무를 이행하지 않았다.

넷째, 기망행위와 의사표시 사이에 인과관계가 있어야 한다. 사안에서 甲은 乙의 기망에 빠져 乙과 X에 대한 매매계약을 체결하였다.

결론적으로 甲은 乙과 체결한 X에 대한 매매계약을 사기를 이유로 취소할 수 있다.

Ⅲ. 하자담보책임으로 인한 손해배상청구

1. 서

사안의 법률적 쟁점 중에서 하자담보책임과 관련하여서는, 첫째 하자담보책임의 요건과 관련하여 매매목적물인 X에 불법폐기물이 매립되어 있는 것을 목적물에 하자가 있다고 할 수 있는지가 문제된다. 둘째, 매도인이 민법 제580조 소정의 하자담보책임을 지게 되는 경우에 그 내용으로 규정되어 있는 "손해배상"에 있어서 '손해'의 의미가 무엇인가, 즉 하자담보책임의 내용으로서 손해배상에 "이행이익의 배상" 또는 "확대손해의 배상"까지도 포함되어 있다고 해석할 수 있는지, 만일 그렇게 해석할 수 있다면 그 책임의 귀속요건은 무엇인지가 문제된다. 셋째, 특정물 도그마를 부정하고 하자담보책임의 본질을 매도인의 완전물급부의무 위반에 기한 채무불이행책임의 일종으로 파악하는 채무불이행책임설을 취할 경우에 하자담보책임과 일반적 채무불이행책임과의 관계를 어떻게 볼 것인가, 즉 하자담보책임과 일반적인 채무불이행책임의 경합을 인정할 것인지가 문제된다. 넷째, 하자담보책임의 본질을 불완전이행의 일종으로 보는 경우에 하자담보책임과 불법행위책임과의 관계를 어떻게 볼 것인지가 문제된다.

2. 법적 성질

민법 제580조가 규정하고 있는 특정물매도인의 하자담보책임의 법적 성질에 대해서는 매도인이 채무를 완전히 이행하였음에도 불구하고 유상계약인 매매계약에 있어서 당사자의 형평을 고려하여 법률이 특별히 인정한 책임이라고 파악하는 이른바 **법정책임설**이 종래 통설적인 지위를 누려왔다. **법정책임설**은 「원시적 불능무효론」을 전제로 한 「특정물 도그마」에 입각한 이론이다. 하지만 현재 국내의 학설은 「특정물 도그마」를 부인하고 특정물매매에 있어서도 매도인의 완전물급부의무를 인정함으로써 하자담보책임의 본질을 매도인의 하자 없는 완전한 물건의 급부의무 위반에 기한 채무불이행책임의 일종으로 파악하는 **채무불이행책임설**이 유력하게 되었다. 판례는 초기에는 통설에 따라 법정책임설의 입장을 취하였으나 점차 채무불이행책임설의 입장에 접근하는 경향을 취하고 있다(대판 2004. 7. 22, 2002다51586).

3. 하자담보책임의 성립

매도인의 하자담보책임이 성립하기 위한 요건으로는(제580조 제1항),

첫째, 매매의 목적물에 하자가 있어야 한다. 여기서 '하자'란 매매의 목적물에 물질적인 결함이 있는 것을 의미하며, 하자의 존부는 그 종류의 물건이 보통 갖고 있어야 할 품질이나 성능 등을 기준으로 판단한다. 그리고 하자의 존재시기에 대해서는 견해가 대립되나 판례는 원시적 하자설을 취하고 있다. 따라서 매매계약 체결 당시에 하자가 존재하여야 한다. 사안에서 乙은 계약체결 이전에 산업폐기물을 X에 불법으로 매립하였으므로 하자는 계약체결 당시에 존재한다고 할 수 있다.

둘째, 매수인이 하자의 존재에 대하여 선의 무과실이어야 한다. 즉, 매수인은 목적물에 하자가 있음을 알지 못하고 또한 알지 못하는 데 대하여 과실이 없어야 하며, 매도인은 매수인의 악의 또는 과실이 있었음을 증명하여야 한다. 사안에서 乙은 산업폐기물을 불법으로 은밀하게 매립하였으므로 甲은 매립된 산업폐기물에 대하여 선의라고 할 수 있다.

결론적으로 甲은 乙에게 X에 대한 하자담보책임을 물을 수 있다. 이경우 甲은 X에 대한 하자를 안 날로부터 6월 내에 乙에게 하자담보책임을 물을 수 있다(제582조).

4. 손해배상청구

하자담보책임의 법적 성질을 채무불이행책임으로 구성하면, 매도인이 하자 있는 물건을 인도하는 것은 이론상 채무의 내용에 쫒은 이행을 하지 아니한 것으로서(제390조), 경우에 따라 이행불능(하자의 보수가 불가능한 불대체물매매의 경우) 또는 불완전이행(대체물 또는 하자의 보수가 가능한 불대체물매매의 경우)이 된다. 이 경우 채무불이행책임의 규율은 민법 제580조 이하의 하자담보책임에 관한 특칙에 따라야 하며, 그 한도에서 채무불이행책임에 관한 일반규정(손해배상에 관한 제390조 이하의 규정, 계약해제에 관한 제544조 이하의 규정)의 적용은 배제된다. 이러한 해석상의 문제점을 해결하기 위하여 채무불이행책임설을 취하는 견해는, ① 손해배상에 매도인의 귀책사유를 요한다는 견해, ② 채무불이행책임과의 경합을 인정하는 견해, ③ 채무불이행책임과의 경합을 부인하는 견해, ④ 제한적으로만 경합을 인정하는 견해가 있다. 판례는 초기에는 하자담보책임의 본질을 채무불이행책임으로 보고 이행이익의 배상을 인정하였으나(대판(전원합의체) 1967. 5. 18, 66다2618) 최근에는 하자담보책임의 본질을 불완전이행책임이라고 보고 있으며(대판 1992. 4. 14, 91다17146·17153), 이행이익의 배상도 하자담보책임의 내용인 "손해배상"의 범위에 속하는 것으로 보고 있다(대판 1989. 11. 14, 89다카15298). 나아가 최근에는 하자담보책임의 본질을 채무불이행책임으로 파악하는 것을 전제로 하여 하자담보책임과 채무불이행책임의 경합을 인정하고 있다(대판 2004. 7. 22, 2002다51586).

사안에서 乙이 甲에게 하자 있는 토지를 매도함으로써 채무불이행으로 인한 손해배상책임이 발생하더라도 이와 별도로 민법 제580조에 의한 하자담보책임이 발생한다. 그러므로 甲은 乙에게 하자 있는 토지의 매도로 인한 담보책임으로서 손해배상을 청구할 수 있다.

5. 손해배상의 범위

(1) 신뢰이익의 배상

매수인에게 인도된 매매목적물의 하자로 인하여 계약의 목적을 달성할 수 없는 경우에 매수인은 매도인에게 하자담보책임을 물어 매매계약을 해제하고 매매대금 및 계약비용의 반환을 청구할 수 있다(제580조, 제575조 제1항). 하지만 전매차익이나 일실수익과 같은 이행이익의 손해는 하자담보책임으로서의 해제(대금반환이나 계약비용의 반환)만으로는 전보될 수 없다. 따라서 하자담보책임의 효과로서 이행이익의 배상을 청구할 수 있는지가 문제된다. 이행이익의 배상은 채무불이행책임에 관한 민법 제390조에 의하여 전보될 수밖에 없으므로 매수인은 민법 제580조가 아니라 제390조에 의하여 이행이익의 배상을 청구하여야 하며, 매도인은 하자있는 물건의 인도에 관하여 자기에게 과실이 없음을 입증함으로써 이행이익의 배상책임을 면할 수 있다. 결론적으로 전매차익이나 일실수익과 같은 이행이익의 배상은 매도인의 유책사유를 요한다고 해석되므로, 매도인이 과실 없이 하자 있는 물건을 인도함으로써 계약의 목적을 달성할 수 없는 경우에는, 매수인은 계약을 해제하고 대금 및 계약 비용을 반환받는 것으로 만족할 수밖에 없다.

사안에서 손해배상의 범위는 채무불이행으로 인한 손해배상으로서 산업폐기물 처리비용 15억원 중에서 乙의 지분 상당액을 초과하지 않는다. 즉 매매대금 10억원에서 산업폐기물이 불법으로 매립된 X의 가액을 공제한 금액이 손해배상의 범위이다.

(2) 확대손해의 배상

매도인이 매수인에게 인도한 매매목적물에 존재하는 하자로 인하여 매수인에게 이행이익과 관계없는 생명·신체 기타 재산상의 손해를 야기하거나 이행이익의 범위를 초과하는 이른바 '확대손해'가 발생한 경우에 이를 하자담보책임에 의하여 전보될 수 있는지가 문제된다. 매수인에게 인도된 매매목적물이 특정물인 경우에 목적물에 존재하는 하자로 인하여 확대손해가 발생한 경우에 이를 하자담보책임에 의하여 구제할 수 있는지에 대해서는 견해가 대립된다. 우리 민법은 하자담보책임에 관한 제580조에서 확대손해의 배상에 대하여 아무런 규정을 두고 있지 않다. 따라서 확대손해의 배상은 채무불이행책임에 관한 민법 제390조 이하의 일반규정에 의

하거나 불법행위책임에 관한 민법 제750조의 규정에 의하여 그 배상 여부가 결정되어야 한다. 매매목적물이 종류물인 경우에도 특정물매매의 경우와 마찬가지로 확대손해의 배상이 문제될 수 있다.

사안에서 甲은 乙로부터 X를 10억원에 매수하였으나 산업폐기물을 제거하는데 15억원이 지출되었으므로 甲은 乙에게 지출비용 15억원을 손해배상으로 청구할 수 있다.

Ⅳ. 채무불이행책임으로 인한 손해배상청구

1. 추완청구

매매계약에 있어서 매도인은 특별한 사정이 없는 한 매수인에게 하자 없는 완전한 물건을 인도할 의무가 있다. 하지만 乙은 보상금을 유리하게 산정받기 위하여 성토작업을 하는 과정에서 산업폐기물을 불법으로 매립하였으며, 산업폐기물이 존재하지 않는 정상적인 토지인 것처럼 속여 X에 대한 매매계약을 체결하고 X를 인도하였다. 따라서 甲은 乙에게 매매계약의 내용에 따라 X를 하자 없는 상태로 인도할 것을 청구할 수 있다.

2. 손해배상청구

(1) 손해배상청구권의 발생

甲이 乙에게 불완전이행으로 인한 손해배상을 청구하기 위해서는,

첫째, 채무를 이행하였으나 채무의 내용에 좇은 이행이 아니어야 한다. 사안에서 乙이 甲에게 하자 있는 X를 인도한 것은 채무의 내용에 좇은 이행으로 볼 수 없다(특정물 도그마의 부정).

둘째, 채무불이행이 채무자의 고의 또는 과실에 의하여야 한다. 사안에서 乙은 X에 고의로 산업폐기물을 매립하였다.

셋째, 추완이 가능하여야 한다. 사안에서 甲은 乙이 스스로 법령에 의

하여 요구되는 정도와 방법에 부합하도록 산업폐기물을 처리하여 X를 정상적으로 복구할 것을 기대하기 어려워 그 처리비용 상당의 손해배상을 구하고 있다.

결론적으로 乙은 甲에게 계약상의 의무를 제대로 이행하지 않았으므로 甲이 입은 손해를 배상할 책임이 있다. 그리고 산업폐기물 처리비용이 매매대금을 초과한다는 사정은 甲의 손해배상청구권 행사에 아무런 장애가 되지 않는다.

(2) 손해배상의 범위

매매목적물의 하자를 제거하여 완전한 물건으로 만드는 데 들어가는 비용인 '복구비용상당액'의 법적 성질이 문제된다. 즉 복구비용이 이행이익의 손해인가 아니면 이른바 확대손해에 해당하는지가 문제된다. 하자의 복구비용은 원래부터 매도인이 부담하는 이행의무인 "하자 없는 완전한 물건의 급부의무"의 일종이므로 이를 이행이익의 손해라고 할 수 있다. 사안의 경우 乙이 고의로 X에 산업폐기물을 매립한 행위는 乙의 유책사유를 인정하는 데 문제가 없으므로 복구비용 상당액을 이행이익으로 볼 수 있다. 따라서 甲은 乙에게 X의 복구비용 상당액 15억원의 손해배상을 청구할 수 있다.

3. 청구권 경합

채무불이행으로 인한 손해배상책임은 하자 있는 토지의 매매로 인한 민법 제580조 소정의 하자담보책임과 경합적으로 인정된다.

V. 사안의 해결

(1) 甲은 乙의 기망에 빠져 X에 대한 매매계약을 체결하였으므로 甲은 乙에게 X에 대한 매매계약을 취소할 수 있다.

(2) 乙은 甲에게 산업폐기물을 제거하지 않고서는 정상적인 용도로 사용할 수 없는 X를 개발이 가능한 정상적인 토지로 속여 실제보다 높은 가격으로 매각하였다. 그러므로 甲은 乙에게 채무불이행으로 인한 손해배상책임 또는 하자담보책임을 물어 손해배상을 청구할 수 있다.

> **참고판례**
>
> 1. 대법원 2004. 7. 22, 선고 2002다51586 판결
> 토지 매도인이 성토작업을 기화로 다량의 폐기물을 은밀히 매립하고 그 위에 토사를 덮은 다음 도시계획사업을 시행하는 공공사업시행자와 사이에서 정상적인 토지임을 전제로 협의취득절차를 진행하여 이를 매도함으로써 매수자로 하여금 그 토지의 폐기물처리비용 상당의 손해를 입게 하였다면 매도인은 이른바 불완전이행으로서 채무불이행으로 인한 손해배상책임을 부담하고, 이는 하자 있는 토지의 매매로 인한 민법 제580조 소정의 하자담보책임과 경합적으로 인정된다.
>
> 2. 대법원 1967. 5. 18. 선고 66다2618 전원합의체 판결
> 타인의 권리를 매매한 자가 권리이전을 할 수 없게 된 때에는 매도인은 선의의 매수인에 대하여 불능 당시의 시가를 표준으로 그 계약이 완전히 이행된 것과 동일한 경제적 이익을 배상할 의무가 있다.
>
> 3. 대법원 1989. 11. 14. 선고 89다카15298 판결
> 매수인이 매도인으로부터 매수한 감자종자가 잎말림병에 감염된 것이어서 이를 식재한 결과 거기에서 자란 감자가 같은 병 등에 감염되어 수확량이 예년에 비하여 현저하게 줄은 경우 매수인이 입은 손해는 감자를 식재, 경작하여 정상적으로 얻을 수 있었던 평균수입금에서 실제로 소득한 금액을 제한 나머지가 되어야 할 것이고, 매수인이 평균수입금을 기준으로 하여 손해액을 산정, 청구하고 있는 사안에서 그와 같은 산정방식에 따르지 않고 실제로 들인 비용에서 소득한 금액을 공제한 금액을 기준으로 하여 손해액을 산정할 것은 아니다.

4. 대법원 1997. 5. 7. 선고 96다39455 판결

매도인이 매수인에게 공급한 부품이 통상의 품질이나 성능을 갖추고 있는 경우, 나아가 내한성이라는 특수한 품질이나 성능을 갖추고 있지 못하여 하자가 있다고 인정할 수 있기 위하여는, 매수인이 매도인에게 완제품이 사용될 환경을 설명하면서 그 환경에 충분히 견딜 수 있는 내한성 있는 부품의 공급을 요구한 데 대하여, 매도인이 부품이 그러한 품질과 성능을 갖춘 제품이라는 점을 명시적으로나 묵시적으로 보증하고 공급하였다는 사실이 인정되어야만 할 것이고, 특히 매매목적물의 하자로 인하여 확대손해 내지 2차 손해가 발생하였다는 이유로 매도인에게 그 확대손해에 대한 배상책임을 지우기 위하여는 채무의 내용으로 된 하자 없는 목적물을 인도하지 못한 의무위반사실 외에 그러한 의무위반에 대하여 매도인에게 귀책사유가 인정될 수 있어야만 한다.

5. 대법원 1992. 4. 14. 선고 91다17146·17153 판결

[1] 영업양도계약서의 중재조항에 "본계약내용에 관하여 당사자 간에 해결할 수 없는 법적 분쟁"을 중재대상으로 규정하고 있는 경우, 본계약 내용에 관한 법적 분쟁이라고 함은 단순히 계약내용의 의미해석에 관한 분쟁만이 아니라 계약내용의 성립과 그 이행 및 그 효력의 존부에 직접 관련되거나 밀접하게 관련된 분쟁까지도 포함하는 취지라고 보아야 한다.

[2] 양도목적물의 숨은 하자로부터 손해가 발생한 경우에 양도인이 양수인에 대하여 부담하는 하자담보책임은 그 본질이 불완전이행책임으로서 본계약내용의 이행과 직접 관련된 책임인바, 동일한 사실관계에 기하여 하자담보책임과 불법행위책임이 경합하는 경우에 그 불법행위책임의 존부에 관한 분쟁은 본계약내용의 이행과 밀접하게 관련된 분쟁으로서 위 "가"항의 중재조항이 규정하는 중재대상에 포함된다고 보는 것이 타당하다.

[12] 임차권의 무단양도

사례*

甲은 B건물의 소유자로서 乙에게 B건물 중 1층 점포 A를 보증금 1억원, 월세 200만원에 임대하여 주고 있다. 乙은 A에 C라는 커피전문점을 개설 운영하였고, C를 丙에게 보증금 1억원, 월세 200만원, 권리금 1억원에 양도하기로 하는 계약을 체결하였다. 그런데 A는 甲과의 임대차 존속기간이 9개월 밖에 남아 있지 않으며, 乙은 3기의 월세 및 이자액 합계 700만원을 지체하고 있다. 또한 乙은 甲에게 A의 임차권을 丙에게 양도한 사실을 알리며 그에 대한 승낙을 부탁하였으나 甲은 B를 팔려고 내놓았으므로 B가 팔리면 새로운 건물주에게 승낙을 받으라고 말하면서 이를 거절하였다. 乙은 A의 임차권을 丙에게 양도하여 권리금을 챙길 목적으로 甲의 승낙 거절 사실을 丙에게 알리지 않은 채, 丙과 A에 대한 임차권양도계약을 체결하고 A를 인도하여 주었다. 그리고 丙은 C의 리모델링 공사를 하던 중 A를 일부 훼손하였고, 이를 알게 된 甲은 丙에게 A의 명도를 청구하고 있다.
[문제] 당사자 사이의 법률관계를 설명하시오?

[개요]

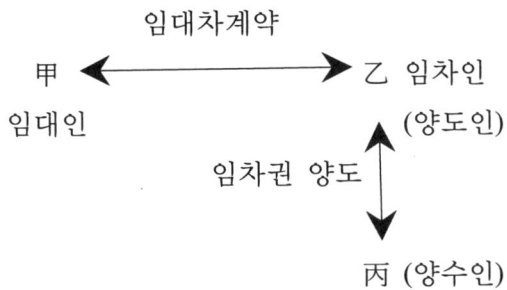

---

* 이 사안은 대법원 1996. 6. 14. 선고 94다41003 판결에 기초하여 구성한 것이다.

Ⅰ. 문제의 제기

(1) 甲은 乙과 A에 대한 임대차계약을 체결하였고, 乙은 甲의 동의 없이 자신의 임차권을 丙에게 양도하였다. 따라서 甲은 乙에게 임대차계약에 기한 차임청구, 지체된 차임청구, 계약해지, 그리고 목적물보관의무 위반에 대한 책임을 물을 수 있을 것이다.

(2) 乙은 丙과 A에 대한 임차권양도계약을 체결하였으므로 丙은 乙로부터 취득한 A를 사용·수익할 수 있을 것이다. 이에 반하여 乙은 丙에게 甲의 동의를 얻어 줄 의무를 부담하며, 만일 甲의 동의를 얻지 못하면 丙에게 담보책임을 질 것이다. 한편 乙은 丙에게 임차권 양도의 주요사실인 임차권의 존속기간, 임대기간 종료 후의 재계약 여부, 임대인의 동의 여부 등을 알려주어야 할 신의측상 의무를 부담한다. 그러나 乙은 이를 기망하였으므로 丙은 乙에게 사기에 의한 의사표시의 취소 및 고지의무 위반으로 인한 손해배상을 청구할 수 있을 것이다.

(3) 乙은 甲의 동의를 얻지 않고 자신의 임차권을 丙에게 양도하였으므로 丙은 A에 대한 임차권양도계약을 가지고 甲에게 대항할 수 없다. 따라서 甲은 乙과 체결한 A에 대한 임대차계약을 해지하고, 丙에게 목적물명도 청구 및 불법행위로 인한 손해배상과 부당이득반환을 청구할 수 있을 것이다.

Ⅱ. 甲과 乙 사이의 법률관계

1. 당사자 관계

甲은 乙과 A에 대한 임대차계약을 체결하였다. 임차인이 임대인의 동의없이 임차권을 제3자에게 양도한 경우에도 임대인과 임차인 사이의 임대차 관계는 여전히 존속하므로 임차인은 임대인에 대하여 임대차 관계에 따르는 권리와 의무를 부담한다. 그러나 임차인이 임대인의 동의 없이 임차권을 제3자에게 양도한 경우에 임대인은 임차인에게 무단양도를 이유로 임대차계약을 해지할 수 있다.

2. 甲의 권리

(1) 차임청구

임대인은 임차인에게 차임을 청구할 수 있다(제618조). 임차인이 임대인의 동의를 받지 않고 제3자에게 임차권을 양도하는 등의 방법으로 임차물을 사용·수익하게 하더라도, 임대인이 이를 이유로 임대차계약을 해지하거나 그 밖의 다른 사유로 임대차계약이 적법하게 종료되지 않는 한, 임대인은 임차인에 대하여 여전히 차임청구권을 가진다(대판 2008. 2. 28, 2006다10323). 사안에서 甲은 乙과 체결한 A에 대한 임대차계약을 해지하지 않는 한, 乙에게 차임을 청구할 수 있다.

(2) 지체 차임청구

건물 기타 공작물의 임대차의 경우에 임차인의 차임연체액이 2기의 차임액에 달한 때에는 임대인은 계약을 해지할 수 있다(제640조). 여기서 "차임연체액이 2기의 차임액에 달한 때"는 연속해서 2기 또는 연체액이 모두 2기분에 도달한 때를 의미한다. 이 경우 임대인은 차임 지체를 이유로 계약을 해지할 수 있으며, 계약을 해지하는 경우에 상당기간을 정하여 최고할 필요가 없다(대판 1977. 3. 8, 75다2032). 사안에서 甲은 乙에게 지체된 3기의 차임 및 이자액 700만원의 지급을 청구할 수 있으며, 또한 차임 지체를 이유로 임대차계약을 해지할 수 있다.

(3) 계약해지

임차인은 임대인의 동의없이 임차권을 양도하지 못하며, 임차인이 이를 위반한 경우에 임대인은 임대차계약을 해지할 수 있다(제629조). 즉 임차인이 임대인의 동의없이 목적물을 타인에게 사용·수익하게 한 이상 그 것이 임차인의 배신행위라는 특단의 사정이 없어도 임대인은 그 계약을 해지할 수 있다(대판 1972. 1. 31, 71다2400; 대판 1993. 4. 27, 92다45308). 사안에서 乙은 甲의 동의를 얻지 않고 丙에게 A의 임차권을 양도하였고, 丙이 A를 인도받아 사용·수익하고 있으므로 甲은 乙과 체결한 A에 대한 임대차계약을 해지할 수 있다. 이로 인하여 손해가 있으면 甲은 乙에게 그 손해의 배상을 청구할 수 있다.

(4) 목적물보관의무 위반에 대한 책임

임차인이 임대인의 동의없이 임차권을 제3자에게 양도한 경우에도 임대인이 임대차계약을 해지하기 전까지는 임대차 관계가 여전히 존속하므로 임차인은 임대인에게 목적물보관의무를 부담한다. 따라서 양수인의 행위로 인하여 임대인에게 손해가 발생한 경우에 양수인은 목적물보관의무에 관하여 임차인의 이행보조자이므로 임차인은 임대인에게 채무불이행으로 인한 손해배상책임을 진다. 사안에서 丙이 C의 리모델링 공사를 하던 중 A를 일부 훼손하였으므로 乙은 甲에게 丙이 야기한 손해를 배상할 책임이 있다.

3. 소결

甲은 乙에게 임대차계약에 기한 차임을 청구할 수 있다. 乙은 甲의 동의를 받지 않고 A의 임차권을 丙에게 양도하였으므로 甲은 乙에게 무단양도를 이유로 임대차계약을 해지할 수 있으며, 또한 차임 지체를 이유로 최고 없이 임대차계약을 해지할 수도 있다. 그리고 丙이 C의 리모델링 공사를 하던 중 A를 일부 훼손하였으므로 甲은 乙에게 이로 인한 손해배상을 청구할 수 있다.

Ⅲ. 乙과 丙 사이의 법률관계

1. 당사자 관계

乙은 丙과 C를 보증금 1억원, 월세 200만원, 권리금 1억원에 매도하기로 하는 임차권양도계약을 체결하였다. 임차권양도계약은 임대인의 동의가 없더라도 당사자 사이에서는 유효하므로 양수인은 임차권을 취득하고, 목적물을 사용·수익할 수 있다. 그러나 양도인은 양수인에게 임대인의 동의를 받아 줄 의무를 부담하며, 만일 임대인의 동의를 얻지 못하면 임차인은 양수인에게 담보책임을 진다. 사안에서 乙이 甲을 찾아가 丙에게 새로운 임대차계약을 체결하여 줄 것을 요구한 사정에 비추어 보면, 乙이 丙에게 C를 넘겨주기로 한 계약은 전대차계약이 아니라 임차권양도계약이라고 할 수 있다(대판 2001. 9. 28, 2001다10960).

2. 丙의 권리

(1) 임대인의 동의를 받아줄 의무 위반

임차인이 임대인의 동의를 받지 아니하고 임차권을 양도한 계약은 임대인에게 대항할 수 없을 뿐 임차인과 양수인 사이에는 유효한 것이고, 이 경우 임차인은 양수인을 위하여 임대인의 동의를 받아 줄 의무가 있다(대판 1986. 2. 25, 85다카1812). 이러한 의무는 임차인이 양도계약에서 임대인의 동의를 받아주겠다는 약정을 명시적으로 하지 않아도 또한 같다(대판 2001. 7. 24, 2001다16418). 사안에서 丙은 乙에게 甲의 동의를 받아 줄 것을 청구할 수 있다.

(2) 담보책임

임차권양도계약에서 임차인은 양수인에게 임대인의 동의를 받아줄 의무가 있으므로 임대인의 동의를 얻지 못하면 권한없이 타인의 물건에 대한 권리를 양도한 것이 되어 양도인은 양수인에게 담보책임을 진다(제567조, 제570조). 사안에서 乙은 甲의 동의를 받지 못하였으므로 丙은 乙에게 담보책임을 물어 임차권양도계약을 해제할 수 있으며, 丙이 선의인 경우에는 乙에게 손해배상을 청구할 수 있다.

(3) 채무불이행책임

임차권양도계약에 있어서 임차권의 존속기간, 임대기간 종료 후의 재계약 여부, 임대인의 동의 여부는 그 계약의 중요한 요소를 이루는 것이므로, 양도인으로서는 이에 관계되는 모든 사정을 양수인에게 알려 주어야 할 신의칙상의 의무가 있다(대판 1996. 6. 14, 94다41003). 사안에서 乙이 丙과 임차권양도계약을 체결할 당시 임대차기간이 9개월 남았고, 甲은 B건물을 팔려고 내놓았으므로 B가 팔리면 새로운 건물주와 새로운 임대차계약을 체결하라고 乙에게 말하였으며, 甲의 동의 여부가 확실하지 아니한 사정을 丙에게 설명하지 아니한 채 임차권을 양도한 행위는 신의칙상의 고지의무 위반에 해당한다. 따라서 丙은 乙에게 고지의무 위반으로 인한 손해배상을 청구할 수 있다.

(4) 사기에 의한 임차권양도계약 취소

丙이 乙과 체결한 임차권양도계약이 사기가 되기 위해서는(제110조 제1항),

첫째, 기망행위가 있어야 한다. 사안에서 乙이 丙에게 甲의 동의 없이 A의 임차권을 양도한 것은 기망행위에 해당한다.

둘째, 고의에 의한 기망행위가 있어야 한다. 乙은 丙에게 A의 임차권을 양도하여 권리금을 챙길 목적으로 甲의 승낙거절 사실을 丙에게 알리지 않는 채 丙과 A에 대한 임차권양도계약을 체결하였다.

셋째, 기망행위가 위법하여야 한다. 사안에서 乙은 丙에 대한 신의칙상 고지의무를 위반하였다.

넷째, 기망행위와 의사표시 사이에 인과관계가 있어야 한다. 사안에서

甲이 임차권 양도에 동의하지 않으리라는 사정을 알았더라도 丙이 乙과 임차권양도계약을 체결하였으리라고 볼 만한 사정은 보이지 아니한다.

결론적으로 乙이 甲의 승낙거절 사실을 丙에게 알리지 않는 채 丙과 A에 대한 임차권양도계약을 체결한 것은 기망행위에 해당한다. 그러므로 丙은 乙과 체결한 임차권양도계약을 취소할 수 있으며, 이에 대한 입증책임은 丙이 부담한다.

3. 소결

乙은 丙과 A에 대한 임차권양도계약을 체결하였으므로 乙은 丙에게 양도대금을 청구할 수 있으며, 丙은 乙에게 甲의 동의를 받아줄 것을 요구할 수 있다. 그러나 乙이 甲의 동의를 받지 못하였으므로 丙은 乙에게 담보책임을 물을 수 있고, 또한 임차권양도계약에 있어서 중요한 요소들을 알려주어야 할 신의칙상의 고지의무를 위반하였으므로 이로 인한 손해배상을 청구할 수 있다. 나아가 丙은 乙의 기망행위에 의하여 임차권양도계약을 체결하였으므로 丙은 乙과 체결한 임차권양도계약을 사기를 이유로 취소할 수 있다.

Ⅳ. 丙과 甲 사이의 법률관계

1. 당사자 관계

임대인의 동의를 받지 아니하고 임차인이 임차권을 양도한 계약은 이로써 임대인에게 대항할 수 없다(대판 1986. 2. 25, 85다카1812). 즉 임대인은 임차인에게 임대차계약을 해지하고 양수인에게 목적물의 반환을 청구할 수 있다.

2. 甲의 권리

(1) 목적물반환 청구

임차인이 임대인의 동의를 받지 않고 제3자에게 임차권을 양도한 경우에 양수인의 목적물에 대한 점유는 불법점유가 된다. 그러므로 임대인은 임차인에게 임대차계약을 해지하고 양수인에게 목적물에 대한 방해제거 및 반환을 청구할 수 있다. 다만, 임대인이 임차인에게 임대차계약을 해지하지 않는 한, 양도인과 양수인 사이의 임차권 양도에 의하여 양수인은 채권적 효력을 가진 임차권을 취득한다. 그러므로 임대인은 양수인에게 목적물을 직접 자기에게 명도할 것을 청구할 수 없으며, 임차인에게 반환할 것을 청구할 수 있을 뿐이다.

(2) 손해배상청구 여부

임차인이 임대인의 동의를 받지 않고 제3자에게 임차권을 양도한 경우에 임대인이 이를 이유로 임대차계약을 해지하거나 그 밖의 다른 사유로 임대차계약이 적법하게 종료되지 않는 한, 임대인은 임차인에 대하여 여전히 차임청구권을 가진다. 임대인이 임차인에게 차임청구를 하는 한 손해가 없으므로 임대인은 제3자에게 불법점유를 이유로 한 차임 상당의 손해배상청구나 부당이득반환을 청구할 수 없다(대판 2008. 2. 28, 2006다10323).

3. 소결

乙이 甲의 동의를 받지 않고 임차권을 양도한 경우에 丙은 甲에게 대항할 수 없으므로 甲은 乙과 체결한 임대차계약을 해지하고 丙에게 A의 반환을 청구할 수 있다. 그러나 甲이 임대차계약을 해지하지 않은 경우에는 甲은 丙에게 자신이 아닌 乙에게 A를 반환할 것을 청구할 수 있을 뿐이며, 이와 별도로 丙에게 불법점유를 이유로 손해배상이나 부당이득반환을 청구할 수 없다.

V. 사안의 해결

(1) 甲은 乙에게 임대차계약에 기한 차임청구, 지체된 차임청구, 계약해지, 그리고 목적물보관의무 위반에 대한 책임을 물을 수 있다.

(2) 乙은 丙과 임차권양도계약을 체결하였으므로 丙에게 양도대금을 청구할 수 있으며, 丙은 乙로부터 임차권을 취득하였으므로 A를 사용·수익할 수 있다. 乙은 丙에게 甲의 동의를 받아줄 의무를 부담하며, 甲의 동의를 받지 못하면 丙에게 담보책임을 진다. 한편 乙은 丙에게 임차권 양도의 주요사실을 알려주어야 할 신의측상의 고지의무를 위반하였으므로 이로 인한 손해배상책임을 부담하며, 또한 丙을 기망하여 임차권양도계약을 체결하였으므로 丙은 乙에게 사기를 이유로 임차권양도계약을 취소할 수 있다.

(3) 乙은 甲의 동의를 받지 않고 자신의 임차권을 丙에게 양도하였으므로 丙은 乙과의 임차권양도계약을 가지고 甲에게 대항할 수 없다. 따라서 甲은 丙에게 A의 반환을 청구할 수 있다. 그러나 甲이 乙과 체결한 임대차계약을 해지 않은 경우에는 甲은 丙에게 자신이 아닌 乙에게 A를 반환할 것을 청구할 수 있을 뿐이며, 이와 별도로 불법점유를 이유로 손해배상이나 부당이득반환을 청구할 수 없다.

참고판례

1. 대법원 1993. 4. 27. 선고 92다45308 판결

[1] 민법 제629조는 임차인은 임대인의 동의 없이 그 권리를 양도하거나 전대하지 못하고, 임차인이 이에 위반한 때에는 임대인은 계약을 해지할 수 있다고 규정하고 있는바 이는 민법상의 임대차계약은 원래 당사자의 개인적 신뢰를 기초로 하는 계속적 법률관계임을 고려하여 임대인의 인적 신뢰나 경제적 이익을 보호하여 이를 해치지 않게 하고자 함에 있으며, 임차인이 임대인의 승낙 없이 제3자에게 임차물을 사용·수익시키

는 것은 임대인에게 임대차관계를 계속시키기 어려운 배신적 행위가 될 수 있는 것이기 때문에 임대인에게 일방적으로 임대차관계를 종지시킬 수 있도록 하고자 함에 있다.

[2] 임차인이 임대인으로부터 별도의 승낙을 얻은 바 없이 제3자에게 임차물을 사용·수익하도록 한 경우에 있어서도 임차인의 당해 행위가 임대인에 대한 배신적 행위라고 인정할 수 없는 특별한 사정이 있는 경우에는 위 법조항에 의한 해지권은 발생하지 않는다.

2. 대법원 2001. 9. 28. 선고 2001다10960 판결

의류판매대리점 영업을 하던 점포 임차인이 그 영업을 양도하면서 점포도 넘겨주기로 한 계약이 영업양도 계약에 부수하여 이루어졌고, 임대차계약서 양식이 아니라 매매계약서 양식을 이용하여 위 계약을 체결하였으며, 양수인과 임차인이 함께 임대인을 찾아가 영업양수인과 새로운 임대차계약을 체결하여 줄 것을 요구하였고, 영업을 양도한 이후 위 점포에 관한 임차권의 권리관계에서 임차인의 지위를 유지시켜야 할 이익을 인정할 수 없다면 양수인과 임차인 사이에서 위 점포를 넘겨주기로 한 계약은 전대차계약이 아니라 임차권의 양도계약이다.

3. 대법원 1996. 6. 14. 선고 94다41003 판결

임차권의 양도에 있어서 그 임차권의 존속기간, 임대기간 종료 후의 재계약 여부, 임대인의 동의 여부는 그 계약의 중요한 요소를 이루는 것이므로 양도인으로서는 이에 관계되는 모든 사정을 양수인에게 알려주어야 할 신의칙상의 의무가 있는데, 임차권양도계약이 체결될 당시에 임차건물에 대한 임대차기간의 연장이나 임차권 양도에 대한 임대인의 동의 여부가 확실하지 않은 상태에서 몇 차례에 걸쳐 명도요구를 받고 있었던 임차권 양도인이 그 여부를 확인하여 양수인에게 설명하지 아니한 채 임차권을 양도한 행위는 기망행위에 해당한다.

4. 대법원 2008. 2. 28. 선고 2006다10323 판결

임차인이 임대인의 동의를 받지 않고 제3자에게 임차권을 양도하거나

전대하는 등의 방법으로 임차물을 사용·수익하게 하더라도, 임대인이 이를 이유로 임대차계약을 해지하거나 그 밖의 다른 사유로 임대차계약이 적법하게 종료되지 않는 한 임대인은 임차인에 대하여 여전히 차임청구권을 가지므로, 임대차계약이 존속하는 한도 내에서는 제3자에게 불법점유를 이유로 한 차임상당 손해배상청구나 부당이득반환청구를 할 수 없다.

5. 대법원 1986. 2. 25. 선고 85다카1812 판결

임대인의 동의를 받지 아니하고 임차권을 양도한 계약도 이로써 임대인에게 대항할 수 없을 뿐 임차인과 양수인 사이에는 유효한 것이고 이 경우 임차인은 양수인을 위하여 임대인의 동의를 받아 줄 의무가 있다.

[13] 임차권의 무단전대

사례

甲은 乙과 자신의 주택 A를 보증금 3억원, 임대차기간 3년(2012. 9. 1-2015. 8. 31)의 임대차계약을 체결하고 A를 乙에게 인도하여 주었다. 그 후 乙은 甲의 동의를 받지 않고 A를 丙에게 2015. 8. 31까지 2년간 임대하였다. 그런데 2013. 12. 15. 丙의 과실로 화재가 발생하여 A의 일부가 훼손되었으며, 그 결과 A에 대하여 1억원의 손해가 발생하였다.

[문제1] 당사자 사이의 법률관계를 설명하시오?
[문제2] 위의 사례에서 乙이 甲의 동의를 얻어 A를 丙에게 임대한 경우의 법률관계를 설명하시오?

[개요]

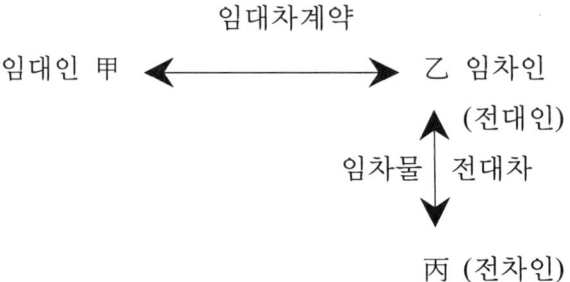

Ⅰ. 문제의 제기

(1) 甲은 乙과 A에 대한 임대차계약을 체결하였고, 乙은 甲의 동의를 받지 않고 A를 丙에게 전대차 하였다. 그러나 丙의 과실로 화재가 발생하여 A의 일부가 훼손되었으므로 甲은 乙에게 임대차계약에 기한 차임을 청구할 수 있고, 계약위반에 대한 책임 및 목적물보관의무 위반에 대한 책임을 물을 수 있을 것이다. 그리고 甲은 丙과 계약관계가 없으므로 丙에게 계약책임을 물을 수는 없으나 A의 훼손에 대한 불법행위책임은 물을 수 있을 것이다. 한편 乙도 丙과 체결한 전대차계약에 터 잡아 丙에게 목적물보관의무 위반에 대한 채무불이행책임을 물을 수 있을 것이다.

(2) 乙은 甲의 동의를 얻어 A를 丙에게 전대차 하였으므로 乙은 甲에게 A의 훼손에 대하여 丙의 선임·감독의무 위반에 대한 책임만을 부담할 것이며, 甲은 丙에게 A의 훼손에 대하여 목적물보관의무 위반에 대한 채무불이행책임과 소유권 침해에 대한 불법행위책임을 물을 수 있을 것이다. 한편 乙도 丙에게 목적물보관의무 위반에 대한 채무불이행책임을 물을 수 있을 것이다.

Ⅱ. 무단전대의 경우

1. 甲과 乙 사이의 법률관계

甲은 乙과 A에 대한 임대차계약을 체결하였다. 이 경우 乙이 甲의 동의 없이 A를 제3자에게 전대차 하더라도 甲과 乙 사이의 임대차 관계는 여전히 존속하므로 乙은 甲에 대하여 A의 임대차 관계에 따르는 권리와 의무를 부담한다.

첫째, 甲은 乙과 A에 대한 임대차계약을 체결하였으므로 A의 일부가 훼손된 경우에도 甲은 乙에게 임대차계약에 기한 차임을 청구할 수 있다 (제618조).

둘째, 乙은 甲의 동의를 얻지 않고 A를 丙에게 전대차 하였으므로 甲은 乙과 체결한 임대차계약을 해지할 수 있다(제629조). 이 경우 甲이 乙의 무단전대로 인하여 손해를 입은 때에는 그로 인한 손해의 배상을 청구할 수 있다(제390조).

셋째, 乙은 甲으로부터 임차한 A를 계약 또는 목적물의 성질에 의하여 정하여진 용법으로 사용·수익하여야 하며(제654조, 제610조 제1항 참조), A를 甲에게 반환할 때까지 선량한 관리자의 주의의무로 보관하여야 한다(제374조). 그러나 A가 乙이 아닌 丙에 의하여 훼손되었으므로 그 책임을 乙이 부담하여야 하는지가 문제된다. 이는 전차인을 임차인의 이행보조자로 볼 수 있는지의 문제로서 다수설은 전차인을 임차인의 이행보조자로 본다. 특히 임차인의 무단전대는 전대 그 자체가 계약위반이므로 임차인은 전차인의 과실에 대하여 임대인에게 책임을 져야 한다. 그리고 임차인의 무단전대는 자기책임 하에 이루어지는 것이므로 그 손해가 전대를 하지 않았더라도 일어났을 불가항력으로 인한 손해임을 증명하지 못하는 한, 손해 발생이라는 사실만으로 임차인이 그 책임을 져야 한다(제391조). 사안에서 乙은 甲의 동의를 얻지 않고 A를 丙에게 전대하였으므로 乙은 丙의 과실로 인하여 발생한 A의 손해에 대하여도 甲에게 책임을 진다.

2. 甲과 丙 사이의 법률관계

임대인은 전차인과 아무런 계약관계가 없으므로 계약책임이 발생할 여지가 없다. 그러나 丙이 과실로 화재를 발생시켜 A의 일부가 훼손되었으므로 甲은 丙에게 A에 대한 불법행위를 이유로 손해배상을 청구할 수 있다(제750조). 만일 A의 화재가 丙의 실화에 의하여 발생하였으나 丙의 중과실에 의하지 않은 경우 丙은 법원에 손해배상액의 경감을 청구할 수 있다(실화책임법 제3조 참조).

3. 乙과 丙 사이의 법률관계

임차인이 임대인의 동의 없이 임차물을 제3에게 전대한 경우에도 전대인과 전차인 사이의 전대차계약은 유효하게 성립한다. 그러므로 전차인은 전대인에 대하여 임차권을 취득하고, 임차물을 사용·수익할 수 있으며, 그 대신에 차임지급의무, 목적물보관의무, 전대차 종료시 목적물반환의무를 부담한다. 사안에서 丙이 과실로 화재를 발생시켜 A의 일부를 훼손시켰으므로 乙은 丙에게 목적물보관의무 위반을 이유로 손해배상을 청구할 수 있다(제390조). 다만, 丙이 야기한 A의 화재는 甲의 소유권을 침해한 행위에 해당하므로 甲에 대하여는 불법행위가 성립하지만, 계약상 전대인의 지위에 있는 乙에 대하여는 불법행위가 성립하지 않는다.

Ⅲ. 동의를 얻은 전대의 경우

1. 甲과 乙 사이의 법률관계

임차인이 임대인의 동의를 얻어 임차물을 제3자에게 전대한 때에는 임대인의 임차인에 대한 권리행사에 전혀 영향을 미치지 않는다(제630조 제2항). 따라서 乙은 甲에게 차임지급의무, 목적물보관의무 및 임대차 종료시 목적물반환의무를 부담한다. 그러나 이러한 의무위반이 임차인 乙이 아닌 전차인 丙에 의하여 발생한 경우에도 乙이 甲에게 책임을 부담하는지가 문제된다. **통설**은 甲이 乙의 전대에 대하여 동의를 한 때에는 乙이 丙의 선임·감독에 과실이 있는 경우에만 책임을 진다고 한다. 사안에서 乙은 甲의 동의를 얻어 A를 丙에게 전대하여 주었고, 丙의 과실로 화재가 발생하여 A이 일부가 훼손되었으므로 乙은 甲에게 손해배상책임을 부담한다. 이 경우 丙의 선임·감독에 대한 입증책임은 乙이 부담한다.

2. 乙과 丙 사이의 법률관계

임차인이 임대인의 동의를 얻어 목적물을 제3자에게 전대하였으므로 전차인은 전대인에게 임차인으로서 권리와 의무를 부담한다. 그러나 丙은 乙뿐만 아니라 동의를 준 甲에 대하여도 계약위반에 대한 책임을 부담한다. 즉 丙은 乙에게 전대차계약 위반으로 인한 채무불이행책임을 진다. 하지만 A의 화재는 乙에게 불법행위를 한 것이 아니므로 丙은 乙에게 불법행위책임은 지지 않는다.

3. 甲과 丙 사이의 법률관계

임차인이 임대인의 동의를 얻어 목적물을 제3자에게 전대한 경우에는 전차인은 직접 임대인에 대하여 의무를 부담한다(제630조 제1항). 따라서 전차인은 임차인과 마찬가지로 임대인에 대하여 차임지급의무, 목적물보관의무, 임대차 종료시 목적물반환의무를 부담한다. 사안에서 丙이 과실로 A를 훼손하였으므로 丙은 甲에게 목적물보관의무 위반으로 인한 채무불이행책임을 부담하며(제390조), 또한 甲의 소유권을 침해하였으므로 불법행위로 인한 손해배상책임도 부담한다(제750조). 이에 대하여는 채권자가 자신의 선택에 따라 채무자에게 계약책임을 묻거나 불법행위책임을 물을 수 있다는 **청구권경합설**, 불법행위책임과 계약책임은 일반법과 특별법의 관계에 있으므로 특별결합관계를 규율하는 계약책임이 우선한다는 **법조경합설**, 계약책임과 불법행위책임이 경합하는 경우에는 피해자는 양 규범을 종합한 하나의 손해배상청구권만을 가진다는 **청구권규범통합설**이 있다. 판례는 청구권경합설을 채택하고 있다(대판 1989. 11. 24, 88다카16249). 생각건대 채권자가 자신의 선택에 따라 청구권을 행사하는 것을 제한할 이유가 없으므로 청구권경합설이 타당하다고 할 수 있다. 사안에서 甲은 자신의 선택에 따라 丙에게 채무불이행을 이유로 손해배상을 청구할 수도 있고, 불법행위를 이유로 손해배상을 청구할 수도 있다.

4. 乙과 丙이 모두 甲에게 책임을 지는 경우의 책임 관계

  임차인이 전차인의 선임·감독에 주의를 다하지 않았다면 임차인은 임대인에게 손해배상책임을 부담한다. 한편 전차인도 임대인에 대하여 채무불이행책임과 불법행위책임을 부담하므로 양자의 손해배상 의무는 부진정연대의 관계에 있다. 따라서 임차인이 임대인에게 손해를 배상한 경우 임차인은 전차인에게 구상권을 행사할 수 있다.

Ⅳ. 사안의 해결

  (1) 甲은 乙에게 임대차계약에 기한 차임을 청구할 수 있고, 계약위반에 대한 책임 및 목적물보관의무 위반에 대한 채무불이행책임을 물을 수 있다. 그리고 甲은 丙과 계약관계가 없으므로 丙에게 계약책임을 물을 수 없으나 A의 훼손에 대한 불법행위책임은 물을 수 있다. 한편 乙도 丙과 체결한 전대차계약에 터 잡아 丙에게 목적물보관의무 위반에 대한 채무불이행책임을 물을 수 있다.

  (2) 乙은 甲의 동의를 얻어 A를 丙에게 전대차 하였으므로 乙은 甲에게 A의 훼손에 대하여 丙의 선임·감독의무 위반에 대한 책임만을 부담하며, 甲은 丙에게 A의 훼손에 대하여 목적물보관의무 위반에 대한 채무불이행책임과 소유권 침해에 대한 불법행위책임을 물을 수 있다. 한편 乙도 丙에게 목적물보관의무 위반에 대한 채무불이행책임을 물을 수 있다. 이 경우 乙과 丙이 甲에게 지는 책임은 부진정연대의 관계에 있다.

[14] 도급계약에서의 담보책임

사례

토지 A의 소유자 甲은 건축업자 乙과 건물 B에 대한 건축공사계약을 체결하였다. 이 계약에서 총 공사대금은 10억원이며, 공사대금은 건축공사의 기성고 비율에 따라 甲이 乙에게 지급하기로 하고, 乙은 건축에 필요한 자재 일체를 스스로 조달하기로 약정하였다. 乙은 건축공사의 일부인 건물 골조공사를 마친 후 甲에게 기성고 비율에 따라 2억원의 공사대금 지급을 청구하였고, 甲이 공사대금을 지급하지 아니하자 乙은 건축공사를 자체를 중단하였다. 이에 대하여 甲은 乙에게 B에 대한 건축공사계약의 해제를 통지하였다.

[문제1] 甲과 乙 사이의 법률관계는?

[문제2] 乙이 B를 완공하였으나 甲이 B의 공사대금을 지급하지 않는 경우 乙이 보수청구권을 확보하기 위하여 甲에게 행사할 수 있는 권리는?

[문제3] 甲이 완공된 B를 인수하였으나 1년도 지나지 않아 B에 심한 균열이 발생한 경우 甲이 乙에게 행사할 수 있는 권리는?

[개요]

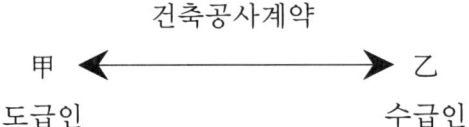

건축공사계약
甲 ←――――――――→ 乙
도급인   수급인

Ⅰ. 문제의 소재

(1) 甲은 乙과 A에 B를 건축하기로 하는 건축공사계약을 체결하였으므로 계약의 법적 성질 및 적용 법리가 문제된다. 즉 건축공사계약의 법적 성질에 따라 적용 법리가 결정될 것이다.

(2) 乙은 수급인으로서 도급인인 甲에게 보수지급을 청구할 수 있다. 그러므로 甲이 보수를 지급하지 않는 경우에 乙은 甲에게 저당권설정을 청구하거나 보수를 지급받을 때까지 B를 유치하거나 또는 동시이행의 항변권에 기하여 B의 인도를 거부할 수 있을 것이다.

(3) 甲은 乙에게 B의 균열을 이유로 수급인의 하자담보책임과 채무불이행책임을 물을 수 있을 것이다.

Ⅱ. 甲과 乙 사이의 법률관계

1. 제작물공급계약의 법적 성질

甲은 乙과 A에 B를 건축하기로 하는 제작물공급계약을 체결하였다. 여기서 '제작물공급계약'이란 당사자 일방(제작자)이 상대방(주문자)의 주문에 따라서 전적으로 또는 주로 자기의 재료를 사용하여 제작한 물건을 공급하기로 하고, 이에 대하여 상대방이 보수를 지급하기로 하는 계약이다. 제작물공급계약은 '물건의 제작'과 '제작된 물건의 공급'이라는 요소를 가지고 있어 법적 성질이 문제된다. 제작물공급계약의 법적 성질에 대하여 학설은 제작물이 대체물인 때에는 매매이고 부대체물인 때에는 도급이라는 견해(1설), 언제나 도급이라는 견해(2설), 제작물이 대체물인 때에는 제작물공급계약이 아니고 주문판매계약이라는 견해(3설)가 있다. 판례는 "당사자의 일방이 상대방의 주문에 따라 자기 소유의 재료를 사용하여 만든 물건을 공급할 것을 약정하고 이에 대하여 상대방이 대가를 지급하기로 약정하는 이른바 제작물공급계약은 그 제작의 측면에서는 도급의 성질이 있고 공급의 측면에서는 매매의 성질이 있어 이러한 계약은 대체로 매매와 도급의 성질을 함께 가지고 있는 것으로서 그 적용법률은 계약에 의하여 제작공급하여야 할 물건이 대체물인 경우에는 매매로 보아서 매매에 관한 규정이 적용된다고 할 것이나 물건이 특정의 주문자의 수요를 만족시키기 위한 불대체물인 경우에는 당해 물건의 공급과 함께 그 제작이 계약의 주목적이 되어 도급의 성질을 강하게 띠고 있다 할 것이므로 이 경우에는 매매에 관한 규정이 당연히 적용된다고 할 수 없다."고 제1설을 취하고 있다(대판 1987. 7. 21, 86다카2446).

사안에서 甲은 乙과 A에 B를 건축하기로 하는 제작물공급계약을 체결하였으며, 계약의 목적물인 B는 부대체물이므로 甲이 乙과 체결한 계약은 도급계약의 법적 성질을 가진다.

2. B에 대한 소유권 귀속

甲과 乙은 제작물공급계약을 체결하였으며, 계약의 목적물인 B는 부대체물이므로 도급계약의 법적 성질을 가진다. 이 경우 건축공사의 수급인이 재료의 전부를 제공하여 목적물의 일부를 완성하고 그것이 독립한 존재를 가지게 되었으므로 목적물의 소유권을 누가 가질 것인지가 문제된다.

첫째, 당사자 사이에 명시적 또는 묵시적 특약이 있는 경우에는 그 특약에 의하여 소유권의 귀속이 정해진다. 이에 대해서는 학설과 판례가 일치한다. 하지만 사안에서는 B의 소유권 귀속에 관하여 당사자 사이에 명시적 또는 묵시적 특약이 없다.

둘째, 당사자 사이에 특약이 없는 때에는 학설은 완성물이 동산이든 부동산이든 수급인에게 귀속한다고 보는 **수급인귀속설**과 완성물이 동산인 경우에는 수급인에게 속하고 부동산인 경우에는 원시적으로 도급인에게 속한다고 하는 **도급인귀속설**이 있다. 다수설은 도급인귀속설을 취하고 있는 반면, 소수설과 판례는 "수급인이 자기의 노력과 출재로 완성한 건물의 소유권은 도급인과 수급인 사이의 특약에 의하여 달리 정하거나 기타 특별한 사정이 없는 한 수급인에게 귀속된다."고 하여 수급인귀속설을 취하고 있다(대판 1990. 2. 13, 89다카11401). 생각건대 수급인이 도급인에게 목적물을 인도할 때 목적물의 소유권이 도급인에게 이전된다는 수급인귀속설은 물권변동에 대하여 성립요건주의를 취하는 우리 민법에 적합하지 않으며, 또한 수급인의 목적은 보수를 받는 데 있을 뿐 건물의 소유권 취득에는 관심이 없으며, 나아가 수급인의 보수청구권 확보는 유치권(제320조), 동시이행의 항변권(제665조 제1항)이나 저당권설정청구(제666조)로 가능하므로 도급인귀속설이 타당하다.

사안에서 B는 완성된 건물이 아니라 단순한 건물 골조에 불과하다. 그러므로 완성물에 대한 소유권 귀속의 문제라고 하기보다 B를 독립성을 가진 동산의 집합물이라고 볼 것인지 아니면 토지의 부합물이라고 볼 것인지가 문제된다. 이 경우 B를 토지에 부합하지 않은 동산의 집합물로 보면 乙의 소유가 되고, 토지의 부합물로 보면 甲의 소유가 된다. 사안에서 B는 건물 골조에 불과하므로 A에 부합한다고 보는 것이 타당하며, 그 결과 甲이 건물 골조의 소유권을 취득한다(제256조).

3. 甲의 해제권 행사

甲은 도급인으로서 수급인인 乙에게 B에 대한 건축공사계약의 해제를 통지하였다. 이 경우 甲이 행사한 해제권의 법적 성격이 문제된다.

(1) 채무불이행에 의한 해제

수급인은 적당한 시기에 일에 착수하여 이를 완성할 의무가 있다(제664조). 수급인이 일을 완성할 의무를 게을리한 경우에 도급인은 계약을 해제할 수 있다(제544조). 다만, 도급인이 수급인에게 이행지체를 이유로 계약을 해제하려면 이행지체 자체가 위법하여야 한다. 사안에서 乙은 건축공사의 일부인 건물 골조공사를 마친 후 甲에게 기성고 비율에 따라 2억원의 공사대금 지급을 청구하였고, 甲이 공사대금을 지급하지 아니하자 乙은 건축공사를 자체를 중단하였다. 이처럼 乙의 공사중단 행위는 동시이행의 항변으로써 위법성이 없으므로 甲은 乙에게 채무불이행을 이유로 계약을 해제할 수 없다.

(2) 담보책임에 의한 해제

수급인은 도급인에게 '완성된 일'의 하자에 대하여 담보책임을 지며, 완성된 목적물의 하자로 인하여 계약의 목적을 달성할 수 없는 때에는 계약을 해제할 수 있다(제668조 전단). 그러나 완성된 목적물이 건물 기타 토지의 공작물인 경우에는 해제할 수 없다(제668조 후단). 사안에서 목적물은 아직 완성되지 않았으므로 甲은 乙에게 담보책임을 이유로 계약을 해제할 수 없다.

(3) 도급인의 임의해제

도급인은 수급인이 일을 완성하기 전에 손해를 배상하고 계약을 해제할 수 있다(제673조). 이 경우 도급인이 계약을 해제하려면 손해배상을 제공하여야 하는지에 대하여 학설은 손해배상의 제공이 필요하다는 견해(필요설)와 필요하지 않다는 견해(불필요설)가 있다. 생각건대 도급인의 해제권 행사의 남용을 막고 수급인을 보호하기 위해서는 손해배상의 제공이 필요하다고 할 것이다.

한편 완성되지 않은 건축공사도급계약의 경우에는 계약해제의 효과가 문제된다. 판례는 "건축공사도급계약에 있어서 공사가 완성되지 못한 상태에서 당사자 중 일방이 상대방의 채무불이행을 이유로 계약을 해제한 경우에 공사가 상당한 정도로 진척되어 그 원상회복이 중대한 사회적, 경제적 손실을 초래하게 되고 완성된 부분이 도급인에게 이익이 되는 때에는 도급계약은 미완성부분에 대해서만 실효"된다고 한다(대판 1993. 11. 23, 93다25080). 즉 판례는 완성되지 않은 건축공사도급계약의 경우에 해제의 효과는 소급효를 가진 원상회복의무가 아니라 장래효를 가진 현상인도의무를 인정하고 있다.

사안에서 甲은 乙에게 임의해제를 할 수 있으며, 이 경우 乙은 해제된 상태 그대로 그 건물을 甲에게 인도하고 甲은 인도받은 건물에 대한 보수를 지급하여야 한다. 또한 甲은 乙에게 乙이 지출한 비용과 장차 얻었을 이익을 손해배상으로 제공하여야 한다.

4. 乙의 권리행사

(1) 보수지급 청구

도급인은 수급인에게 보수를 지급할 의무가 있다(제664조). 이 경우 도급인이 수급인에게 지급할 보수에 대하여 판례는 "도급인이 수급인(또는 하수급인)에게 약정된 공사도급금액 중 기성고의 비율에 따라 공사대금을 지급하기로 하였다면, 도급인이 지급하여야 할 공사대금은 약정된 도급금액을 기준으로 하여 여기에 기성고 비율을 곱하는 방식으로 산정하여야 한다"고 한다(대판 1996. 1. 23, 94다31631, 31648). 사안에서 乙은 甲에게 기성고 비율에 따라 2억원의 공사대금 지급을 청구할 수 있으며, 또한 이에 대한 이행지체를 이유로 손해배상을 청구할 수 있다(제390조).

(2) 손해배상청구

도급인은 수급인이 일을 완성하기 전에 손해를 배상하고 계약을 해제할 수 있다. 이 경우 도급인이 수급인에게 이행하여야 할 손해배상의 범위는 수급인이 이미 지출한 비용과 장차 얻었을 이익을 합한 것이며, 도급인은 수급인에게 과실상계나 손해배상예정액의 감액을 주장할 수 없다(대판 2002. 5. 10, 2000다37296, 37302). 사안에서 乙은 甲에게 2억원의 공사대금과 장차 얻었을 이익의 배상을 청구할 수 있다.

Ⅲ. 乙의 권리행사

1. 乙의 법적 지위

乙은 수급인으로서 도급인인 甲에게 보수를 청구할 수 있다. 그러나 甲이 乙에게 보수를 지급하지 않는 경우에 乙은 甲에게 저당권설정을 청구하거나 보수를 지급받을 때까지 그 목적물을 유치할 수 있다.

2. 저당권설정 청구

부동산공사의 수급인은 그의 보수에 관한 채권을 담보하기 위하여 목적부동산에 저당권을 설정할 것을 도급인에게 청구할 수 있다(제666조). 이는 부동산공사에서 목적물이 보통 수급인의 자재와 노력으로 완성되는 점을 감안하여 목적물의 소유권이 원시적으로 도급인에게 귀속되는 경우 수급인에게 목적물에 대한 저당권설정청구권을 부여함으로써 수급인이 사실상 목적물로부터 공사대금을 우선적으로 변제받을 수 있도록 하는 데 그 취지가 있다(대판 2021. 5. 27, 2017다225268). 따라서 건축공사의 도급인이 민법 제666조가 정한 수급인의 저당권설정청구권 행사에 따라 공사대금채무의 담보로 건물에 저당권을 설정하는 행위는 특별한 사정이 없는 한, 사해행위에 해당하지 않는다. 사안에서 B의 소유권은 특별한 사정이 없는 한, 甲이 원시취득한다. 그러므로 甲이 乙로부터 저당권설정 청구를 받으면 먼저 B를 등기한 다음, 그 위에 乙 명의의 저당권등기를 설정해 주어야 한다.

3. 유치권 행사

건물의 신축공사를 한 수급인이 그 건물을 점유하고 있고 또한 그 건물에 관하여 생긴 공사금 채권이 있다면, 수급인은 그 채권을 변제받을 때까지 건물을 유치할 권리가 있다(제320조). 이러한 유치권은 수급인이 점유를 상실하거나 피담보채무가 변제되는 등 특단의 사정이 없는 한, 소멸되지 않는다(대판 1995. 9. 15, 95다16202, 95다16219). 사안에서 乙은 B에 대한 공사대금 채권을 가지고 있으나 그 채권을 변제받지 못하였으므로 공사대금 채권을 변제받을 때까지 B를 유치할 권리가 있다.

4. 동시이행의 항변권 행사

건물건축공사 도급계약의 수급인은 공사대금을 변제받을 때까지 도급계약의 목적물인 건물뿐 아니라 건물의 유지사용에 필요한 범위 내의 대지 부분에 대해서 동시이행의 항변권에 기하여 인도를 거절할 수 있다. 그러나 이러한 항변권은 공사대금을 받을 때까지 건물의 인도를 거부할 수 있는 권능이 있다는 것이지 동시이행의 항변권에 의하여 대지를 무상으로 사용·수익할 수 있는 권능이 있다고 할 수 없다. 이러한 도급계약은 수급인이 건물을 완공할 것을 약정하고 도급인이 일의 결과에 대하여 보수를 지급할 것을 약정함으로써 성립되는 계약이므로 특성상 건물완공 시까지 수급인이 건축을 위하여 대지를 무상으로 사용할 권능이 있다고 볼 것이나, 건물완공 후에도 도급인 아닌 제3자와의 관계에서 수급인에게 대지를 무상으로 사용·수익할 권능이 있다고 보기 어렵다(대판 1992. 12. 24, 92다22114 판결). 사안에서 乙은 공사대금 채권을 변제받을 때까지 동시이행의 항변권에 기하여 B의 인도를 거부할 수 있으나, 건물완공 후에는 B를 무상으로 사용·수익할 권능은 없다.

IV. 甲의 권리행사

1. 甲의 법적 지위

甲은 도급인으로서 수급인인 乙에게 건물의 하자에 대하여 담보책임 및 채무불이행책임을 물을 수 있다.

2. 담보책임

(1) 성립요건

수급인은 '완성된 일'의 하자에 대하여 도급인에게 담보책임을 진다. 특히 우리 민법은 도급에 있어서 '완성된 일'의 하자는 재료의 하자에 의하여 생길 수도 있고, '일'을 완성하는 과정상의 하자에 의하여 생길 수도 있으므로 특별규정을 두고 있다.

수급인이 도급인에 대하여 담보책임을 부담하기 위해서는(제667조),

첫째, 완성된 목적물 또는 완성 전의 성취된 부분에 하자가 있어야 한다. 여기서 민법 제667조가 규정하고 있는 수급인의 하자담보책임은 무과실책임이다. 사안에서 甲이 乙로부터 완공된 B를 인수하였으나 1년도 지나지 않아 B에 심한 균열이 발생하였다.

둘째, 목적물의 하자가 도급인이 제공한 재료의 성질 또는 도급인의 지시에 의한 것이 아니어야 한다(제669조 본문). 다만, 수급인이 그 재료 또는 지시의 부적당함을 알고 도급인에게 고지하지 않은 때에는 담보책임이 생긴다(제669조 단서). 사안에서 乙은 스스로 조달한 재료로 B를 완공하였고, B의 균열은 甲의 지시와 무관하게 발생하였다.

셋째, 당사자가 수급인의 담보책임을 면제 또는 경감하는 특약이 없어야 한다. 그러나 책임을 면제하는 특약이 있어도 수급인이 알고 고지하지 않는 사실에 대해서는 면책되지 않는다(제672조). 사안에서 甲과 乙 사이에는 담보책임의 면책에 관한 특약이 없으며, 또한 乙이 알고 있는 사실을 甲에게 고지하지 않는 것도 없다.

따라서 乙은 甲에게 B의 균열에 대한 하자담보책임을 진다.

(2) 책임의 내용

수급인의 담보책임 요건이 충족된 경우에 도급인은 수급인에 대하여 하자보수청구권, 손해배상청구군, 계약해제권을 가진다.

첫째, 도급인은 수급인에게 상당한 기간을 정하여 그 하자의 보수를 청구할 수 있다(제667조 제1항 본문). 도급인의 하자보수청구는 그 하자가 중요한 경우 비록 보수에 과다한 비용이 필요하더라도 보수에 갈음하는 비용, 즉 실제로 보수에 필요한 비용이 모두 손해배상에 포함된다(대판 2016. 8. 18, 2014다31691, 31707). 나아가 완성된 건물 기타 토지의 공작물(이하 '건물 등'이라 한다)에 중대한 하자가 있고 이로 인하여 건물 등이 무너질 위험성이 있어서 보수가 불가능하고 다시 건축할 수밖에 없는 경우에는, 특별한 사정이 없는 한, 건물 등을 철거하고 다시 건축하는 데 드는 비용 상당액을 하자로 인한 손해배상으로 청구할 수 있다(대판 2016. 8. 18, 2014다31691, 31707). 그러나 하자가 중요하지 않은 경우 그 보수에 과다한 비용이 필요한 때에는 보수를 청구하지 못한다(제667조 제1항 단서). 이 경우 도급인은 그 하자로 인하여 입은 손해의 배상만 청구할 수 있다. 한편 도급인이 상당한 기간을 정하여 하자보수를 청구한 경우에는 그 기간이 경과할 때까지 도급인은 하자보수에 갈음하는 손해배상을 청구하지 못한다. 사안에서 甲은 乙에게 상당한 기간을 정하여 B의 균열에 대한 보수를 청구할 수 있으며, 그 기간이 경과할 때까지 하자보수에 갈음하는 손해배상은 청구하지 못한다.

둘째, 도급인은 하자보수가 가능하더라도 하자보수를 청구하지 않고 그것에 갈음하여 손해배상을 청구할 수 있고, 또한 하자보수와 함께 손해배상을 청구할 수 있다(제667조 제2항). 이 경우 손해배상의 범위에 관하여 학설은 신뢰이익이라는 견해(1설), 이행이익이라는 견해(2설), 하자손해 내지 신뢰이익 외에 그 하자와 밀접한 관련이 있는 하자결과손해까지 포함된다는 견해(3설)가 있다. 생각건대 수급인의 하자담보책임은 무과실책임이므로 그 배상 범위는 신뢰이익이라고 보는 것이 타당하며, 만일 수급인에게 유책사유가 있는 경우에는 불완전이행을 이유로 이행이익의 배상을 청구할 수 있다. 사안에서 甲은 乙에게 B의 균열에 대한 보수청구와 함께 손해배상을 청구할 수 있다.

셋째, 도급인이 완성된 목적물의 하자로 인하여 계약의 목적을 달성할 수 없는 때에는 계약을 해제할 수 있다(제668조 본문). 그러나 건물 기타 토지의 공작물은 그것이 완성된 경우 하자가 중대하더라도 계약을 해제할 수 없다(제668조 단서). 사안에서 B는 완성된 건물이므로 甲은 B의 균열을 이유로 계약을 해제할 수 없다.

3. 채무불이행책임

목적물의 하자가 수급인의 유책사유로 생긴 경우에 하자담보책임과 별개로 불완전이행책임을 지는지가 문제된다. 이에 대하여 다수설은 수급인의 하자담보책임에 의하여 도급인의 손해가 충분히 전보되지 않는 범위에서 수급인의 불완전이행책임을 인정하여야 한다고 하고, 소수설은 불완전이행책임이 배제된다고 한다. 판례는 "도급계약에 따라 완성된 목적물에 하자가 있는 경우, 수급인의 하자담보책임과 채무불이행책임은 별개의 권원에 의하여 경합적으로 인정된다"고 한다(대판 2020. 6. 11, 2020다201156). 사안에서 甲은 乙에게 B의 균열을 이유로 하자담보책임과 불완전이행책임을 물을 수 있다. 이 경우 甲이 乙에게 청구할 수 있는 총 손해배상액은 불완전이행책임에 따른 손해배상액과 같다.

V. 사안의 해결

(1) 甲은 乙과 A에 B를 건축하기로 하는 제작물공급계약을 체결하였으며, 계약의 목적물인 B는 부대체물이므로 도급계약의 법적 성질을 가진다. 따라서 甲은 乙에게 임의해제를 할 수 있으며, 이 경우 甲은 乙이 지출한 비용과 장차 얻었을 이익을 손해배상으로 제공하여야 한다. 이에 대하여 乙은 甲에게 기성고 비율에 따라 2억원의 공사대금 지급을 청구할 수 있으며, 공사대금의 이행지체를 이유로 손해배상을 청구할 수 있다. 한편 B는 건물 골조에 불과하므로 A의 부합물로 보아야 하며, 그 결과 甲이 B의 소유권을 취득한다.

(2) 乙은 甲에게 보수지급을 청구할 수 있으며, 甲이 보수를 지급하지

않는 경우에 乙은 저당권설정을 청구하거나 보수를 지급받을 때까지 B를 유치할 수 있다. 또한 乙은 공사대금 채권을 변제받을 때까지 동시이행의 항변권에 기하여 B의 인도를 거부할 수 있다.

(3) 甲은 乙에게 수급인의 하자담보책임과 채무불이행책임을 물을 수 있다. 즉 甲은 乙에게 하자보수청구와 함께 손해배상을 청구할 수 있으며, 이 경우 甲이 乙에게 청구할 수 있는 총 손해배상액은 불완전이행책임에 따른 손해배상액과 같다.

참고판례

1. 대법원 1987. 7. 21. 선고 86다카2446 판결

당사자의 일방이 상대방의 주문에 따라 자기 소유의 재료를 사용하여 만든 물건을 공급할 것을 약정하고 이에 대하여 상대방이 대가를 지급하기로 약정하는 이른바 제작물공급계약은 그 제작의 측면에서는 도급의 성질이 있고 공급의 측면에서는 매매의 성질이 있어 이러한 계약은 대체로 매매와 도급의 성질을 함께 가지고 있는 것으로서 그 적용법률은 계약에 의하여 제작공급하여야 할 물건이 대체물인 경우에는 매매로 보아서 매매에 관한 규정이 적용된다고 할 것이나 물건이 특정의 주문자의 수요를 만족시키기 위한 불대체물인 경우에는 당해 물건의 공급과 함께 그 제작이 계약의 주목적이 되어 도급의 성질을 강하게 띠고 있다 할 것이므로 이 경우에는 매매에 관한 규정이 당연히 적용된다고 할 수 없다.

2. 대법원 1990. 2. 13. 선고 89다카11401 판결

수급인이 자기의 노력과 출재로 완성한 건물의 소유권은 도급인과 수급인 사이의 특약에 의하여 달리 정하거나 기타 특별한 사정이 없는 한 수급인에게 귀속된다.

3. 대법원 1993. 11. 23. 선고 93다25080 판결

건축공사도급계약에 있어서 공사가 완성되지 못한 상태에서 당사자 중

일방이 상대방의 채무불이행을 이유로 계약을 해제한 경우에 공사가 상당한 정도로 진척되어 그 원상회복이 중대한 사회적, 경제적 손실을 초래하게 되고 완성된 부분이 도급인에게 이익이 되는 때에는 도급계약은 미완성부분에 대해서만 실효되고 수급인은 해제된 상태 그대로 그 건물을 도급인에게 인도하고 도급인은 인도받은 건물에 대한 보수를 지급하여야 할 의무가 있고, 이와 같은 경우 도급인이 지급하여야 할 미완성건물에 대한 보수는 특별한 사정이 없는 한 당사자 사이에 약정한 총공사비를 기준으로 하여 그 금액에서 수급인이 공사를 중단할 당시의 공사기성고비율에 의한 금액이 된다.

4. 대법원 1996. 1. 23. 선고 94다31631, 31648 판결

도급인이 수급인(또는 하수급인)에게 약정된 공사도급금액 중 기성고의 비율에 따라 공사대금을 지급하기로 하였다면, 도급인이 지급하여야 할 공사대금은 약정된 도급금액을 기준으로 하여 여기에 기성고 비율을 곱하는 방식으로 산정하여야 한다.

5. 대법원 2021. 5. 27. 선고 2017다225268 판결

민법 제666조는 "부동산공사의 수급인은 보수에 관한 채권을 담보하기 위하여 그 부동산을 목적으로 한 저당권의 설정을 청구할 수 있다."라고 정하고 있다. 이는 부동산공사에서 목적물이 보통 수급인의 자재와 노력으로 완성되는 점을 감안하여 목적물의 소유권이 원시적으로 도급인에게 귀속되는 경우 수급인에게 목적물에 대한 저당권설정청구권을 부여함으로써 수급인이 사실상 목적물로부터 공사대금을 우선적으로 변제받을 수 있도록 하는 데 그 취지가 있다. 이러한 수급인의 지위가 목적물에 대하여 유치권을 행사하는 지위에 비하여 반드시 강화되는 것은 아니고 도급인의 일반 채권자들에게 부당하게 불리해지는 것도 아니다. 따라서 건축공사의 도급인이 민법 제666조가 정한 수급인의 저당권설정청구권 행사에 따라 공사대금채무의 담보로 건물에 저당권을 설정하는 행위는 특별한 사정이 없는 한 사해행위에 해당하지 않는다.

6. 대법원 1995. 9. 15. 선고 95다16202, 16219 판결

주택건물의 신축공사를 한 수급인이 그 건물을 점유하고 있고 또 그 건물에 관하여 생긴 공사금 채권이 있다면, 수급인은 그 채권을 변제받을 때까지 건물을 유치할 권리가 있다고 할 것이고, 이러한 유치권은 수급인이 점유를 상실하거나 피담보채무가 변제되는 등 특단의 사정이 없는 한 소멸되지 않는다.

7. 대법원 1992. 12. 24. 선고 92다22114 판결

건물건축공사도급계약의 수급인은 공사대금을 변제받을 때까지 도급계약의 목적물인 건물뿐 아니라 건물의 유지사용에 필요한 범위 내의 대지부분에 대해서 동시이행의 항변권에 기하여 인도를 거절할 수 있으나, 위와 같은 항변권은 공사대금을 받을 때까지 건물의 인도를 거부할 수 있는 권능이 있다는 것이지 동시이행의 항변권에 의하여 대지를 무상으로 사용·수익할 수 있는 권능이 있다고 할 수 없고, 이러한 도급계약은 수급인이 건물을 완공할 것을 약정하고 도급인이 일의 결과에 대하여 보수를 지급할 것을 약정함으로써 성립되는 계약이므로 특성상 건물완공시까지 수급인이 건축을 위하여 대지를 무상으로 사용할 권능이 있다고 볼 것이나, 건물완공 후에도 도급인 아닌 제3자와의 관계에서 수급인에게 대지를 무상으로 사용·수익할 권능이 있다고 보기 어렵다.

8. 대법원 2016. 8. 18. 선고 2014다31691, 31707 판결

[1] 도급인의 지시에 따라 건축공사를 하는 수급인이 지시가 부적당함을 알면서도 이를 도급인에게 고지하지 아니한 경우에는, 완성된 건물의 하자가 도급인의 지시에 기인한 것이더라도 하자담보책임을 면할 수 없다.

[2] 도급계약에서 완성된 목적물에 하자가 있는 경우에 도급인은 수급인에게 하자의 보수나 하자의 보수에 갈음한 손해배상을 청구할 수 있다. 이때 하자가 중요한 경우에는 비록 보수에 과다한 비용이 필요하더라도 보수에 갈음하는 비용, 즉 실제로 보수에 필요한 비용이 모두 손해배상에 포함된다. 나아가 완성된 건물 기타 토지의 공작물(이하 '건물

등'이라 한다)에 중대한 하자가 있고 이로 인하여 건물 등이 무너질 위험성이 있어서 보수가 불가능하고 다시 건축할 수밖에 없는 경우에는, 특별한 사정이 없는 한 건물 등을 철거하고 다시 건축하는 데 드는 비용 상당액을 하자로 인한 손해배상으로 청구할 수 있다.

9. 대법원 2020. 6. 11. 선고 2020다201156 판결

도급계약에 따라 완성된 목적물에 하자가 있는 경우, 수급인의 하자담보책임과 채무불이행책임은 별개의 권원에 의하여 경합적으로 인정된다. 목적물의 하자를 보수하기 위한 비용은 수급인의 하자담보책임과 채무불이행책임에서 말하는 손해에 해당한다. 따라서 도급인은 하자보수비용을 민법 제667조 제2항에 따라 하자담보책임으로 인한 손해배상으로 청구할 수도 있고, 민법 제390조에 따라 채무불이행으로 인한 손해배상으로 청구할 수도 있다. 하자보수를 갈음하는 손해배상에 관해서는 민법 제667조 제2항에 따른 하자담보책임만이 성립하고 민법 제390조에 따른 채무불이행책임이 성립하지 않는다고 볼 이유가 없다.

[15] 부당이득과 불법행위

사례*

건설업자 丙은 아무런 권원 없이 甲 소유의 임야 X에서 토석 50,000㎡를 굴취하여 농지개량조합 丁이 시행하는 간척지 제방 성토작업장에 운반하여 사용하고, 그 대가로 토석 1㎡당 1,500원을 받았다. 여기서 1,500원은 재료비 400원, 노무비 300원, 기타 경비 800원으로 환산된 토석성토대금이다. 이는 甲으로부터 X를 임차한 乙이 甲의 동의 및 당국의 산림훼손허가를 받지 않은 상태에서 丙이 X에 대한 토석굴취허가를 받음을 기화로 하여 乙의 승인하에 이루어진 것이다. 그리고 丁은 丙이 아무런 권원 없이 X로부터 토석을 굴취하고 있다는 사실을 알고 있었으나 토석이 긴급히 필요하여 이를 丙으로부터 구입하였다. 한편 X는 甲의 조부모 묘가 설치되어 있는 임야로서, 丙이 산림훼손허가 등 적법한 절차를 거치지 아니한 채 중장비를 이용하여 토석을 굴취하여 전체 면적의 40%에 이를 정도로 광범위하게 훼손되었고, 그 결과 원상회복을 위한 복구비만도 X의 교환가격인 2억원을 훨씬 초과하는 3억원에 이르렀다.

甲이 행사할 수 있는 법적 권리와 내용은?

[개요]

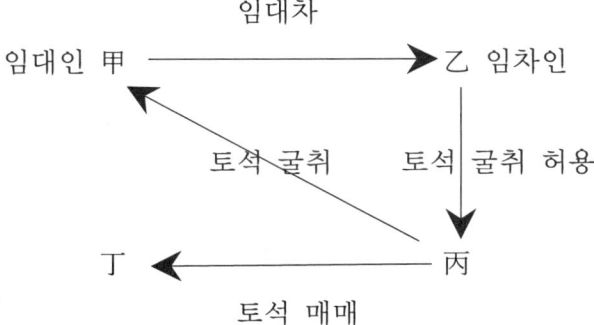

---

* 이 사안은 대법원 1995. 5. 12. 선고 94다25551 판결에 기초하여 작성한 것이다.

Ⅰ. 문제의 제기

(1) 甲은 丙이 자신의 동의 없이 자기 소유의 X에서 토석을 굴취하여 X를 훼손하였으므로 丙에게 불법행위로 인한 손해배상을 청구할 수 있을 것이다. 또한 丙은 아무런 권원 없이 X에서 토석을 굴취하여 간척지 제방 성토작업장에 운반하여 사용하고 그 대가를 받았으므로 甲은 丙에게 丁으로부터 받은 토석성토대금을 부당이득으로 반환 청구할 수 있을 것이다.

(2) 甲은 乙에게 X를 임대하여 주었으나 乙은 甲의 동의 없이 丙에게 토석굴취를 허용함으로써 임차물보관의무를 위반하였다. 따라서 甲은 乙에게 임대차계약 위반을 이유로 계약을 해지하고 손해배상을 청구할 수 있을 것이다. 또한 乙은 丙에게 甲의 동의 및 당국의 산림훼손허가를 받지 않고 X에 대한 토석굴취를 허용하였으므로 甲은 乙과 丙에게 공동불법행위책임을 물을 수 있을 것이다.

(3) 丁은 간척지 제방 성토작업의 시공자로서 丙으로부터 토석을 구입하여 사용하였다. 甲은 丁과 아무런 법률관계가 없지만 丁이 丙으로부터 불법으로 굴취한 토석을 구입하였으므로 甲은 丁과 丙에게 공동불법행위책임을 물을 수 있을 것이다.

Ⅱ. 甲의 丙에 대한 권리행사

1. 甲의 법적 지위

丙은 아무런 권원 없이 甲 소유의 X에서 토석을 굴취하여 X를 훼손하였으므로 甲은 丙에게 불법행위로 인한 손해배상을 청구할 수 있다. 또한 丙은 甲의 동의 없이 X에서 토석을 굴취하여 간척지 제방 성토작업에 사용하고 그 대가를 받았으므로 甲은 丙에게 부당이득반환을 청구할 수 있다.

2. 불법행위로 인한 손해배상청구

(1) 요건

丙의 甲에 대한 불법행위가 성립하기 위해서는(제750조),

첫째, 고의 또는 과실로 인한 가해행위가 있어야 한다. 사안에서 丙은 甲의 동의 및 당국의 산림훼손허가를 받지 않고 甲 소유의 X에서 토석을 굴취하였다.

둘째, 가해행위가 위법하여야 한다. 사안에서 丙의 토석굴취로 인하여 甲의 X에 대한 소유권이 침해되었다.

셋째, 가해행위에 의하여 손해가 발생하였어야 한다. 여기서 손해가 발생하였는지의 여부는 사회통념에 비추어 객관적이고 합리적으로 판단하여야 한다. 사안에서 X는 丙의 토석굴취로 인하여 전체 면적의 40%에 이를 정도로 광범위하게 훼손되었다.

넷째, 가해행위와 손해 사이에 인과관계가 있어야 한다. 사안에서 X의 훼손은 丙의 토석굴취로 인하여 발생하였다.

결론적으로 丙은 甲의 동의 없이 甲 소유의 X에서 토석을 굴취하여 X를 훼손하였으므로 불법행위의 요건이 충족된다.

(2) 효과

불법행위가 성립하면 피해자는 가해자에 대하여 손해배상청구권을 취득한다. 여기서 '손해'는 재산적 손해뿐만 아니라 비재산적 손해, 즉 정신적 손해도 포함한다.

첫째, 불법행위로 인한 손해는 물건이 멸실되었을 때에는 멸실 당시의 시가를, 물건이 훼손되었을 때에는 수리 또는 원상회복이 가능한 경우에는 수리비 또는 원상회복에 드는 비용을, 수리 또는 원상회복이 불가능하거나 그 비용이 과다한 경우에는 훼손으로 인하여 교환가치가 감소된 부분을 통상의 손해로 보아야 한다(대판 1996. 1. 23, 95다38233). 사안에서 X는

丙의 토석굴취로 인하여 전체 면적의 40%에 이를 정도로 광범위하게 훼손되었고, 그 결과 원상회복을 위한 복구비만도 당해 임야의 교환가격을 훨씬 초과하는 3억원에 이르렀다. 그러므로 甲은 乙에게 X의 교환가격인 2억원을 손해배상으로 청구할 수 있다.

둘째, 재산권 침해의 경우에도 위자료 청구권이 발생하는지의 여부가 문제된다. 학설과 판례는 민법 제750조의 '손해'에는 정신적 손해도 포함되므로 재산적 침해로 입은 정신적 손해에 대해서는 위자료 청구권이 발생한다고 한다. 즉 판례는 "타인의 불법행위 등에 의하여 재산권이 침해된 경우에는 그 재산적 손해의 배상에 의하여 정신적 고통도 회복된다고 보아야 할 것이므로 재산적 손해의 배상에 의하여 회복할 수 없는 정신적 손해가 발생하였다면, 이는 특별한 사정으로 인한 손해로서 가해자가 그러한 사정을 알았거나 알 수 있었을 경우에 한하여 그 손해에 대한 위자료를 청구할 수 있다."고 한다(대판(전원합의체) 2004. 3. 18, 2001다82507). 사안에서 丙은 甲의 동의 없이 산림훼손허가 등 적법한 절차를 거치지 아니한 채 甲의 조부모 묘가 있는 X를 중장비를 이용하여 전체 면적의 40%에 이를 정도로 광범위하게 훼손하였다. 그 결과 X는 원상복구가 불가능하게 되었으므로 甲은 丙에게 X의 훼손에 대한 위자료를 청구할 수 있다.

3. 부당이득반환청구

(1) 요건

甲이 丙에게 부당이득반환을 청구할 수 있기 위해서는(제741조),

첫째, 수익이 법률상 원인 없는 것이어야 한다. 여기서 '법률상 원인'이란 수익자가 이익의 취득을 법률상 정당화하는 이유 또는 그 이익을 보유할 권원을 말한다. 사안에서 丙은 정당한 권원 없이 甲 소유의 X에서 굴취한 토석을 丁에게 매각하고 그 대금을 받았다.

둘째, 타인의 재산 또는 노무에 의하여 이익을 얻었어야 한다. 여기서 '타인의 재산'이란 현실적으로 이미 타인의 재산으로 귀속되어 있는 것만이 아니라 당연히 그 타인에게 귀속되어야 할 재산도 포함된다(대판 1981. 1. 13, 80다380). 사안에서 丙은 甲 소유의 X에서 굴취한 토석성토 대금으로 丁으로부터 7,500만원을 받았다.

셋째, 수익자의 이익에 의하여 손실자가 손해를 입었어야 한다. 이와 관련하여 **통일설**은 손해를 이익과 표리관계에 있는 것으로 이해하는 반면, **비통일설**은 '손해'의 요건은 침해부당이익의 성립 여부와는 무관하다고 한다. 사안에서 甲은 丙의 토석굴취로 인하여 X가 훼손되는 손해를 입었다.

넷째, 수익과 손실 사이에 인과관계가 있어야 한다. 여기서 '인과관계'는 동일한 사실이 한편으로는 손실을 발생시키고, 다른 한편으로는 이익을 발생하게 할 필요는 없으며, 사회관념상 양자 사이의 관련을 인정할 수 있으면 충분하다고 한다. 이와 같이 통일설은 이익과 손실 사이의 인과관계를 요구하는 반면, 비통일설은 인과관계가 문제되지 않는다고 한다. 사안에서 丙이 얻은 이익은 甲 소유의 X를 훼손한 대가이다.

결론적으로 丙은 아무런 권원 없이 甲 소유의 X에서 토석을 굴취하여 丁에게 매각하고 그 대가로 7,500만원을 받았으므로 부당이득반환의 요건을 충족한다.

(2) 반환 범위

부당이득의 요건이 갖추어지면 수익자는 손실자에게 그가 받은 이익을 반환하여야 한다. 여기서 반환하여야 할 '이익'이 무엇인지에 대하여 **다수설과 판례**(대판 1982. 5. 25, 81다카1061)는 수익사실과 인과관계 있는 수익자의 모든 불이익을 공제하고 남은 이익이라는 **차액설**을 취하며, 소수설은 수익자가 구체적으로 취득한 대상이라는 **취득이익설**을 취한다. 생각건대 차액설에 의하면 수익자의 부당이득반환의무가 너무 축소될 우려가 있다. 그러므로 선의의 수익자에게 현존이익만 반환하도록 규정하고 있는 민법 제747조 제1항의 반대해석에 따라 취득이익설이 타당하다고 할 것이다.

부당이득반환의 범위와 관련하여 일반적으로 수익자가 법률상 원인 없이 이득한 재산을 처분함으로써 원물반환이 불가능한 경우에 수익자가 반환하여야 할 가액은 특별한 사정이 없는 한 그 처분 당시의 대가이다. 이 경우 수익자가 그 법률상 원인 없는 이익을 얻기 위하여 지출한 비용은 수익자가 반환하여야 할 이익의 범위에서 공제되어야 할 것이고, 수익자가 자신의 노력 등으로 부당이득한 재산을 이용하여 남긴 이른바 운용이익도 그것이 사회통념상 수익자의 행위가 개입되지 아니하였더라도 부당이득 된 재산으로부터 손실자가 당연히 취득하였으리라고 생각되는 범위 내의 것이 아닌 한 수익자가 반환하여야 할 이득의 범위에서 공제되어야 한다(대판 1995. 5. 12, 94다25551). 사안에서 丙은 丁으로부터 X의 토석성토 대금으로 7,500만원을 받아 5,500만원을 비용으로 지출하였으므로 이를 공제한 2,000만원을 甲에게 부당이득으로 반환하여야 한다.

Ⅲ. 甲의 乙에 대한 권리행사

1. 甲의 법적 지위

甲은 乙에게 X를 임대하여 주었다(제618조). 그런데 乙은 甲의 동의를 받지 않고 丙에게 X의 토석굴취를 허용함으로써 임차물보관의무를 위반하였다. 따라서 甲은 乙에게 임대차계약 위반을 이유로 계약을 해지하고 손해배상을 청구할 수 있으며, 또한 乙은 丙과 공동으로 X를 훼손하였으므로 甲은 乙과 丙에게 공동불법행위책임을 물을 수 있다.

2. 임대차계약 해지 및 손해배상청구

임차인은 임차물을 임대인에게 반환할 때까지 선량한 관리자의 주의로 목적물을 보관할 의무가 있다(제374조). 임차인이 이를 위반하여 임차물을 훼손한 경우에 임대인은 계약을 해지하고(제546조 참조) 손해배상을 청구할 수 있다(제390조). 임차물이 훼손된 경우 손해배상 범위는 그 수리가 불가능하다면 훼손 당시의 임차물의 교환가치가 통상의 손해일 것이고,

수리가 가능한 경우에는 그 수리비가 통상의 손해일 것이나 그것이 임차물의 교환가치를 넘는 경우에는 형평의 원칙상 그 손해액은 그 임차물의 교환가치 범위 내로 제한되어야 한다(대판 1994. 10. 14, 94다3964). 이 경우 임대인이 임차인의 의무위반을 증명할 필요는 없고, 임차인이 의무위반이 없음을 스스로 증명하여야 한다(대판 1991. 10. 25, 91다22605). 사안에서 乙은 선량한 관리자의 주의로 X를 보관하여야 하지만 甲의 동의를 받지 않고 丙에게 토석굴취를 허용함으로써 임차물보관의무를 위반하였다. 따라서 甲은 乙에게 임대차계약 위반을 이유로 임대차계약을 해지하고 손해배상을 청구할 수 있다. 이 경우 손해배상의 범위는 X의 교환가격인 2억 원의 범위 내로 제한된다.

3. 공동불법행위책임 여부

(1) 요건

우리 민법 제760조 제1항은 "수인이 공동의 불법행위로 타인에게 손해를 가한 때에는 연대하여 그 손해를 배상할 책임이 있다."고 협의의 공동불법행위를 규정하고 있다. 여기서 '공동'의 의미에 대해서는 견해가 나뉘고 있는데, **다수설과 판례**는 **객관적 관련공동설**을 취하고 있는 반면, 소수설은 **주관적 관련공동설**을 취하고 있다. 판례는 "공동불법행위가 성립하려면 각 행위가 독립하여 불법행위의 요건을 갖추고 있으면서 객관적으로 관련되고 공동하여 위법하게 피해자에게 손해를 가한 것으로 인정되어야 한다."고 한다(대판 1998. 2. 13, 96다7854). 사안에서 乙은 甲의 동의 및 당국의 산림훼손허가를 받지 않고 丙에게 토석굴취를 허용하였고, 丙은 이를 기화로 하여 X를 훼손하였다.

(2) 책임 범위

공동불법행위자는 피해자에 대하여 연대하여 그 손해를 배상할 책임을 진다(제760조 제1항). 여기서 '연대하여'의 의미가 무엇인지에 대하여는 다툼이 있으며, 다수설과 판례는 부진정연대채무라고 하고, 소수설은 연대채무라고 한다. 판례는 "공동불법행위책임은 가해자 각 개인의 행위에 대하여 개별적으로 그로 인한 손해를 구하는 것이 아니라 그 가해자들이 공동으로 가한 불법행위에 대하여 그 책임을 추궁하는 것이므로, 공동불법행위로 인한 손해배상책임의 범위는 피해자에 대한 관계에서 가해자들 전원의 행위를 전체적으로 함께 평가하여 정하여야 하고, 그 손해배상액에 대하여는 가해자 각자가 그 금액의 전부에 대한 책임을 부담하는 것이며, 가해자의 1인이 다른 가해자에 비하여 불법행위에 가공한 정도가 경미하다고 하더라도 피해자에 대한 관계에서 그 가해자의 책임 범위를 위와 같이 정하여진 손해배상액의 일부로 제한하여 인정할 수 없다."고 한다(대판 1998. 10. 20, 98다31691). 사안에서 乙은 丙과 공동으로 X를 훼손하였으므로 甲에 대하여 공동불법행위책임을 부담하며, 이 경우 손해배상액의 범위는 乙과 丙 각자가 2억원 전부를 甲에게 배상할 책임을 부담한다.

4. 청구권 경합

동일한 당사자 사이에서 하나의 사실이 계약책임과 불법행위책임의 요건을 모두 충족시키는 경우에 통설과 판례(대판(전원합의체) 1983. 3. 22, 82다카1533)는 청구권경합설을 취하고 있다. 사안에서 乙은 甲으로부터 X를 임차하였으나 甲의 동의를 얻지 않고 丙에게 토석굴취를 허용하여 甲 소유의 X를 훼손하였다. 따라서 甲은 乙에게 임대차계약에 기한 채무불이행책임을 묻거나 또는 X의 훼손에 대한 불법행위책임을 물을 수 있다.

IV. 甲의 丁에 대한 권리행사

丁은 간척지 제방 성토작업의 시공자로서 丙으로부터 토석을 구입하여 사용하였다. 甲은 丁과 계약상의 법률관계나 물권적인 법률관계가 없으므로 甲은 丁에게 어떠한 권리도 행사할 수 없다. 그러나 丁은 丙이 아무런 권원 없이 甲 소유의 X로부터 토석을 굴취하고 있다는 사실을 알고 있었으나 토석이 긴급히 필요하여 이를 丙으로부터 구입하였다. 따라서 丁은 丙의 불법행위를 용이하게 하는 것을 방조하였으므로 甲은 丁에게 공동불법행위책임을 물을 수 있다(제760조 제3항).

V. 사안의 해결

(1) 丙은 甲의 동의 없이 산림훼손허가 등 적법한 절차를 거치지 아니한 채 토석을 굴취하여 甲의 조부모 묘가 있는 X를 광범위하게 훼손하였고, 그 결과 원상회복이 불가능하게 되었다. 그러므로 甲은 丙에게 X의 교환가격인 2억 원을 손해배상으로 청구할 수 있으며, X의 훼손에 대한 위자료도 청구할 수 있다. 그리고 丙은 아무런 권원 없이 X의 토석을 굴취하여 丁에게 매각하고 그 대가를 받았으므로 X의 소유권자인 甲은 丁으로부터 7,500만원을 받은 乙에게 5,500만원의 비용을 공제한 2,000만원을 부당이득으로 반환청구할 수 있다.

(2) 甲은 乙에게 X를 임대하여 주었으나 乙은 甲의 동의 없이 丙에게 토석굴취를 허용함으로써 임차물보관의무를 위반하였다. 따라서 甲은 乙에게 임대차계약 위반을 이유로 계약을 해지하고 손해배상을 청구할 수 있다. 또한 乙은 甲의 동의 및 당국의 산림훼손허가를 받지 않고 丙에게 토석굴취를 허용하였으므로 甲은 乙과 丙에 대하여 공동불법행위책임을 물을 수 있다.

(3) 丁은 간척지 제방 성토작업의 시공자로서 甲과 아무런 법률관계가 없다. 그러나 丁은 丙의 불법행위를 용이하게 하는 것을 방조하였으므로 甲은 丁에게 공동불법행위책임을 물을 수 있다.

> **참고판례**

1. 대법원 1995. 5. 12. 선고 94다25551 판결

가. 일반적으로 수익자가 법률상 원인 없이 이득한 재산을 처분함으로 인하여 원물반환이 불가능한 경우에 있어서 반환하여야 할 가액은 특별한 사정이 없는 한 그 처분 당시의 대가이나, 이 경우에 수익자가 그 법률상 원인 없는 이득을 얻기 위하여 지출한 비용은 수익자가 반환하여야 할 이득의 범위에서 공제되어야 하고, 수익자가 자신의 노력 등으로 부당이득한 재산을 이용하여 남긴 이른바 운용이익도 그것이 사회통념상 수익자의 행위가 개입되지 아니하였더라도 부당이득된 재산으로부터 손실자가 당연히 취득하였으리라고 생각되는 범위 내의 것이 아닌 한 수익자가 반환하여야 할 이득의 범위에서 공제되어야 한다.

나. 정당한 권원 없이 타인 소유 임야에서 굴취한 토석을 제방성토 작업장에 운반·사용하고 그 재료비, 노무비, 경비 등을 합하여 토석성토대금으로 받은 경우, 노무비, 경비 명목 부분을 반환이득의 범위에서 제외한 원심판결을 수긍 한 사례.

다. 일반적으로 타인의 불법행위로 인하여 물적 침해를 입은 피해자는 그 재산상 손해의 배상에 의하여 정신적 고통도 회복된다고 보아야 하므로 이를 이유로 위자료 청구권을 행사하는 것이 허용되지 아니하나, 재산상 손해의 배상이 이루어진다 하여도 그것만으로 회복될 수 없는 정신적 손해가 남는 경우라고 인정된다면 그 물적 침해로 인한 정신적 고통에 대한 위자료 청구를 그냥 배척할 것은 아니다.

2. 대법원 1982. 5. 25. 선고 81다카1061 판결

원고가 임야를 매수하여 그 1부를 목장 등으로 개량하였으나 종국적으로는 그 임야의 소유권이 피고에게 귀속된 경우에 있어서 원고의 부당이득반환청구를 인용하려면 원고에게 재산이나 노무의 제공으로 인하여 어느 정도의 손해가 발생하였는지를 확정한 연후에 이를 피고의 이득액과 비교하여 그 손실액의 범위내에서 민법 제748조에 따라서 반환할 이득액을 가려야 할 것 이다.

3. 대법원 1996. 1. 23. 선고 95다38233 판결

일반적으로 불법행위로 인한 손해는 물건이 멸실되었을 때에는 멸실 당시의 시가를, 물건이 훼손되었을 때에는 수리 또는 원상회복이 가능한 경우에는 수리비 또는 원상회복에 드는 비용을, 수리 또는 원상회복이 불가능하거나 그 비용이 과다한 경우에는 훼손으로 인하여 교환가치가 감소된 부분을 통상의 손해로 보아야 한다.

4. 대법원 2004. 3. 18. 선고 2001다82507 전원합의체 판결

[1] 불법행위로 영업용 물건이 멸실된 경우, 이를 대체할 다른 물건을 마련하기 위하여 필요한 합리적인 기간 동안 그 물건을 이용하여 영업을 계속하였더라면 얻을 수 있었던 이익, 즉 휴업손해는 그에 대한 증명이 가능한 한 통상의 손해로서 그 교환가치와는 별도로 배상하여야 하고, 이는 영업용 물건이 일부 손괴된 경우, 수리를 위하여 필요한 합리적인 기간 동안의 휴업손해와 마찬가지라고 보아야 할 것이다.

[2] 일반적으로 타인의 불법행위 등에 의하여 재산권이 침해된 경우에는 그 재산적 손해의 배상에 의하여 정신적 고통도 회복된다고 보아야 할 것이므로 재산적 손해의 배상에 의하여 회복할 수 없는 정신적 손해가 발생하였다면, 이는 특별한 사정으로 인한 손해로서 가해자가 그러한 사정을 알았거나 알 수 있었을 경우에 한하여 그 손해에 대한 위자료를 청구할 수 있다.

5. 대법원 1991. 10. 25. 선고 91다22605 판결

임대차 종료 후 임차인의 임차목적물 명도의무와 임대인의 연체차임 기타 명도시까지 발생한 손해배상금 등을 공제하고 남은 임대보증금반환 채무와는 동시이행의 관계에 있는 것이어서 임차인은 이를 지급받을 때까지 동시이행의 항변권에 기하여 목적물을 유치하면서 명도를 거절할 권리가 있는 것이나, 임차인은 임차목적물을 명도할 때까지는 선량한 관리자의 주의로 이를 보존할 의무가 있어, 이러한 주의의무를 위반하여 임대목적물이 멸실, 훼손된 경우에는 그에 대한 손해를 배상할 채무가 발생하며, 임대목적물이 멸실, 훼손된 경우 임차인이 그 책임을 면하려면

그 임차건물의 보존에 관하여 선량한 관리자의 주의의무를 다하였음을 입증하여야 할 것이다.

6. 대법원 1994. 10. 14. 선고 94다3964 판결

가. 임대차목적물인 건물이 훼손된 경우에 그 수리가 불가능하다면 훼손 당시의 건물의 교환가치가 통상의 손해일 것이고 수리가 가능한 경우에는 그 수리비가 통상의 손해일 것이나 그것이 건물의 교환가치를 넘는 경우에는 형평의 원칙상 그 손해액은 그 건물의 교환가치 범위 내로 제한되어야 한다.

나. 임차물을 멸실한 임차인이 원상복구비를 부담하겠다는 의사를 표시하였다 하더라도 이는 목적물이 완전히 멸실되어 그 수리나 수선을 통한 원상복구가 불가능한 경우에는 멸실 당시의 교환가치를 배상하여 주겠다는 취지라고 해석하여야 하고 이를 새로 건물을 지어 주어 임대인에게 멸실된 건물의 교환가치를 넘는 이득까지 취득시켜 주겠다는 취지라고 해석할 것은 아니다.

다. 건물의 교환가치는 그 구조, 위치, 면적, 용도, 경과기간 등을 참작하여 산출한 감정가격으로 산정함이 원칙이라 할 것이고, 공공용지의취득및손실보상에관한특례법은 공공사업에 필요한 토지 등을 협의에 의하여 취득하거나 사용하는 경우의 공법관계에 적용되는 것이므로 특별한 사정이 없는 한 위 특례법에 의한 보상금의 산정기준을 채무불이행으로 인한 손해배상액의 산정기준으로 삼을 수 없다.

[16] 불법원인급여

> **사례**
>
> 乙과 丙은 계획적으로 甲을 내기바둑에 유인하여 도박에 빠뜨린 다음, 甲이 돈을 잃게 되자 丙은 甲에게 도박자금으로 1억원을 월 10%의 이자를 붙여 빌려 주었다. 甲은 乙에게 잃은 돈을 복구하기 위하여 다시 내기바둑을 하였으나 乙의 사기적 행태에 속아 돈을 모두 잃었다. 그 후 乙은 甲에게 丙으로부터 빌린 1억원을 조속히 갚지 않으면 도박행위를 고발하겠다고 협박하였고, 丙도 이러한 사실을 알고 있었다.
> [문제1] 甲이 丙의 도박채무 이행 및 이자지급 청구에 대하여 대항할 수 있는 방법은?
> [문제2] 甲이 丙의 도박채무 이행 및 이자지급 청구와 乙의 협박에 두려움을 느낀 나머지 丙에 대한 도박채무 변제를 위하여 시가 3억원이 넘는 자신의 유일한 재산인 아파트 A를 丙에게 양도한 경우에 甲이 丙에게 행사할 수 있는 권리는?
> [문제3] 甲이 丙에게 행사할 수 있는 권리는?

[개요]

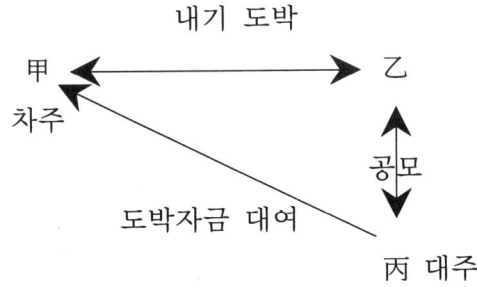

Ⅰ. 문제의 제기

(1) 甲은 乙과 丙의 계획적인 내기바둑에 속아 돈을 잃게 되자 丙으로부터 도박자금으로 1억원을 빌렸다. 그러므로 甲은 丙의 대여금 반환청구에 대하여 선량한 풍속 기타 사회질서 위반을 이유로 금전소비대차계약의 무효를 주장할 수 있을 것이다. 또한 丙은 甲에게 도박자금으로 빌린 1억원에 대하여 월 10%의 이자를 지급할 것을 요구하고 있다. 그러므로 甲은 丙의 이자지급 청구에 대하여 초과이자 지급약정의 무효를 주장할 수 있을 것이다. 나아가 甲은 丙의 대여금 반환 및 이자지급 청구에 대하여 불법원인급여의 항변을 할 수 있을 것이다.

(2) 甲은 丙에 대한 도박채무 변제를 위하여 자신의 유일한 재산인 아파트 A를 丙에게 양도하였다. 이는 甲의 丙에 대한 도박채무 변제를 위한 것일 뿐만 아니라 乙의 협박에 의한 것이므로 甲은 丙에게 A의 양도행위의 무효와 그 반환을 청구할 수 있을 것이다.

(3) 甲은 乙의 사기적 행태의 내기바둑에 속아 돈을 모두 잃었으며, 또한 乙은 甲에게 도박채무 이행을 협박하였으므로 甲은 乙에게 불법행위로 인한 손해배상을 청구할 수 있을 것이다. 나아가 乙은 丙과 계획적인 내기바둑을 공모하였으므로 甲은 乙과 丙에게 공동불법행위책임을 물을 수 있을 것이다.

Ⅱ. 甲의 丙에 대한 항변

1. 甲의 법적 지위

甲은 乙과 丙의 계획적인 내기바둑에 속아 돈을 잃게 되자 丙에게 도박자금으로 1억원을 빌렸다. 이는 선량한 풍속 기타 사회질서에 위반하는 행위에 해당하므로 甲은 丙에게 금전소비대차계약의 무효를 주장할 수 있다. 또한 丙은 甲에게 도박자금으로 빌린 1억원에 대하여 월 10%의 이자를 지급할 것을 요구하고 있다. 이는 이자제한법상의 제한초과 이자에 해당하므로 甲은 丙에게 이자약정의 무효를 주장할 수 있다. 사안에서 甲은 丙의 1억원의 대여금 반환청구에 대하여는 불법원인급여의 항변을, 제한초과 이자에 대하여는 이자약정의 무효를 항변할 수 있다.

2. 불법원인급여의 항변

甲은 丙으로부터 도박자금으로 1억원을 빌렸으므로 丙에게 도박자금으로 빌린 1억원을 반환하여야 하는지가 문제된다. 우리 민법 제746조는 "불법의 원인으로 인하여 재산을 급여하거나 노무를 제공한 때에는 그 이익의 반환을 청구하지 못한다."고 규정하고 있다. 사안에서 甲이 丙으로부터 빌린 1억원이 불법원인급여에 해당하는 경우에 甲은 丙에게 1억원을 반환하지 않아도 된다.

(1) 요건

丙의 甲에 대한 금전소비대차가 불법원인급여에 해당하기 위해서는,

첫째, 급여가 불법의 원인으로 인한 것이어야 한다, 여기서 '불법'의 의미에 대하여는 학설의 대립이 있다. **다수설**은 불법은 선량한 풍속 기타 사회질서에 위반하는 것을 의미하고, 강행법규 위반은 포함하지 않는다고 한다. 이에 대하여 **소수설**은 다시 선량한 풍속 위반에 한정한다는 견해, 선량한 풍속 기타 사회질서에 위반하는 경우뿐만 아니라 사회질서에 위반하면 강행법규 위반도 포함한다는 견해, 선량한 풍속 기타 사회질서에 위반하는 경우뿐만 아니라 효력규정 위반도 포함한다는 견해 등이 있다. 판례는 "민법 제746조가 규정하는 불법원인이라 함은 그 원인될 행위가 선량한 풍속 기타 사회질서에 위반하는 경우를 말하는 것으로서 설사 법률

의 금지에 위반하는 경우라 할지라도 그것이 선량한 풍속 기타 사회질서에 위반하지 않는 경우에는 이에 해당하지 않는 것이다."고 하여 다수설의 견해를 취하고 있다(대판 1983. 11. 22, 83다430). 그리고 급부가 불법의 원인으로 행하여졌어야 한다. 따라서 급부의 내용 자체가 불법인 경우는 물론이고, 급부 자체는 불법성이 없더라도 급부의 원인인 채권행위 자체가 불법인 경우 또는 급여의 원인인 채권행위에 불법의 조건이 붙은 경우에도 불법원인의 조건은 충족된다. 사안에서 甲은 丙으로부터 도박자금으로 1억원을 빌리는 금전소비대차계약을 체결하였으며, 이는 선량한 풍속 기타 사회질서에 반하는 법률행위에 해당하므로 무효이다.

둘째, 불법의 원인으로 재산을 급여하거나 노무를 제공하여야 한다. 여기서 '급여'는 통상 재산의 급여 또는 노무의 제공을 의미하며, 급여자의 자발적 의사에 기한 것이어야 한다. 그리고 급여에는 사실상의 이익을 포함하며, 그 이익은 재산적 가치를 가지는 종국적인 것이어야 한다(대판 1994. 12. 22, 93다55234). 사안에서 丙은 甲에게 도박자금으로 1억원을 자발적으로 대여하였다.

셋째, 불법의 원인이 급여자에게도 있어야 한다. 만일 불법원인이 수익자에게만 있는 경우에는 급여한 것의 반환을 청구할 수 있다. 사안에서 丙은 도박자금으로 사용될 것을 알면서 甲에게 1억원을 빌려 주었다.

(2) 효과

어떤 급여가 불법원인급여에 해당하는 경우에 급여자는 원칙적으로 그 이익의 반환을 청구하지 못한다(제746조 본문). 사안에서 丙은 甲에게 도박자금으로 1억원을 빌려 주었으며, 이는 불법원인급여에 해당하므로 丙은 甲에게 빌려준 1억원의 반환을 청구하지 못한다.

3. 이자약정 무효의 항변

丙은 甲에게 도박자금 1억원에 대하여 월 10%의 이자 지급을 요구하고 있다. 그러나 이러한 이자약정은 이자제한법상의 제한초과 이자에 해당하므로 무효이다(이자제한법 제2조 제3항). 따라서 채무자는 제한초과 이자를 지급할 의무가 없으며, 채권자는 제한초과 이자를 재판상 청구할 수 없다. 사안에서 丙은 甲에게 월 10%의 이자 지급을 청구하고 있으나, 甲은 丙에게 제한초과 이자약정 무효의 항변을 할 수 있다.

한편 이자제한법은 제한초과 이자에 대해서만 무효로 규정하므로 연 20% 이내의 이자는 지급하여야 한다. 그러나 甲의 丙에 대한 이자지급 채무는 원본 채권에 종속하며, 원본 채권의 발생 원인인 금전소비대차계약이 무효이므로 이자지급 채무도 발생하지 않는다.

III. 甲의 丙에 대한 권리행사

1. 甲의 법적 지위

甲은 자신의 유일한 재산인 아파트 A를 丙에게 양도하였다. 이는 甲이 丙에 대한 도박채무 변제를 위한 것일 뿐만 아니라 乙의 협박에 의한 것이다. 그러므로 甲은 丙에게 A의 양도행위 취소와 A의 반환을 청구할 수 있다.

2. 양도행위 취소

甲이 丙에게 A를 양도한 행위가 乙의 협박에 의한 것으로서 취소할 수 있는 행위에 해당하는지가 문제된다. 사안에서 甲이 乙의 협박에 의한 A의 양도행위를 취소할 수 있기 위해서는(제110조 제2항),

첫째, 강박에 의한 의사표시가 있어야 한다. 사안에서 甲은 乙의 협박에 두려움을 느껴 丙에게 A를 양도하였다.

둘째, 강박자에게 고의가 있어야 한다. 여기서 '고의'는 강박행위에 의하여 표의자를 공포심에 사로잡히게 하려는 고의와 표의자로 하여금 의사표시를 하게 하려는 고의가 필요하다. 그리고 고의는 피강박자에게 손해를 가하려는 의사나 제3자로 하여금 이익을 얻게 하려는 의사가 필요하지 않다. 사안에서 乙은 丙과 공모하여 甲을 내기바둑에 유인하였고, 또한 甲에게 도박자금을 갚을 것을 협박하였다.

셋째, 강박행위가 있어야 한다. 여기서 '강박행위'는 해악을 가하겠다고 위협하여 공포심을 일으키게 하는 행위를 말한다. 사안에서 乙은 甲에게 도박채무를 갚지 않으면 도박행위를 고발하겠다고 협박하였다.

넷째, 강박행위가 위법하여야 한다. 여기서 '위법성'은 강박행위 그 자체가 위법하여야 하는 것은 아니며, 강박자의 전체 용태가 위법하다고 인정되면 충분하다. 따라서 수단이 위법한 경우, 목적이 위법한 경우, 수단과 목적이 결합하여 위법한 경우에도 인정된다. 통설과 판례도 "일반적으로 부정행위에 대한 고소, 고발은 그것이 부정한 이익을 목적으로 하는 것이 아닌 때에는 정당한 권리행사가 되어 위법하다고 할 수 없으나, 부정한 이익의 취득을 목적으로 하는 경우에는 위법한 강박행위가 되는 경우가 있고 목적이 정당하다 하더라도 행위나 수단 등이 부당한 때에는 위법성이 있는 경우가 있을 수 있다."고 판시하고 있다(대판 1992. 12. 24, 92다25120). 사안에서 乙은 甲에게 丙에 대한 도박채무를 변제하지 않으면 도박행위를 고발하겠다고 협박하였으며, 이는 내기바둑을 공모한 丙에게 부정한 이익을 취득하도록 하기 위한 것이다.

다섯째, 강박행위와 의사표시 사이에 인과관계가 있어야 한다. 사안에서 甲은 도박채무를 갚지 않으면 도박행위를 고발하겠다는 乙의 협박에 두려움을 느껴 丙에게 A를 양도하였다.

여섯째, 제3자가 강박을 행한 경우에는 상대방이 그 사실을 알았거나 알 수 있었어야 한다. 여기서 상대방의 선의·악의 및 과실 유무는 행위 당시를 표준으로 하여 결정하여야 한다. 사안에서 乙은 丙과 공모하여 甲을 내기바둑에 유인하였고, 丙은 甲이 자신에게 1억원을 갚지 않으면 도박행위를 고발하겠다는 乙의 협박을 알 수 있었다.

결론적으로 甲이 丙에게 A를 양도한 행위는 乙의 강박에 의한 것으로서 甲은 丙에게 A의 양도행위를 취소할 수 있다(제110조 제2항).

3. 부당이득반환 청구

甲은 고리의 이자지급 청구와 乙의 협박에 두려움을 느낀 나머지 丙에 대한 도박채무 변제를 위하여 시가 3억원이 넘는 자신의 유일한 재산인 아파트 A를 丙에게 양도하였다. 이 경우 甲이 丙에게 양도한 A의 반환을 청구할 수 있는지가 문제된다.

어떤 급여가 불법원인급여에 해당하는 경우에 급여자는 원칙적으로 그 이익의 반환을 청구하지 못한다. 그러나 불법원인이 수익자에게만 있는 때에는 예외적으로 급여자는 급부한 것의 반환을 청구할 수 있다(제746조 단서 참조). 그러나 불법원인은 대부분 수익자와 급여자 모두에게 존재하므로 민법 제746조 단서가 적용되는 경우는 많지 않다. 따라서 **학설과 판례**는 "수익자의 불법성이 급여자의 그것보다 현저히 크고, 그에 비하면 급여자의 불법성은 미약한 경우에도 급여자의 반환청구가 허용되지 않는다고 하는 것은 공평에 반하고 신의성실의 원칙에도 어긋난다고 할 것이므로, 이러한 경우에는 민법 제746조 본문의 적용이 배제되어 급여자의 반환청구는 허용된다."고 하는 **불법비교설**을 취한다(대판 1993. 12. 10, 93다12947). 사안에서 甲이 丙에 대한 도박채무 변제를 위하여 자신의 아파트 A를 丙에게 양도한 것은 내기바둑에의 계획적인 유인, 내기바둑에서의 사기적 행태, 도박자금 대여 및 회수 과정에서의 폭리성과 갈취성 등에서 드러나는 丙의 불법성의 정도가 내기바둑에의 수동적인 가담, 도박채무의 누증으로 인한 도박의 지속, 도박채무 변제를 위한 유일한 재산인 아파트의 양도 등으로 인한 甲의 불법성보다 훨씬 크다고 보아 甲은 丙에게 X의 반환을 청구할 수 있다(대판 1997. 10. 24, 95다49530, 49547). 또한 丙이 사회통념상 허용되는 한도를 초과하는 고율의 이자를 약정하여 지급받은 것은 그의 우월한 지위를 이용하여 부당한 이득을 얻고 甲에게는 과도한 반대급부 또는 기타의 부당한 부담을 지우는 것으로서 그 불법의 원인이 수익자인 丙에게만 있거나 또는 적어도 丙의 불법성이 甲의 불법성에 비하여 현저히 크다고 할 것이므로 甲은 丙에게 그 이자의 반환을 청구할 수 있다(대판 1997. 10. 24, 95다49530, 49547).

Ⅳ. 甲의 乙에 대한 권리행사

1. 甲의 법적 지위

甲은 乙의 사기적 행태의 내기바둑에 속아 돈을 모두 잃었으며, 또한 乙은 甲에게 도박채무 이행을 협박하였으므로 甲은 乙에게 불법행위로 인한 손해배상을 청구할 수 있다.

2. 불법행위로 인한 손해배상청구

불법행위로 인한 손해배상청구권이 성립하기 위해서는(제750조),

첫째, 고의 또는 과실로 인한 가해행위가 있어야 한다. 사안에서 乙은 甲을 계획적으로 내기바둑에 유인하여 도박에 빠뜨렸으며, 또한 도박채무를 갚지 않으면 고발하겠다고 甲을 협박하였다.

둘째, 가해행위가 위법하여야 한다. 사안에서 乙은 甲과 내기바둑으로 도박을 하였으며, 도박채무의 이행을 협박하였다.

셋째, 가해행위에 의하여 손해가 발생하였어야 한다. 여기서 손해가 발생하였는지의 여부는 사회통념에 비추어 객관적이고 합리적으로 판단하여야 한다. 사안에서 甲은 도박으로 자신이 가진 돈을 모두 잃었으며, 또한 도박채무 변제를 위하여 丙에게 A를 양도하였다.

넷째, 가해행위와 손해 사이에 인과관계가 있어야 한다. 사안에서 甲의 손해는 乙의 사기적 행태의 내기바둑에 의한 것이다.

따라서 甲은 乙에게 불법행위로 인한 손해배상을 청구할 수 있다.

3. 공동불법행위책임

乙과 丙은 甲을 내기바둑에 계획적으로 유인하여 도박에 빠뜨린 다음, 甲에게 1억원의 도박자금을 빌려주고 월 10%의 이자를 청구하였다. 그리고 丙은 甲으로부터 도박채무 변제로 시가 3억원의 A를 양도받았으므로 甲은 乙과 丙에게 공동불법행위책임을 물을 수 있다.

V. 사안의 해결

(1) 甲은 丙의 도박채무 이행청구에 대하여 선량한 풍속 기타 사회질서 위반을 이유로 도박채무의 원인인 금전소비대차계약의 무효를 주장할 수 있다. 또한 甲은 丙의 이자지급 청구에 대하여 초과이자 지급약정의 무효를 주장할 수 있다. 나아가 甲은 丙의 대여금 반환 및 이자지급 청구에 대하여 불법원인급여의 항변을 할 수 있다.

(2) 甲의 丙에 대한 A의 양도는 도박채무의 변제 및 乙의 협박에 의한 것이므로 甲은 丙에게 A의 양도행위 취소와 그 반환을 청구할 수 있다.

(3) 甲은 乙의 사기적 행태의 내기바둑에 속아 돈을 모두 잃었으며, 또한 乙은 甲에게 도박채무 이행을 협박하였으므로 甲은 乙에게 불법행위로 인한 손해배상을 청구할 수 있다. 또한 乙은 丙과 사기적 행태의 내기바둑을 계획하였으므로 甲은 乙과 丙에게 공동불법행위책임을 물을 수 있다.

> **참고판례**
>
> 1. 대법원 1983. 11. 22. 선고 83다430 판결
> 민법 제746조가 규정하는 불법원인이라 함은 그 원인될 행위가 선량한 풍속 기타 사회질서에 위반하는 경우를 말하는 것으로서 설사 법률의 금지에 위반하는 경우라 할지라도 그것이 선량한 풍속 기타 사회질서에 위반하지 않는 경우에는 이에 해당하지 않는 것이다.

2. 대법원 1993. 12. 10. 선고 93다12947 판결

수익자의 불법성이 급여자의 그것보다 현저히 크고, 그에 비하면 급여자의 불법성은 미약한 경우에도 급여자의 반환청구가 허용되지 않는다고 하는 것은 공평에 반하고 신의성실의 원칙에도 어긋난다고 할 것이므로, 이러한 경우에는 민법 제746조 본문의 적용이 배제되어 급여자의 반환청구는 허용된다고 해석함이 상당하다.

3. 대법원 2007. 02. 15. 선고 2004다50426 전원합의체 판결

[1] 금전 소비대차계약과 함께 이자의 약정을 하는 경우, 양쪽 당사자 사이의 경제력의 차이로 인하여 그 이율이 당시의 경제적·사회적 여건에 비추어 사회통념상 허용되는 한도를 초과하여 현저하게 고율로 정하여졌다면, 그와 같이 허용할 수 있는 한도를 초과하는 부분의 이자 약정은 대주가 그의 우월한 지위를 이용하여 부당한 이득을 얻고 차주에게는 과도한 반대급부 또는 기타의 부당한 부담을 지우는 것이므로 선량한 풍속 기타 사회질서에 위반한 사항을 내용으로 하는 법률행위로서 무효이다.

[2] [다수의견] 선량한 풍속 기타 사회질서에 위반하여 무효인 부분의 이자 약정을 원인으로 차주가 대주에게 임의로 이자를 지급하는 것은 통상 불법의 원인으로 인한 재산 급여라고 볼 수 있을 것이나, 불법원인급여에 있어서도 그 불법원인이 수익자에게만 있는 경우이거나 수익자의 불법성이 급여자의 그것보다 현저히 커서 급여자의 반환청구를 허용하지 않는 것이 오히려 공평과 신의칙에 반하게 되는 경우에는 급여자의 반환청구가 허용되므로, 대주가 사회통념상 허용되는 한도를 초과하는 이율의 이자를 약정하여 지급받은 것은 그의 우월한 지위를 이용하여 부당한 이득을 얻고 차주에게는 과도한 반대급부 또는 기타의 부당한 부담을 지우는 것으로서 그 불법의 원인이 수익자인 대주에게만 있거나 또는 적어도 대주의 불법성이 차주의 불법성에 비하여 현저히 크다고 할 것이어서 차주는 그 이자의 반환을 청구할 수 있다.

4. 대법원 1997. 10. 24. 선고 95다49530, 49547 판결

[1] 민법 제746조에 의하면 급여가 불법원인급여에 해당하고 급여자에게 불법 원인이 있는 경우에는 수익자에게 불법 원인이 있는지의 여부나 수익자의 불법 원인의 정도 내지 불법성이 급여자의 그것보다 큰지의 여부를 막론하고 급여자는 그 불법원인급여의 반환을 구할 수 없는 것이 원칙이나, 수익자의 불법성이 급여자의 그것보다 현저히 크고 그에 비하면 급여자의 불법성은 미약한 경우에도 급여자의 반환 청구가 허용되지 않는다고 하는 것은 공평에 반하고 신의성실의 원칙에도 어긋나므로 이러한 경우에는 민법 제746조 본문의 적용이 배제되어 급여자의 반환 청구는 허용된다고 해석함이 상당하다.

[2] 급여자가 수익자에 대한 도박 채무의 변제를 위하여 급여자의 주택을 수익자에게 양도하기로 한 것이지만 내기바둑에의 계획적인 유인, 내기바둑에서의 사기적 행태, 도박자금 대여 및 회수 과정에서의 폭리성과 갈취성 등에서 드러나는 수익자의 불법성의 정도가 내기바둑에의 수동적인 가담, 도박 채무의 누증으로 인한 도박의 지속, 도박 채무 변제를 위한 유일한 재산인 주택의 양도 등으로 인한 급여자의 불법성보다 훨씬 크다고 보아 급여자로서는 그 주택의 반환을 구할 수 있다.

5. 대법원 1992. 12. 24. 선고 92다25120 판결

[1] 법률행위 취소의 원인이 될 강박이 있다고 하기 위하여서는 표의자로 하여금 외포심을 생기게 하고 이로 인하여 법률행위 의사를 결정하게 할 고의로써 불법으로 장래의 해악을 통고할 경우라야 한다.

[2] 일반적으로 부정행위에 대한 고소, 고발은 그것이 부정한 이익을 목적으로 하는 것이 아닌 때에는 정당한 권리행사가 되어 위법하다고 할 수 없으나, 부정한 이익의 취득을 목적으로 하는 경우에는 위법한 강박행위가 되는 경우가 있고 목적이 정당하다 하더라도 행위나 수단 등이 부당한 때에는 위법성이 있는 경우가 있을 수 있다.

[17] 전용물소권

사례*

甲은 乙과 B의 수리를 위한 도급계약을 체결하였다. B는 본래 丙 소유의 건물로서 乙이 丙으로부터 임차한 것이다. 乙은 B에서 영업을 하던 중 수리가 필요하여 甲과 3,000만원에 B의 수리를 위한 도급계약을 체결하였다. 甲은 약정기간 내에 B의 수리를 완료하고 乙에게 B를 인도하였으나 乙로부터 수리비를 지급받지 못하였다. 그 사이에 乙과 丙 사이의 임대차계약이 종료되어 乙은 丙에게 B를 반환하였고, 이후 乙은 사업에 실패하여 무자력자가 되었다.
[문제1] 甲은 누구에게 수리비를 청구할 수 있는가?
[문제2] 만일 甲이 B를 점유하고 있어 丙이 甲에게 B의 인도를 청구하는 경우에 甲은 丙에게 어떤 권리를 행사할 수 있는가?

[개요]

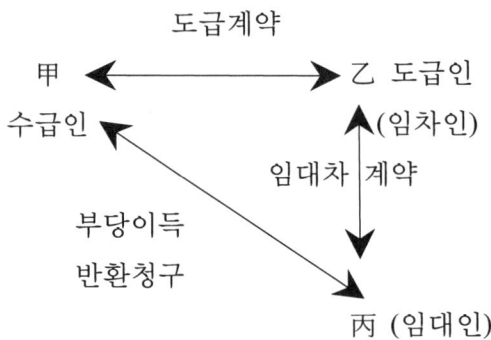

---

* 이 사안은 대법원 2002. 8. 23. 선고 99다66564,66571 판결에 기초하여 작성한 것이다.

Ⅰ. 문제의 소재

(1) 甲은 乙과 B의 수리를 위한 도급계약을 체결하였으므로 甲은 乙에게 B의 수리비를 청구할 수 있다. 그러나 乙은 甲에게 수리비를 지급하지 않은 채 B를 丙에게 반환하였으므로 甲이 丙에게 수리비를 청구할 수 있는지가 문제된다.

(2) 甲은 丙의 B에 대한 인도청구에 대하여 B의 수리비를 지급받을 때까지 乙과의 도급계약 또는 B에 대한 유치권에 기하여 丙에게 대항할 수 있을 것이다.

Ⅱ. 甲의 권리행사

1. 甲의 법적 지위

甲은 乙과 B의 수리를 위한 도급계약을 체결하였으므로 甲은 乙에게 B의 수리비 지급을 청구할 수 있다(제664조). 하지만 乙이 사업에 실패하여 무자력자가 되었으므로 B의 수리비를 B의 소유자인 丙에게 청구할 수 있는지가 문제된다.

2. 甲의 丙에 대한 권리행사

(1) 도급계약에 기한 권리행사

甲은 乙과 B의 수리를 위한 도급계약을 체결하였으므로 丙은 계약당사자가 아니다. 그러므로 甲은 乙과의 도급계약에 터 잡아 丙에게 B의 수리비를 청구할 수 없다. 하지만 계약의 상대방인 乙이 사업에 실패하여 무자력자가 되었으므로 甲이 乙에 대한 수리비 채권을 피보전채권(3,000만 원)으로 하여 乙이 丙에 대하여 가지는 비용상환청구권을 대위행사할 수 있는지가 문제된다.

채권자대위권이 성립하기 위해서는(제404조),

첫째, 채권자의 채권이 존재하여야 한다. 사안에서 甲은 乙에게 B에 대한 수리비 채권을 가지고 있다.

둘째, 채무자가 무자력하여야 한다. 사안에서 甲이 乙에 대하여 가지는 B에 대한 수리비 채권은 금전채권이며, 乙은 사업에 실패하여 무자력자가 되었다.

셋째, 채무자가 스스로 그의 권리를 행사하지 않아야 한다. 즉 채무자의 제3자에 대한 권리가 존재하고 채무자가 그 권리를 행사할 수 있는 상태에 있음에도 불구하고 스스로 그 권리를 행사하지 않아야 한다. 여기서 "권리를 행사할 수 없는 상태"란 권리행사에 법률적 장애가 없음을 뜻하며, 현실적인 장애가 없는 것을 의미하지 않는다. 사안에서 乙은 丙에게 B를 반환하였으나 수리비 채권은 행사하지 않았다.

넷째, 피보전채권이 이행기가 도래하였어야 한다(제404조 제2항). 사안에서 甲은 약정기간 내에 B의 수리를 완료하여 乙에게 인도하였다.

따라서 甲은 乙이 丙에 대하여 가지는 수리비 채권을 대위행사하여 丙에게 수리비 3,000만원을 직접 자신에게 지급할 것을 청구할 수 있다.

(2) 비용상환청구권 행사 가부

甲은 B를 수리하여 B의 가치를 증가시켰으므로 B의 소유자인 丙에게 유익비의 상환을 청구하는 방법으로 수리비를 청구할 수 있는지가 문제된다. 이 경우 甲이 B에 대한 유익비 상환청구권을 행사하기 위해서는 甲이 B의 점유자이어야 하며, 또한 B에 대한 비용지출자에 해당하여야 한다(제302조 제2항). 이에 대하여 판례는 "유효한 도급계약에 기하여 수급인이 도급인으로부터 제3자 소유 물건의 점유를 이전받아 이를 수리한 결과 그 물건의 가치가 증가한 경우, 도급인이 그 물건을 간접점유하면서 궁극적으로 자신의 계산으로 비용지출과정을 관리한 것이므로, 도급인만이 소유자에 대한 관계에 있어서 민법 제203조에 의한 비용상환청구권을 행사할 수 있는 비용지출자라고 할 것이고, 수급인은 그러한 비용지출자에 해당하지 않는다고 보아야 한다."고 판시하고 있다(대판 2002. 8. 23, 99다66564, 66571). 사안에서 甲은 B를 직접 점유하였으나 비용지출자가 아니므로 甲은 丙에게 유익비 상환청구의 방법으로 B의 수리비를 청구할 수 없다.

(3) 부당이득반환청구

甲이 B를 수리하여 B의 가치가 증가하였고, 그 결과 B의 소유자인 丙은 3,000만원의 이익을 얻었다. 그러므로 甲이 B의 소유자인 丙에게 부당이득반환을 청구할 수 있는지가 문제된다. 이처럼 계약상의 급부가 계약의 상대방뿐만 아니라 제3자의 이익으로 된 경우에 급부를 한 계약당사자가 계약상대방에 대하여 계약상의 반대급부를 청구할 수 있는 이외에 그 제3자에 대하여 직접 부당이득반환을 청구할 수 있는 권리를 전용물소권이라고 한다. 이에 대하여 판례는 "자기 책임하에 체결된 계약에 따른 위험부담을 제3자에게 전가시키는 것이 되어 계약법의 기본원리에 반하는 결과를 초래할 뿐만 아니라, 채권자인 계약당사자가 채무자인 계약 상대방의 일반채권자에 비하여 우대받는 결과가 되어 일반채권자의 이익을 해치게 되고, 수익자인 제3자가 계약상대방에 대하여 가지는 항변권 등을 침해하게 되어 부당하므로, 위와 같은 경우에 계약상의 급부를 한 계약당사자는 이익의 귀속 주체인 제3자에 대하여 직접 부당이득반환을 청구할 수는 없다."고 판시하여 전용물소권을 부인하고 있다(대판 2002. 8. 23, 99다66564, 66571). 사안에서 甲은 계약의 상대방이 아닌 丙에게 B의 가치 증가를 이유로 부당이득반환을 청구할 수 없다.

Ⅲ. 甲의 丙에 대한 항변

1. 甲의 법적 지위

甲은 乙과 B의 수리에 대한 도급계약을 체결하였다. 도급계약은 B의 점유를 정당화할 성격의 계약은 아니므로 甲은 丙의 B에 대한 인도청구를 거절할 수 없다. 하지만 甲은 B에 대한 수리비 채권을 가지고 있으므로 도급계약에 기한 항변 및 유치권 주장이 가능한지가 문제된다.

2. 도급계약에 기한 항변

도급인은 일의 완성에 대하여 보수를 지급할 의무를 진다. 보수의 지급 시기는 특약이 없으면 목적물을 인도받음과 동시에 지급해야 하며(제665조), 완성된 물건의 인도와 보수의 지급이 동시이행관계에 있다고 하여 수급인에게 완성된 물건을 용익할 권능까지 인정되지 않는다. 이에 대하여 판례도 "건물건축공사도급계약의 수급인은 공사대금을 변제받을 때까지 도급계약의 목적물인 건물뿐 아니라 건물의 유지사용에 필요한 범위 내의 대지부분에 대해서 동시이행의 항변권에 기하여 인도를 거절할 수 있으나, 위와 같은 항변권은 공사대금을 받을 때까지 건물의 인도를 거부할 수 있는 권능이 있다는 것이지 동시이행의 항변권에 의하여 대지를 무상으로 사용·수익할 수 있는 권능이 있다고 할 수 없고, 이러한 도급계약은 수급인이 건물을 완공할 것을 약정하고 도급인이 일의 결과에 대하여 보수를 지급할 것을 약정함으로써 성립되는 계약이므로 특성상 건물완공시까지 수급인이 건축을 위하여 대지를 무상으로 사용할 권능이 있다고 볼 것이나, 건물완공 후에도 도급인 아닌 제3자와의 관계에서 수급인에게 대지를 무상으로 사용·수익할 권능이 있다고 보기 어렵다."고 판시하고 있다(대판 1992. 12. 24, 92다22114). 사안에서 甲은 乙에게 B의 수리비를 청구할 수 있다. 그러나 도급계약은 특성상 甲이 일의 완성에 필요한 합리적인 기간 내에 B의 일정 부분을 점유할 수 있는 것이며, 일의 완성 후에도 甲이 B를 무상으로 사용·수익할 수 있는 것이 아니다. 따라서 甲은 丙의 B에 대한 인도청구를 거절할 수 없다.

3. 유치권에 기한 항변

타인의 물건을 점유하는 자가 그 물건에 관하여 생긴 채권을 가지는 경우에 그는 자신의 채권을 변제받을 때까지 그 목적물을 유치할 수 있다. 이러한 유치권이 성립하기 위해서는(제320조),

첫째, 타인의 물건을 적법하게 점유하여야 한다. 만일 점유자의 점유가 불법행위로 인한 경우에는 유치권이 성립하지 않는다. 사안에서 甲은 乙과 적법한 도급계약에 따라 丙 소유의 B를 수리하기 위하여 B를 점유하고 있다.

둘째, 점유자의 채권이 그 물건에 관하여 생긴 것이어야 한다. 사안에서 甲의 수리비 채권은 B의 수리에 기인한 것이다.

셋째, 피담보채권의 변제기가 도래하여야 한다. 사안에서 甲은 약정기간 내에 B를 수리하였으나 乙이 수리비를 지급하지 않았다.

넷째, 유치권 배제 특약이 없어야 한다. 사안에서 유치권 배제 특약은 존재하지 않는다.

결론적으로 甲은 B에 대한 유치권을 취득하므로 丙의 B에 대한 인도청구에 대항할 수 있다(제213조 본문).

IV. 사안의 해결

(1) 甲은 乙과 B의 수리를 위한 도급계약을 체결하였으므로 甲은 乙에게 일의 완료와 동시에 B의 수리비 지급을 청구할 수 있다. 그러나 乙은 甲에게 수리비를 지급하지 않은 채 무자력자가 되었으므로 甲은 乙이 丙에 대하여 가지는 수리비 채권을 대위행사할 수 있다.

한편 甲은 B를 직접 점유하였으나 비용지출자가 아니므로 甲은 丙에게 유익비 상환청구의 방법으로 B의 수리비 지급을 청구할 수 없으며, 또한 계약의 상대방이 아닌 丙에게 B의 가치 증가를 이유로 부당이득반환을 청구할 수 없다.

(2) 甲은 丙의 B에 대한 인도청구에 대하여 도급계약에 기한 수리비의 동시이행관계를 주장할 수 없으며, 다만 B의 수리비를 지급받을 때까지 유치권에 기하여 丙의 인도청구에 대항할 수 있다.

참고판례

1. 대법원 2002. 8. 23. 선고 99다66564, 66571 판결

[1] 계약상의 급부가 계약의 상대방뿐만 아니라 제3자의 이익으로 된 경우에 급부를 한 계약당사자가 계약 상대방에 대하여 계약상의 반대급부를 청구할 수 있는 이외에 그 제3자에 대하여 직접 부당이득반환청구를 할 수 있다고 보면, 자기 책임하에 체결된 계약에 따른 위험부담을 제3자에게 전가시키는 것이 되어 계약법의 기본원리에 반하는 결과를 초래할 뿐만 아니라, 채권자인 계약당사자가 채무자인 계약 상대방의 일반채권자에 비하여 우대받는 결과가 되어 일반채권자의 이익을 해치게 되고, 수익자인 제3자가 계약 상대방에 대하여 가지는 항변권 등을 침해하게 되어 부당하므로, 위와 같은 경우 계약상의 급부를 한 계약당사자는 이익의 귀속 주체인 제3자에 대하여 직접 부당이득반환을 청구할 수는 없다고 보아야 한다.

[2] 유효한 도급계약에 기하여 수급인이 도급인으로부터 제3자 소유 물건의 점유를 이전받아 이를 수리한 결과 그 물건의 가치가 증가한 경우, 도급인이 그 물건을 간접점유하면서 궁극적으로 자신의 계산으로 비용지출과정을 관리한 것이므로, 도급인만이 소유자에 대한 관계에 있어서 민법 제203조에 의한 비용상환청구권을 행사할 수 있는 비용지출자라고 할 것이고, 수급인은 그러한 비용지출자에 해당하지 않는다고 보아야 한다.

2. 대법원 1992. 12. 24. 선고 92다22114 판결

건물건축공사도급계약의 수급인은 공사대금을 변제받을 때까지 도급계약의 목적물인 건물뿐 아니라 건물의 유지사용에 필요한 범위 내의 대지 부분에 대해서 동시이행의 항변권에 기하여 인도를 거절할 수 있으나,

위와 같은 항변권은 공사대금을 받을 때까지 건물의 인도를 거부할 수 있는 권능이 있다는 것이지 동시이행의 항변권에 의하여 대지를 무상으로 사용·수익할 수 있는 권능이 있다고 할 수 없고, 이러한 도급계약은 수급인이 건물을 완공할 것을 약정하고 도급인이 일의 결과에 대하여 보수를 지급할 것을 약정함으로써 성립되는 계약이므로 특성상 건물완공시까지 수급인이 건축을 위하여 대지를 무상으로 사용할 권능이 있다고 볼 것이나, 건물완공 후에도 도급인 아닌 제3자와의 관계에서 수급인에게 대지를 무상으로 사용·수익할 권능이 있다고 보기 어렵다.

[18] 일반 불법행위

사례*

만 16세의 고등학교 학생인 乙은 홀어머니인 丁 몰래 丙이 운영하는 식당에서 음식을 배달하는 일을 하고 있다. 乙은 오토바이로 음식을 배달하던 중 길을 가던 甲을 치어 중상을 입혔고, 이 소식을 들은 甲의 처 戊는 정신적 충격으로 병원에 입원하였다.

[문제1] 甲이 행사할 수 있는 권리는?
[문제2] 戊가 행사할 수 있는 권리는?
[문제3] 丙이 甲에게 손해를 배상한 경우에 누구에게 어떤 권리를 행사할 수 있는가?

[개요]

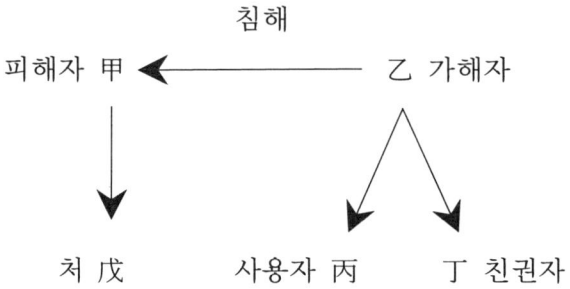

---

* 이 사안은 2007년 제49회 사법시험 문제를 변용한 것이다.

Ⅰ. 문제의 제기

(1) 乙은 길을 가던 甲을 오토바이로 치어 중상을 입혔다. 따라서 甲은 乙에게 불법행위로 인한 손해배상을 청구할 수 있으며, 乙의 사용자인 丙은 甲에게 사용자책임을 질 것이다. 한편 乙의 친권자인 丁도 甲에게 乙의 감독의무자로서 불법행위책임을 질 것이다.

(2) 戊는 乙로부터 직접적인 피해를 입지 않았으나 甲의 사고 소식을 듣고 정신적 충격을 받아 병원에 입원하였다. 그러므로 戊가 乙, 丙, 丁에게 손해배상을 청구할 수 있는지가 문제된다.

(3) 丙이 甲에게 손해를 배상한 경우에 丙은 乙에게 구상권을 행사할 수 있으며, 이 경우 양자의 관계가 문제된다.

Ⅱ. 甲의 권리행사

1. 甲의 법적 지위

甲은 乙이 운전하던 오토바이에 치어 중상을 입었다. 따라서 甲은 乙에게 불법행위로 인한 손해배상책임을, 丙에게 사용자책임을, 丁에게 불법행위책임을 물을 수 있다.

2. 甲의 乙에 대한 권리행사

(1) 요건

乙의 행위가 甲에 대한 불법행위가 성립하기 위해서는(제750조), 첫째 고의 또는 과실로 인한 가해행위가 있어야 하며, 둘째 가해행위가 위법하여야 하며, 셋째 가해행위에 의하여 손해가 발생하였어야 하며, 넷째 가해행위와 손해 사이에 인과관계가 있어야 하며, 다섯째 가해자에게 책임능력이 있어야 한다. 여기서 '책임능력'이란 자기 행위의 책임을 변식할 지능을 말하며(제753조), 책임능력의 유무는 연령이나 학력에 의하여 획일적으로 결정할 수는 없고 각자의 지능, 발육정도, 지위, 신분, 평소 행동 등에 의하여 개별적으로 결정된다(대판 1997. 5. 24, 77다354). 판례는 만 15세 이상의 미성년자에게는 책임능력을 인정하고 있다. 사안에서 乙은 길을 가던 甲을 오토바이로 치는 사고를 발생시켰으며, 乙은 오토바이 운행에 있어 필요한 주의의무를 위반하였다. 그리고 乙은 만 16세의 고등학교 학생으로서 불법행위 책임능력이 인정되므로 불법행위책임 요건이 충족된다.

(2) 효과

불법행위가 성립하면 피해자는 가해자에게 손해배상을 청구할 수 있다. 여기서 '손해'는 재산적 손해뿐만 아니라 비재산적 손해, 즉 정신적 손해(제751조)도 포함한다. 사안에서 乙은 甲에게 치료비, 일실이익 등 재산적 손해와 정신적 손해를 배상하여야 한다. 다만, 甲에게 과실이 있으면 과실상계를 하여야 한다(제763조, 제396조).

3. 甲의 丙에 대한 권리행사

(1) 요건

甲이 丙에게 사용자책임을 묻기 위해서는(제756조),

첫째, 타인을 사용하여 어느 사무에 종사하게 하여야 한다. 여기서 "사무"는 법률적·계속적인 것에 한하지 않고 사실적·일시적 사무라도 무방하며(대판 1989. 10. 10, 89다카2278), "사용관계"는 실질적인 지휘·감독관계를 뜻한다. 사안에서 乙은 丙의 피용자이므로 사용관계가 존재하며, 따라서 丙은 乙을 지휘·감독할 지위에 있다고 볼 수 있다.

둘째, 피용자가 그 사무집행에 관하여 제3자에게 손해를 가하였어야 한다. 여기서 "사무집행에 관하여"는 원칙적으로 가해행위가 피용자의 직무범위에 속하는 행위이어야 하지만 피용자의 직무행위 자체가 아니라도 그 행위의 외형으로 관찰하여 마치 직무 범위 내에 속하는 것과 같이 보이는 행위도 포함한다. 이처럼 **학설과 판례**는 사무집행 관련성의 판단기준을 사무집행의 외형을 기준으로 하는 외형이론에 따른다(대판 1984. 2. 28, 82다카1875). 사안에서 乙은 丙이 운영하는 식당에서 음식을 배달하는 일을 하고 있으므로 乙의 배달 행위는 丙의 사무집행에 해당한다.

셋째, 피용자의 가해행위가 불법행위의 일반적인 성립요건을 갖추어야 한다. 사용자책임의 본질을 대위책임으로 보는 **다수설 및 판례**는 피용자의 제3자에 대한 가해행위가 고의 또는 과실 및 책임능력 등 불법행위의 성립요건을 갖추어야 한다고 한다(대판 1981. 8. 11, 81다298). 사안에서 乙은 甲의 신체를 침해하는 불법행위를 하였다.

넷째, 사용자가 민법 제756조 제1항 단서의 면책사유 있음을 입증하지 못하였어야 한다. 즉 사용자가 피용자의 선임 및 사무 감독에 상당한 주의를 하였으나 피용자의 행위로 인하여 손해가 발생한 경우이거나 사용자가 피용자의 선임 및 사무 감독에 상당한 주의를 하여도 손해가 있을 경우에는 면책된다. 이에 대한 입증책임은 사용자에게 있다는 것이 **통설과 판례**(대판 1998. 5. 15, 97다58538)의 입장이며, 판례는 보상책임의 취지에 따라 사용자의 면책가능성을 사실상 봉쇄함에 따라 사용자책임은 실제로는 무과실책임으로 운용되고 있다. 사안에서 丙은 乙을 선임·감독하는데 과실이 없다는 것을 입증하지 못하는 한 사용자책임을 져야 한다.

결론적으로 乙의 甲에 대한 신체손해는 丙의 甲에 대한 사용자책임을 성립시킨다.

(2) **효과**

사용자는 피용자의 가해행위로 인하여 발생한 손해에 대하여 직접 피해자에게 배상책임을 진다. 이 경우 사용자책임은 피용자 자신의 일반 불법행위책임과 병존할 수 있으며, 사용자는 피용자가 손해배상책임을 지는 범위 내에서 피해자에게 책임을 진다. 이 경우 피해자에게 과실이 있으면 사용자는 과실상계를 할 수 있다(대판 2002. 12. 26, 2000다56952). 사안에서 丙은 甲에게 재산적 손해, 정신적 손해, 그리고 일실이익의 손해를 배상하여야 한다.

4. 甲의 丁에 대한 권리행사

책임능력 있는 미성년자가 불법행위를 발생시킨 경우에 그는 손해배상능력이 적을 것이므로 미성년자에 갈음하여 법정 감독의무자에게 손해배상책임을 물을 수 있는지가 문제된다. 다수설과 판례는 친권자는 미성년자를 보호하고 교양할 의무가 있으며(제913조), 이러한 의무위반으로 인해 미성년자가 타인에게 불법행위를 발생시키는 결과를 초래한 경우에는 제750조의 일반원칙에 따라 친권자의 불법행위가 성립한다고 한다. 즉 미성년자가 책임능력이 있어 스스로 불법행위책임을 지는 경우에도 그 손해가 당해 미성년자의 감독의무자의 의무위반과 상당인과관계가 있으면 감독의무자는 일반 불법행위자로서 손해배상책임을 진다고 한다(대판(전원합의체) 1994. 2. 8, 93다13605). 이 경우 법정 감독의무자의 감독의무 위반사실 및 손해발생과의 상당인과관계의 존재는 이를 주장하는 자가 입증하여야 한다. 사안에서 乙은 만 16세의 고등학교 학생으로서 책임능력이 있는 미성년자이며, 丁은 乙의 법정 감독의무자이다. 그런데 乙은 오토바이로 丙의 배달 업무를 수행하다가 과실로 甲에게 중상을 입혔다. 따라서 丁은 乙에 대한 감독상의 의무위반이 있다고 보기 어려우며, 나아가 이러한 의무위반과 乙의 甲에 대한 신체침해 사이에 인과관계가 있다고 볼 수 없으므로 甲은 丁에게 감독자책임을 물을 수 없다.

Ⅲ. 戊의 권리행사

1. 戊의 법적 지위

戊는 甲의 처로서 乙의 불법행위로 인한 직접적인 피해를 입지 않았지만, 甲의 중상 소식을 듣고 정신적 충격을 받아 병원에 입원하는 손해를 입었다. 따라서 戊도 乙, 丙, 丁에게 재산적 손해나 정신적 손해의 배상을 청구할 수 있는지가 문제된다.

2. 재산적 손해의 배상 청구

戊는 병원에 입원하여 치료비를 지출하였으므로 치료비와 일실이익의 손해에 대한 배상을 청구할 수 있는지가 문제된다. 사안에서 乙이 戊를 직접 다치게 한 것이 아니므로 불법행위가 성립하지 아니한다. 그러므로 戊의 치료비가 乙이 甲에게 발생시킨 손해의 범위에 포함되는지가 문제된다. 이 경우 戊의 치료비는 재산적 손해인 통상손해가 아니라 특별손해에 해당하여야 한다. 즉 乙은 甲에 대한 가해행위가 戊에게 정신적 충격을 주어 戊가 병원에 입원할 것이라는 사정을 알았거나 알 수 있었어야 한다. 그러나 乙이 이러한 사정을 알았거나 알 수 있었다고 보기 어려우므로 乙은 戊에게 치료비에 대한 손해배상책임을 부담하지 않는다. 따라서 丙도 戊에게 사용자책임을 지지 않으며, 丁도 戊에게 감독자책임을 지지 않는다.

3. 정신적 손해의 배상 청구

정신적 손해배상의 법적 근거로는 생명침해에 대한 민법 제752조와 일반 불법행위를 규정한 민법 제750조, 제751조가 있다.

첫째, 우리 민법은 "타인의 생명을 해한 자는 피해자의 직계존속, 직계비속 및 배우자에 대하여는 재산상의 손해 없는 경우에도 손해배상의 책임이 있다."고 규정하고 있다(제752조). 그런데 우리 민법 제752조는 생명침해의 경우에 어느 범위의 유족이 그 청구권을 가질 수 있는지를 규정한 것이다. 사안에서 甲은 생명침해가 아닌 중상을 입었으므로 제752조는 적용되지 않는다.

둘째, 신체침해의 경우에 학설과 판례는 피해자 이외의 자에게 정신적 손해배상청구권을 인정하고 있다. 판례는 자식의 신체침해에 대한 부모의 위자료청구권(대판 1999. 4. 23, 98다41377), 사실상 배우자의 위자료청구권(대판 1969. 7. 22, 69다684)을 인정하였다. 사안의 경우 판례에 비추어 가해자 乙과 사용자 丙은 甲의 배우자 戊에게 정신적 손해에 대한 배상책임을 진다. 다만, 친권자 丁은 乙에 대한 감독상의 주의의무 위반이나 戊의 정신적 손해에 대한 인과관계를 인정하기 어려우므로 戊의 정신적 손해에 대한 배상책임이 없다.

IV. 丙의 권리행사

사용자가 피해자에게 손해를 배상한 때에는 피용자에 대하여 구상권을 행사할 수 있다(제756조 제3항). 구상의 범위에 관하여 **대위책임설**은 배상액 전액에 대하여 구상권을 행사할 수 있다고 하고, **고유책임설**은 사용자의 고유한 책임 부분을 제외한 나머지 배상액만 피용자에게 구상할 수 있다고 한다. 판례는 "일반적으로 사용자가 피용자의 업무수행과 관련하여 행하여진 불법행위로 인하여 직접 손해를 입었거나 그 피해자인 제3자에게 사용자로서의 손해배상책임을 부담한 결과로 손해를 입게 된 경우에 있어서, 사용자는 그 사업의 성격과 규모, 시설의 현황, 피용자의 업무내용과 근로조건 및 근무태도, 가해행위의 발생원인과 성격, 가해행위의 예방이나 손실의 분산에 관한 사용자의 배려의 정도, 기타 제반 사정에 비추어 손해의 공평한 분담이라는 견지에서 신의칙상 상당하다고 인정되는 한도 내에서만 피용자에 대하여 손해배상을 청구하거나 그 구상권을 행사할 수 있다."고 판시하고 있다(대판 1996. 4. 9, 95다52611). 사안에서 丙이 乙의 불법행위를 이유로 甲에게 손해를 배상하였다면 丙은 乙에게 이를 구상할 수 있다. 이 경우 배상의 범위는 乙의 업무내용과 근로조건, 사고 예방이나 손실의 분산에 관한 丙의 배려 정도 등을 고려할 때 丙은 乙에게 구상권을 행사할 수 없거나 매우 적은 범위에서만 구상할 수 있다.

V. 사안의 해결

(1) 乙은 길을 가던 甲을 오토바이로 치어 중상을 입혔다. 따라서 甲은 乙에게 불법행위로 인한 손해배상을 청구할 수 있으며, 乙의 사용자인 丙은 甲에게 사용자책임을 진다. 한편 乙의 친권자인 丁에 대해서는 乙에 대한 감독상의 의무위반을 인정하기 어려우므로 丁은 甲에게 책임을 지지 않는다.

(2) 戊는 乙로부터 직접적인 피해를 입지 않았으나 甲의 중상 소식을 듣고 정신적 충격을 받아 병원에 입원하였다. 하지만 乙은 戊에게 불법행위에 의한 손해배상책임을 부담하지 않으므로 丙과 丁도 戊에게 재산상의 손해에 대한 배상책임을 지지 않는다. 다만, 정신적 손해의 경우 제750조 및 제751조의 손해배상청구권자 범위를 확대하는 판례의 태도에 따르면 乙과 丙은 戊에게 정신적 손해에 대한 배상책임을 진다.

(3) 丙이 甲에게 손해를 배상한 경우에 丙은 乙에게 구상권을 행사할 수 있다. 다만, 乙의 업무내용과 근로조건, 사고 예방이나 손실의 분산에 관한 丙의 배려 정도 등을 고려할 때 丙은 乙에게 구상권을 행사할 수 없거나 매우 적은 범위에서만 구상할 수 있다.

참고판례

1. 대법원 1977. 5. 24. 선고 77다354 판결
불법행위로 인한 책임을 변식할 지능의 유무는 연령 교육기관의 학년도에 의하여 획일적으로 결정할 수 없고 각자의 지능 발육정도 환경 지위신분 평소 행동 등에 의하여 개별적으로 결정하여야 한다.

2. 대법원 1994. 2. 8. 선고 93다13605 전원합의체 판결
미성년자가 책임능력이 있어 그 스스로 불법행위책임을 지는 경우에도 그 손해가 당해 미성년자의 감독의무자의 의무위반과 상당인과관계가 있

으면 감독의무자는 일반불법행위자로서 손해배상책임이 있고 이 경우에 그러한 감독의무위반사실 및 손해발생과의 상당인과관계의 존재는 이를 주장하는 자가 입증하여야 한다.

3. 대법원 1969. 7. 22. 선고 69다684 판결

사실상의 혼인관계에 있는 배우자도 다른 배우자가 제3자의 불법행위로 인하여 상해를 입은 경우에는 자기가 받은 정신적 고통에 대한 위자료를 청구할 권리가 있다.

4. 대법원 1996. 4. 9. 선고 95다52611 판결

일반적으로 사용자가 피용자의 업무수행과 관련하여 행하여진 불법행위로 인하여 직접 손해를 입었거나 그 피해자인 제3자에게 사용자로서의 손해배상책임을 부담한 결과로 손해를 입게 된 경우에 있어서, 사용자는 그 사업의 성격과 규모, 시설의 현황, 피용자의 업무내용과 근로조건 및 근무태도, 가해행위의 발생원인과 성격, 가해행위의 예방이나 손실의 분산에 관한 사용자의 배려의 정도, 기타 제반 사정에 비추어 손해의 공평한 분담이라는 견지에서 신의칙상 상당하다고 인정되는 한도 내에서만 피용자에 대하여 손해배상을 청구하거나 그 구상권을 행사할 수 있다.

[19] 책임무능력자의 감독자책임

사례*

甲은 경기도 소재 공립 X초등학교에서 6학년에 재학하던 중 2011. 11. 15. 자신의 집에서 자살하였다. 甲은 2011. 3.경부터 2011. 10.경까지 사이에 같은 반 급우인 乙과 丙으로부터 특별한 이유 없이 지속적으로 폭행과 괴롭힘을 당하였고, 이에 따른 스트레스 장애 등의 증상에 시달리다 결국 자살하였다. 甲은 乙과 丙으로부터 폭행 등을 당하였지만 부모님이나 선생님에게 폭행 사실을 알리면 죽여 버리겠다는 협박 때문에 부모 A나 담임교사 B에게 그 사실을 말하지 않았다. 2011. 9.경 B는 甲이 乙과 丙으로부터 학교에서 지속적으로 폭행을 당해온 사실을 알게 되었고, 이러한 사실을 뒤 늦게 알게 된 부모 A가 담임교사 B와 교장 C에게 항의하였다. B와 C는 A에게 乙과 丙을 철저히 지도하겠다고 하면서 학교를 믿고 모든 문제를 맡겨 달라고 하였다. 특히 甲은 A가 B에게 항의한 일로 인하여 오히려 B로부터 심하게 꾸중을 듣게 되었고, 그 결과 다른 친구들로부터도 집단따돌림을 당하게 되자 스트레스 장애가 심화되어 결국 자살하였다. 乙의 부모 D와 丙의 부모 E는 학교로부터 乙과 丙이 甲을 폭행한 사실을 알고 있었으나 별다른 조치를 하지 않았다. 한편 12세 전후인 乙과 丙이 속한 폭력그룹 일진회의 조장 丁(16세)도 乙, 丙과 함께 2차례 이상 甲에 대한 폭행에 가담하였으며, 고아인 丁을 보호하고 있는 시설의 원장이며 후견인인 F는 이러한 사실을 전혀 모르고 있다.
A가 행사할 수 있는 권리는?

【개요】

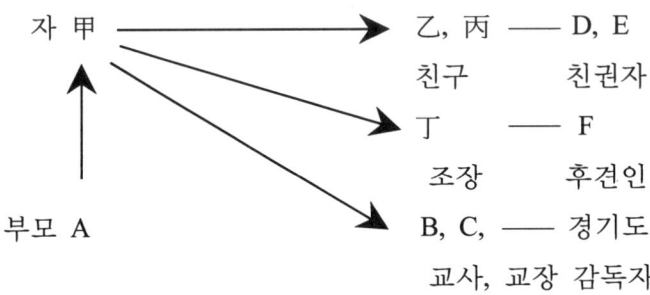

---

* 이 사안은 대법원 2007. 4. 26. 선고 2005다24318 판결에 기초하여 작성한 것이다.

Ⅰ. 문제의 제기

(1) A는 甲의 부모로서 甲에게 폭행과 괴롭힘을 가한 乙, 丙, 丁에게 불법행위책임을 물을 수 있을 것이다. 또한 乙, 丙, 丁은 공동으로 甲을 폭행하고 괴롭혔으므로 A는 공동불법행위책임을 물을 수 있을 것이다.

(2) 乙과 丙의 가해행위는 불법행위 요건을 갖추었지만 책임능력이 없다. 그러므로 A는 乙과 丙을 감독할 법정의무 있는 D, E에게 그 감독을 게을리하지 않았음을 증명하지 못하는 경우에 손해배상액임을 물을 수 있을 것이다. 이에 반하여 丁은 책임능력이 있으므로 스스로 불법행위책임을 부담하며, 그 결과 F는 甲에게 丁에 대한 손해배상책임을 부담하지 않는다. 그러나 F가 丁에 대한 감독의무를 게을리하였다면 A는 F에게 민법 제750조에 의한 손해배상책임을 물을 수 있을 것이다.

(3) B, C, 경기도는 甲, 乙, 丙의 대리감독자로서 이들에 대한 감독의무를 게을리하였으므로 국가배상법상의 손해배상책임을 질 것이다.

Ⅱ. A의 乙, 丙, 丁에 대한 손해배상 청구

1. A의 법적 지위

A는 甲의 부모로서 甲에게 폭행과 괴롭힘을 가한 乙, 丙, 丁에게 甲의 생명침해에 대한 위자료청구권을 가진다(제752조). 그러나 폭행과 괴롭힘 등으로 정신적 손해를 입은 甲이 乙, 丙, 丁에게 가지는 위자료청구권을 A가 행사할 수 있는지에 대하여는 논란이 있으며, 다수설과 판례(대판 1967. 6. 27, 66다1592)는 이를 긍정한다.

2. A의 乙, 丙, 丁에 대한 손해배상 청구

(1) 불법행위책임

(가) A가 乙, 丙, 丁에게 자신의 고유한 위자료청구권 및 甲의 신체손해에 대한 위자료청구권을 행사하기 위해서는 그 전제로서 乙, 丙, 丁의 甲에 대한 불법행위가 성립하여야 한다. 이를 위해서는, 첫째 乙, 丙, 丁의 고의, 과실에 기한 가해행위가 있어야 하며, 둘째 이러한 가해행위가 위법하여야 하며, 셋째 가해행위가 甲에게 손해를 발생시켰어야 하고, 넷째 가해행위와 손해 사이에 인과관계가 있어야 한다. 사안에서 乙, 丙, 丁의 甲에 대한 지속적인 폭행 및 괴롭힘과 이에 따른 甲의 자살은 인과관계가 있다고 볼 수 있으므로 불법행위책임 요건이 모두 충족된다.

(나) 乙, 丙, 丁의 甲에 대한 불법행위가 성립하면 A는 甲의 부모로서 乙, 丙, 丁에게 위자료청구권을 가진다(제752조). 여기서 민법 제752조의 위자료청구권은 손해의 입증책임을 경하게 규정한 데 불과하고 민법 제750조의 적용에 어떠한 제한을 가한 것이 아니다(대판 1967. 6. 27, 66다1592).

(2) 공동불법행위책임

(가) 성립요건

수인이 공동의 불법행위로 타인에게 손해를 가한 경우에 공동불법행위가 성립한다(제760조 제1항). 사안에서 乙, 丙, 丁은 공동으로 같은 반 급부인 甲에게 폭행과 괴롭힘을 가하였으므로 공동불법행위가 성립한다. 여기서 '공동'의 의미에 대하여는 견해가 갈라지는데, **다수설과 판례**(대판 1988. 4. 12, 87다카2951)는 객관적 관련공동설을 취한다. 사안에서 乙, 丙, 丁의 甲에 대한 폭행 및 집단 괴롭힘은 공동불법행위 요건을 충족시킨다.

(나) 효과

공동불법행위자는 연대하여 그 손해를 배상할 책임을 진다(제760조 제

1항). 여기서 '연대하여'의 의미에 대하여는 논란이 있으며, 다수설과 판례(대판 1999. 2. 26, 98다52469)는 이를 부진정연대채무라고 한다. 따라서 乙, 丙, 丁은 각자 독립하여 甲에게 입힌 손해 전부를 급부하여야 할 채무를 부담한다.

Ⅲ. A의 D, E, F에 대한 손해배상 청구

1. D, E, F의 법적 지위

D, E는 乙, 丙의 친권자로서, F는 丁의 후견인으로서 이들을 감독할 법정의무 있는 자이다(제755조 제1항). D, E, F는 乙, 丙, 丁에 대한 감독을 게을리하지 않았음을 증명하지 못하는 경우에 甲에 대하여 손해배상책임을 진다.

2. D, E의 감독자책임

(1) 성립요건

D, E는 乙, 丙의 친권자로서 민법 제755조의 감독자책임을 진다. 이러한 감독자책임이 성립하기 위해서는,

첫째, 책임무능력자의 가해행위가 불법행위의 요건을 갖추었으나 책임능력이 없어 불법행위책임이 면책되어야 한다. 여기서 '책임능력'이란 자기 행위의 책임을 변식할 수 있는 정신적 능력을 말하며, '책임변식지능'이란 자기행위의 결과가 위법한 것으로 법률상 비난되고 어떤 법적 책임이 생긴다는 것을 인식할만한 정신능력을 의미한다. 사안에서 乙과 丙은 12세 전후의 초등학교 6학년으로서 책임변식지능이 있다고 볼 수 없다.

둘째, 감독의무자 등이 감독의무를 게을리하지 않았음을 입증하지 못하였어야 한다. 여기서 감독의무자 등이 감독의무 해태와 책임무능력자의 가해행위 사이의 인과관계 부존재를 증명함으로써 불법행위책임이 면책될

수 있는지에 대하여는, ① 제756조 제1항 단서를 유추적용하여 면책을 인정하는 견해, ② 면책을 부정하는 견해, ③ 법정감독자에 대하여는 면책을 부정하고 임의감독자에 관하여는 면책을 인정하는 견해, ④ 면책입증이 어려워 실질적으로 차이가 없다는 견해가 있다. 우리 민법 제755조는 제750조에 대한 특별규정으로서 책임능력 없는 미성년자를 감독할 법정의무 있는 자가 그 미성년자에게 책임 없음을 전제로 하여 이를 보충하는 책임이므로 면책을 인정하는 제1설이 타당하다. 판례(대판 1994. 8. 23, 93다60588)도 제1설을 취하고 있다. 그리고 감독의무의 해태는 피해자 측에서 입증할 필요가 없고 감독의무자 측에서 감독의무를 해태하지 아니하였다는 것을 입증하여야만 책임을 면할 수 있다(대판 1994. 8. 23. 93다60588). 사안에서 D, E는 乙, 丙의 甲에 대한 폭행과 따돌림을 알고 있었으나 이에 대한 대처를 소홀히 한 과실이 인정된다. 그리고 D, E가 감독자책임을 면하기 위해서는 당해 사고까지 일상적, 일반적인 보호감독의무를 게을리하지 아니한 것과 乙, 丙의 대리감독자가 적당한 자이고, 보호감독이 전적으로 대리감독자에게 맡겨져 있을 것을 입증하여야만 한다.

(2) 효과

책임무능력자가 불법행위를 저지른 경우에 이를 감독할 법정의무 있는 자가 손해배상책임을 진다. 여기서 '법정감독의무자'는 미성년자인 경우에는 친권자, 후견인이 이에 속하며, 감독자책임의 손해배상 범위에는 민법 제393조가 준용된다. 다만, 특별손해에 대한 예견가능성에 대하여 **통설과 판례**(대판 1968. 6. 11, 68다639)는 책임무능력자가 아니고 감독의무자를 기준으로 한다. 사안에서 D, E는 乙, 丙의 친권자로서 乙, 丙의 甲에 대한 사회통념상 허용될 수 없는 폭행과 괴롭힘이 계속되었음을 알았고, 그 결과 甲이 육체적 또는 정신적으로 궁지에 몰린 상황에 있었음을 예견하였거나 예견할 수 있었을 것이다. 따라서 D, E는 乙, 丙의 甲에 대한 폭행과 괴롭힘 자체에 대한 보호감독의무 위반이 있다고 할 수 있으므로 보호감독자로서 주의의무를 게을리하지 아니하였음을 입증하지 못하는 이상 乙,

丙의 불법행위로 인한 손해를 배상할 책임이 있다.

3. F의 불법행위책임

책임능력 있는 미성년자가 불법행위를 한 경우에 그는 손해배상능력이 없으므로 미성년자에 갈음하여 법정 감독의무자에게 손해배상책임을 물을 수 있는지가 문제된다. 다수설과 판례(대판(전원합의체) 1994. 2. 8, 93다13605)는 친권자는 미성년자를 보호하고 교양할 의무가 있으며(제913조), 이러한 의무위반으로 인해 미성년자가 타인에게 불법행위를 하는 결과를 초래한 경우에는 제750조의 일반원칙에 따라 친권자의 불법행위가 성립한다고 한다. 즉 미성년자가 책임능력이 있어 스스로 불법행위책임을 지는 경우에도 그 손해가 당해 미성년자의 감독의무자 의무위반과 상당인과관계가 있으면 감독의무자는 일반 불법행위자로서 손해배상책임을 진다고 한다. 이 경우 법정 감독의무자의 감독의무 위반사실 및 손해발생과의 상당인과관계 존재는 이를 주장하는 자가 입증하여야 한다. 사안에서 F는 丁의 후견인으로서 丁의 甲에 대한 폭행과 괴롭힘 자체에 대한 보호감독의무 위반이 있다고 할 수 있으므로 A에게 손해배상책임을 진다.

Ⅳ. A의 B, C 및 경기도에 대한 손해배상 청구

1. B, C 및 경기도의 법적 지위

B, C는 법정감독의무 없이 법률 등에 기초하여 감독의무를 부담하는 대리감독자로서 乙, 丙에 대한 학교에서의 교육활동 및 이와 밀접 불가분한 생활관계에 한정하여 감독할 의무를 부담한다. 한편 B, C는 경기도에 속한 공무원으로서 이들의 보호감독의무 위반에 대하여는 감독관청인 경기도가 피해자에게 국가배상법에 따른 손해배상책임을 부담한다.

2. B, C의 대리감독자책임

B, C는 乙, 丙에 대한 대리감독자로서 그 감독을 게을리하지 않았음을 증명하지 못하는 경우에 직접 피해자에 대하여 배상책임을 진다. 이에 대하여 **학설과 판례**는 학교의 교장이나 교사의 보호감독의무는 교육법에 따라 학생들을 친권자 등 법정 감독의무자에 대신하여 감독을 하여야 하는 의무로서, ① 학교 내에서의 학생의 전 생활관계에 미치는 것은 아니고, 학교에서의 교육활동 및 이와 밀접 불가분의 관계에 있는 생활관계에 한하며, ② 그 의무범위 내의 생활관계라고 하더라도 교육활동의 때, 장소, 가해자의 분별능력, 가해자의 성행, 가해자와 피해자의 관계, 기타 여러 사정을 고려하여 사고가 학교생활에서 통상 발생할 수 있다고 하는 것이 예측되거나 또는 예측가능성(사고 발생의 구체적 위험성)이 있는 경우에 한하여 교장이나 교사는 보호감독의무 위반에 대한 책임을 진다고 한다(대판 1993. 2. 12, 92다13646; 대판 1997. 6. 13, 96다44433; 대판 2000. 4. 11, 99다44205).* 사안에서 乙, 丙의 甲에 대한 폭행과 괴롭힘이 주로 학교에서 이루어졌고 수개월에 걸쳐 장기간 지속되었음에도 B는 이를 제대로 파악하지 못하여 甲의 자살이라는 결과를 사전에 예방하지 못하였고, 乙, 丙의 甲에 대한 폭행과 괴롭힘을 적발한 이후에도 B, C는 이에 미온적으로 대처하여 결과적으로 甲이 자살에 이르게 하는 원인을 제공하였다. 그러므로 경기도는 소속 공무원인 B, C의 과실로 인한 손해를 국가배상법 제2조 제1항에 따라 甲에게 배상할 책임이 있다.

---

* 이에 대한 판례로는 대판 1993. 2. 12, 92다13646(점심시간), 대판 1995. 12. 26, 95다313(씨름부 학생들이 연습후 샤워장에서), 대판 1997. 6. 13, 96다44433(휴식시간), 대판 1997. 6. 27, 97다15258(자율학습이 시작되기 전에 교실), 대판 1999. 9. 17, 99다23895(고적답사를 겸한 졸업여행 중 숙소 내에서 휴식시간), 대판 2000. 4. 11, 99다44205(체육시간 직후 휴식시간) 등이 있다.

3. 경기도의 국가배상책임

국·공립학교의 교사는 공무원이고, 공무원인 교사의 주의의무 위반 내용은 실질적으로 국가배상법 제2조의 공권력 작용으로서의 학교교육 활동에 관한 것이므로 국·공립학교의 교사의 보호감독의무의 위반으로 인한 손해배상책임에 대하여는 민법 제756조가 적용되지 아니하고 국가배상법 제2조가 우선적으로 적용되므로(대판 1996. 8. 23, 96다19833) 국가 또는 지방자치단체는 국가배상법 제2조 제1항에 의하여 손해배상책임을 부담한다. 다만, 국·공립학교의 경우에 교사는 학교 폭력과 관련하여 고의 또는 중과실이 없는 한 경과실만으로는 개인책임을 부담하지 않는다(대판(전원합의체) 1996. 2. 15, 95다38677). 특히 학교 내에서 가해자가 피해자에게 폭행을 가하고 피해자가 그 후 자살하였다면 이는 특별한 사정으로 인한 손해로서 교사 등 학교 측에서 그러한 사정을 알았거나 알 수 있었을 때에 한하여 책임이 있다고 할 것이다. 사안에서 乙, 丙의 甲에 대한 폭행과 괴롭힘이 주로 학교에서 이루어져 학교에서의 교육활동 및 이와 밀접 불가분한 생활관계에 있고, 폭행 등 괴롭힘이 수개월 동안 지속적으로 이루어졌으며, 이러한 사실을 B, C가 알고도 가해 학생들에 대한 교육적 지도에 미온적으로 대처한 사정에 비추어 보면, 담임교사인 B가 좀 더 주의를 기울여 학생들을 보호 감독하였다면 甲이 乙, 丙으로부터 폭행 등 괴롭힘을 당하는 것을 방지할 수 있었던 것으로 보인다. 특히 B가 A의 항의를 받은 후 甲을 심하게 꾸중을 하였고, 이로 인하여 甲이 다른 친구들로부터도 왕따를 당하게 된 점을 고려하면, B, C는 甲이 폭행 등 괴롭힘에 따른 심한 스트레스 등 정신적 고통을 받다 이를 견디지 못하여 자살할 수 있으리라고 예측하거나 예측할 수 있었다고 볼 수 있으므로 경기도의 손해배상책임을 인정할 수 있다.

4. D, E, F와 B, C, 경기도의 책임관계

 가해자에게 책임능력이 없는 경우에 친권자의 감독책임은 미성년자의 생활 전반에 미치고, 교사의 감독의무는 학교에서의 교육활동 및 이와 밀접 불가분한 생활관계에 한정하여 미치는 것이며, 부모와 교사의 의무가 중첩적으로 성립하는 생활관계에서의 무능력자의 가해행위에 대하여는 양자의 책임이 병존할 수 있다(대판 1994. 8. 23, 93다60588). 사안에서 A는 D, E, F를 상대로 법정감독자의 책임을, B, C, 경기도를 상대로 국가배상법상의 손해배상을 청구할 수 있다.

Ⅴ. 사안의 해결

 (1) A는 甲의 부모로서 甲에게 폭행과 괴롭힘을 가한 乙, 丙, 丁을 상대로 제750조의 불법행위책임을 물을 수 있으며, 또한 乙, 丙, 丁은 공동으로 甲을 폭행하고 괴롭혔으므로 제760조의 공동불법행위책임을 물을 수 있다.

 (2) 乙, 丙의 가해행위는 불법행위 요건을 갖추었으나 책임능력이 없으므로 그를 감독할 법정의무 있는 D, E가 감독자책임을 진다. 그러나 丁은 책임능력이 있으므로 자신의 고유한 불법행위책임을 부담하며, 그 결과 F는 丁에 대한 감독자책임을 지지 않는다. 하지만 F는 丁에 대한 보호감독의무를 게을리하였으므로 A에게 제750조에 의한 손해배상책임을 진다.

 (3) B, C, 경기도는 甲, 乙, 丙의 대리감독자로서 감독의무를 게을리하였으므로 국가배상법 제2조 제1항에 따른 손해배상책임을 지며, 이는 민법상의 법정 감독자책임과 병존할 수 있다.

참고판례

1. 대법원 2007. 4. 26. 선고 2005다24318 판결

[1] 민법 제755조에 의하여 책임능력 없는 미성년자를 감독할 친권자 등 법정감독의무자의 보호·감독책임은 미성년자의 생활 전반에 미치는 것이고, 법정감독의무자에 대신하여 보호·감독의무를 부담하는 교사 등의 보호·감독책임은 학교 내에서의 학생의 모든 생활관계에 미치는 것이 아니라 학교에서의 교육활동 및 이와 밀접 불가분의 관계에 있는 생활관계에 한하며, 이와 같은 대리감독자가 있다는 사실만 가지고 곧 친권자의 법정감독책임이 면탈된다고는 볼 수 없다.

[2] 지방자치단체가 설치·경영하는 학교의 교장이나 교사는 학생을 보호·감독할 의무를 지는데, 이러한 보호·감독의무는 교육법에 따라 학생들을 친권자 등 법정감독의무자에 대신하여 감독을 하여야 하는 의무로서 학교 내에서의 학생의 모든 생활관계에 미치는 것은 아니지만, 학교에서의 교육활동 및 이와 밀접 불가분의 관계에 있는 생활관계에 속하고, 교육활동의 때와 장소, 가해자의 분별능력, 가해자의 성행, 가해자와 피해자의 관계, 기타 여러 사정을 고려하여 사고가 학교생활에서 통상 발생할 수 있다고 하는 것이 예측되거나 또는 예측가능성(사고발생의 구체적 위험성)이 있는 경우에는 교장이나 교사는 보호·감독의무 위반에 대한 책임을 진다.

2. 대법원 1994. 8. 23. 선고 93다60588 판결

[1] 민법 제755조에 의하여 책임능력 없는 미성년자를 감독할 법정의 의무있는 자 또는 그에 갈음하여 무능력자를 감독하는 자가 지는 손해배상책임은 그 미성년자에게 책임이 없음을 전제로 하여 이를 보충하는 책임이고, 그 경우에 감독의무자 자신이 감독의무를 해태하지 아니하였음을 입증하지 아니하는 한 책임을 면할 수 없는 것이나, 반면에 미성년자가 책임능력이 있어 그 스스로 불법행위책임을 지는 경우에도 그 손해가 당해 미성년자의 감독의무자의 의무위반과 상당인과관계가 있으면 감독의무자는 일반불법행위자로서 손해배상책임이 있다.

[2] 학교의 교장이나 교사가 학생을 보호·감독할 의무는 교육법에 따라 학생들을 친권자 등 법정감독의무자에 대신하여 감독을 하여야 하는 의무로서 학교 내에서의 학생의 전생활관계에 미치는 것은 아니고 학교에서의 교육활동 및 이에 밀접 불가분의 관계에 있는 생활관계에 한하고, 그 의무의 범위 내의 생활관계라고 하더라도 교육활동의 때, 장소 / 가해자의 분별능력 / 가해자의 성행 / 가해자와 피해자의 관계, 기타 여러 사정을 고려하여 사고가 학교생활에서 통상 발생할 수 있다고 하는 것이 예측되거나 또는 예측가능성이 있는 경우에만 교장이나 교사는 보호감독의무위반에 대한 책임을 지고, 위의 예측가능성에 대하여서는 교육활동의 때, 장소 / 가해자의 분별능력 / 가해자의 성행 / 가해자와 피해자와의 관계, 기타 여러 사정을 고려하여 판단할 필요가 있다.

3. 대법원 1994. 2. 8. 선고 93다13605 판결

미성년자가 책임능력이 있어 그 스스로 불법행위책임을 지는 경우에도 그 손해가 당해 미성년자의 감독의무자의 의무위반과 상당인과관계가 있으면 감독의무자는 일반불법행위자로서 손해배상책임이 있고 이 경우에 그러한 감독의무위반사실 및 손해발생과의 상당인과관계의 존재는 이를 주장하는 자가 입증하여야 한다.

[20] 사용자책임(1): 대리운전 사고에 대한 책임

사례

甲은 술을 마신 관계로 음주운전을 피하기 위하여 대리운전업자 A에게 대리운전을 의뢰하였고, A는 자신의 직원 乙을 파견하였다. 乙은 도시고속도로에서 심야에 시속 130km로 운전을 하다가 앞에 가던 丙의 택시와 충돌하는 사고를 야기하였다. 이 사고로 인하여 자신의 차량에 동승하고 있던 甲은 현장에서 즉사하였고, 택시운전자 丙은 전치 8주의 부상을 입었다. 이 교통사고는 현장조사 결과 대리운전자와 택시운전자의 공동 과실로 발생하였음이 밝혀졌고, 그 과실 비율은 대리운전자가 70%, 택시운전자가 30%이었으며, 안전띠를 매지 않은 甲에게도 5%의 과실이 인정되었다.

[문제1] 甲이 행사할 수 있는 권리는?
[문제2] 甲의 부인 丁과 임신 8개월인 戊가 행사할 수 있는 권리는?

[개요]

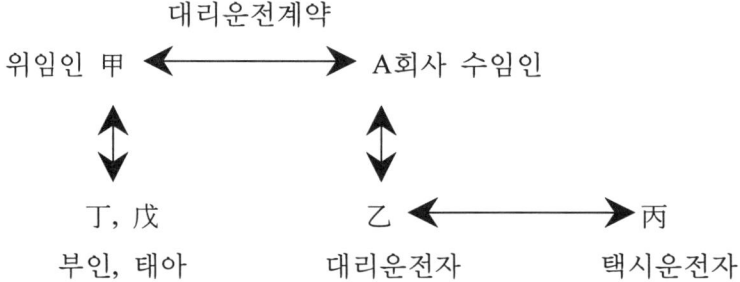

Ⅰ. 문제의 제기

(1) 甲은 A와 대리운전계약*을 체결하였으므로 A에 대하여 채무불이행으로 인한 손해배상책임을 물을 수 있을 것이다. 또한 甲은 乙의 불법행위로 인한 생명침해를 입었으므로 A에게 사용자책임을 물을 수 있을 것이다. 나아가 甲은 대리운전자 乙과 택시운전자 丙을 상대로 공동불법행위책임을 물을 수 있을 것이다. 이에 대하여 A는 甲과 유상의 대리운전계약을 체결하였다고 하더라도 甲이 사고 자동차에 대한 운행자성을 상실하였다고 볼 수 없으며, 또한 甲이 乙의 과속운전을 제지하지 아니한 책임이 있으므로 배상액의 감경을 주장할 수 있을 것이다.

(2) 甲의 부인 丁과 태아 戊는 甲의 생명침해에 대하여 乙 및 丙에게 불법행위로 인한 손해배상책임을 물을 수 있을 것이며, 또한 甲이 乙의 불법행위로 인하여 사망하였으므로 생명침해로 인한 위자료 청구권을 상속받을 수 있을 것이다.

Ⅱ. 甲의 손해배상청구

1. 甲의 법적 지위

甲은 A와 대리운전계약을 체결하였고, A의 직원 乙이 운전하는 자신의 차량에 동승하였다가 자동차 사고로 사망하였다. 따라서 甲은 A에 대하여 대리운전계약 위반으로 인한 손해배상책임 및 사용자책임을 물을 수 있다. 또한 甲은 乙과 丙에 대하여 공동불법행위로 인한 손해배상책임을 물을 수 있다.

---

* '대리'는 법률행위에 관한 용어로서 운전과 같은 사실행위에는 적합하지 않으므로 '대행'이라는 용어가 타당하다. 그러나 '대리운전'은 일반화된 용어이므로 '대리운전업자'와 '대리운전자'라는 용어를 사용하기로 한다.

2. 甲의 A에 대한 손해배상청구

(1) 채무불이행으로 인한 손해배상청구

'대리운전계약'은 자동차를 일시적으로 운전할 수 없게 된 자가 대리운전업자에게 일정한 장소까지 자동차의 운전을 대행하게 하고 그 대가를 지급하기로 하는 계약을 말한다. 이 경우 대리운전업자는 의뢰받은 자동차를 안전하게 운전하여 일정한 장소까지 옮겨놓아야 하는 의무를 부담하고, 대리운전을 의뢰한 자는 그에 따른 대가를 지급할 의무를 부담한다. 사안에서 乙은 A의 이행보조자로서 甲의 차량을 안전하게 운전하여 목적지까지 옮겨놓아야 하는 의무를 이행하지 못하였으므로 그에 대한 책임은 대리운전업자 A가 부담한다(제391조). 따라서 甲은 A에게 채무불이행으로 인한 손해배상책임을 물을 수 있다(제390조).

(2) 사용자책임에 기한 손해배상청구

(가) 사용자책임의 성립요건

사용자책임이 성립하기 위한 요건으로는(제756조),

첫째, 사용자가 타인을 사용하여 어느 사무에 종사하게 하였어야 한다. 여기서 '사무'는 통상 일과 같은 의미이며, 법률적·계속적인 것에 한하지 않고 사실적·일시적인 사무라도 무방하다(대판 1989. 10. 10, 89다카2278). 그리고 '사용관계'는 실질적인 지휘·감독관계를 의미하며, 반드시 법적으로 유효한 계약관계에 있어야 하는 것은 아니다. 그리고 사용관계는 발생원인이나 보수의 유무 또는 기간의 장단 등도 문제되지 않는다. 사안에서 乙은 A의 직원으로서 A가 甲과 체결한 대리운전계약에 따른 의무를 이행하기 위하여 파견되었다.

둘째, 피용자가 어느 사무집행에 관하여 제3자에게 손해를 가하였어야 한다. 여기서 '제3자'는 가해행위를 한 피용자와 그의 사용자를 제외한 그 밖의 모든 권리주체를 말하며(대판 1966. 10. 21, 65다825), '사무집행 관련성'은 원칙적으로 가해행위가 피용자의 직무 범위에 속하는 것이어야 하지만 피용자의 직무 집행행위 자체가 아니더라도 그 행위의 외형으로 관찰하여 마치 직무 집행의 범위에 속하는 것으로 보이는 행위도 포함된다(대판 1984. 8. 13, 84다카979). 다만, 피용자의 행위가 사무집행 관련성이 없는 것임을 상대방이 알았거나 또는 중대한 과실로 알지 못하였다면 사용자의 배상책임은 부정된다(대판 1996. 4. 26, 94다29850; 2000. 11. 24, 2000다1327). 사안에서 乙의 과실에 의한 자동차 사고로 인하여 甲이 사망하는 손해가 발생하였다.

셋째, 피용자의 가해행위가 불법행위의 일반적 성립요건을 갖추어야 한다. 이와 관련하여 사용자책임의 본질을 **대위책임**으로 보는 **통설 및 판례**(대판 1981. 8. 11, 81다298)는 피용자의 제3자에 대한 가해행위가 고의나 과실 및 책임능력 등 불법행위의 성립요건을 갖추어야 한다고 하고, 이에 대하여 **고유책임**으로 보는 소수설은 피용자가 위법하게 제3자에게 손해를 가한 것으로 충분하고 피용자의 고의나 과실 및 책임능력은 요건이 아니라고 한다. 생각건대 사용자의 구상권을 규정한 민법 제756조 제3항의 취지에 비추어 대위책임설이 타당하다(대판(전원합의체) 1992. 6. 23, 91다33070). 사안에서 자동차 사고는 乙의 과실에 의한 것이며, 이로 인하여 甲이 사망하는 손해가 발생하였다.

넷째, 사용자가 제756조 제1항 단서의 면책사유 있음을 입증하지 못하였어야 한다. 사용자는 피용자의 선임과 사무감독에 상당한 주의를 하였거나 상당한 주의를 하여도 손해가 있을 경우에는 손해배상책임이 없다. 그러므로 이러한 사정은 사용자 등이 주장 및 입증을 하여야 한다(대판 1998. 5. 15, 97다58538). 사안에서 A는 자신의 직원 乙에 대한 선임과 사무감독에 상당한 주의를 하여도 손해가 발생하였을 것이라는 면책사유를 입증하지 못하였다.

결론적으로 乙의 과실에 의한 자동차 사고로 인하여 甲이 사망하는 손해가 발생하였으므로 A의 사용자책임 요건이 충족되었다고 할 수 있다.

(나) 사용자책임의 내용

사용자책임이 성립하면 사용자는 피용자의 가해행위로 인하여 발생한 손해에 대하여 직접 피해자에게 배상의무를 부담한다(제756조 제1항 본문, 제2항). 이 경우 특별손해에 대한 예견가능성은 사용자 등을 기준으로 판단한다. 사안에서 A는 甲에게 乙이 야기한 손해를 배상하여야 하며, 이 경우 특별손해는 A를 기준으로 판단한다.

(3) A의 甲에 대한 항변

(가) 자동차손배법상의 '타인성' 여부

자동차 소유자가 대리운전업자를 상대로 손해배상을 청구하는 경우 자동차의 소유자와 대리운전업자는 모두 사고 자동차에 대한 외부 관계에 있어서는 운행자의 지위에 있다. 그러므로 자동차 소유자에게 공동운행자 상호 간의 관계에서 자동차손해배상보장법(이하에서는 '자동차손배법'이라 부른다)상의 '타인성'이 인정될 수 있는지가 문제된다. 이에 관하여 판례는 "자배법 제3조에서 말하는 '다른 사람'이란 '자기를 위하여 자동차를 운행하는 자 및 당해 자동차의 운전자를 제외한 그 이외의 자'를 지칭하는 것이므로, 동일한 자동차에 대하여 복수로 존재하는 운행자 중 1인이 당해 자동차의 사고로 피해를 입은 경우에도 사고를 당한 그 운행자는 다른 운행자에 대하여 자신이 같은 법 제3조 소정의 타인임을 주장할 수 없는 것이 원칙이고, 다만 사고를 당한 운행자의 운행지배 및 운행이익에 비하여 상대방의 그것이 보다 주도적이거나 직접적이고 구체적으로 나타나 있어 상대방이 용이하게 사고의 발생을 방지할 수 있었다고 보여지는 경우에 한하여 비로소 자신이 타인임을 주장할 수 있을 뿐이다."고 한다 (대판 2000. 10. 6, 2000다32840). 그러나 자동차 소유자와 대리운전업자 사이의 내부관계에 있어서는 자동차 소유자가 대리운전 중 자신의 자동차에 동승하고 있었다고 하더라도 자동차 소유자가 음주운전을 피하고자 유상의 대리운전을 의뢰한 경위나 목적, 대리운전업자가 지급받는 대가는 의뢰받은 자동차를 목적지까지 안전하게 운전하는 것에 대한 반대급부인 점 등에 비추어 보면, 대리운전업자가 자동차 소유자로부터 대리운전을 의뢰받아 이를 수락하고 자동차를 인도받음으로써 그 자동차의 운전과 그로 인한 위험을 전면적으로 인수하였다고 할 것이다. 따라서 대리운전업자가 자동차를 운전하고 있는 동안에는 대리운전업자의 운행지배 및 운행이익이 자동차 소유자보다 주도적이거나 직접적이고 구체적이라 할 것이므로 대리운전 중에 발생한 사고로 인하여 피해를 입은 자동차 소유자는 대리운전업자와의 관계에서 자동차손배법상의 타인에 해당한다고 할 수 있다. 사안에서 甲은 대리운전계약에 따라 A의 직원인 乙에게 자신의 차량을 운행시킨 것이므로 위 차량에 대한 운행지배와 운행이익을 A와 공유하고 있다고 할 수 없고, 위 차량의 단순한 동승자에 불과하므로 자동차손배법 제3조 소정의 '다른 사람'에 해당한다. 따라서 甲은 A에 대하여 공동운행자임을 이유로 대리운전업자의 손해배상액을 감경할 필요가 없다.

(나) 안전운행 촉구의무

자동차 소유자 또는 자동차를 사용할 권리가 있는 자로서 자기를 위하여 자동차를 운행하는 자, 즉 자동차의 '보유자'는 자동차의 운행으로 인한 이익을 향유할 뿐 아니라 자동차의 운행을 지배하는 지위에 있는 자로서 운전자의 선임에 관하여는 물론 그 지휘 감독에 관하여 상당한 주의를 하여야 할 의무가 있다. 그러므로 자동차 보유자는 대리운전자에게 안전운행을 촉구할 의무가 존재하는지가 문제된다. 이에 대하여 판례는 "자동차의 단순한 동승자에게는 운전자가 현저하게 난폭운전을 한다든가, 그 밖의 사유로 인하여 사고발생의 위험성이 상당한 정도로 우려된다는 것을 동승자가 인식할 수 있었다는 등의 특별한 사정이 없는 한, 운전자에게 안전운행을 촉구할 주의의무가 있다고 할 수 없다."고 한다(대판 2001. 10. 12, 2001다48675). 사안에서 A의 직원 乙이 심야에 제한최고속도인 시속 100㎞를 초과하여 시속 130㎞의 속도로 운전을 하다가 사고를 야기한 것이라고 하더라도, 그와 같은 사정만으로 단순한 동승자에 불과한 甲에게 안전운행을 촉구할 주의의무가 있다고 할 수 없다. 따라서 A는 甲이 乙의 과속운전을 제지하지 아니한 과실을 전제로 하여 손해배상액의 감경을 주장할 수 없다.

(4) 소결

甲은 A에 대하여 대리운전계약의 불이행으로 인한 손해배상청구권과 사용자책임에 의한 손해배상청구권을 가진다. 이에 대하여 A는 甲에 대하여 공동운행자이므로 책임의 감경을 주장할 수 있지만, 乙의 운행지배 및 운행이익이 甲보다 주도적이거나 직접적이고 구체적이라 할 수 있으므로 甲은 乙과의 관계에서 자동차손배법상 타인에 해당한다. 사안에서 甲은 자신이 가진 A에 대한 청구권이 청구권 경합의 관계에 있으므로 어느 하나만을 청구하거나 양 청구권을 선택적으로 주장할 수 있다.

3. 甲의 乙과 丙에 대한 손해배상 청구

(1) 甲의 법적 지위

甲은 乙이 운전하는 자동차 사고로 인하여 사망하였다. 乙은 A의 직원으로서 甲의 자동차를 운전하다 사고를 야기하였으므로 甲에 대한 생명침해 및 자동차 파손에 대한 손해배상책임을 부담한다. 이에 대하여 丙도 자신의 과실로 甲에게 손해를 야기하였으므로 乙과 공동으로 불법행위책임을 부담한다.

(2) 공동불법행위책임

(가) 공동불법행위의 성립요건

'수인이 공동의 불법행위로 타인에게 손해를 가한' 경우에 이를 협의의 공동불법행위라고 한다(제760조 제1항). 여기서 '공동의'의 의미에 대하여는 다툼이 있는데, 다수설과 판례는 가해행위가 객관적으로 관련공동성이 있으면 충분하고 가해자들 사이에 공모나 공동의 인식이 있어야 하는 것은 아니라는 **객관적 관련공동설**을 취하고 있다. 이에 대하여 가해자들 사이에 공모 내지 공동의 인식이 있어야 한다는 **주관적 관련공동설**, 긴밀한 객관적 공동이 있으면 공동불법행위가 성립하지만 인과관계가 경합된 것으로 관련공동성이 없으면 각자의 관여분에 따라 손해배상책임을 부담한다는 **절충설** 등이 있다. 특히 판례는 "공동불법행위가 성립하려면 행위자 사이에 의사의 공통이나 행위 공동의 인식이 필요한 것은 아니지만, 객관적으로 보아 행위자 각자의 고의 또는 과실에 기한 행위가 공동으로 행하여져 피해자에 대한 권리침해 및 손해발생에 공통의 원인이 되었다고 인정되는 경우라야 할 것이므로(대판 1982. 12. 28, 80다3057; 1989. 5. 23, 87다카2723 참조), 공동불법행위를 이유로 손해배상책임을 인정하기 위해서는 먼저 행위자 각자의 고의 또는 과실에 기한 행위가 공동으로 행하여졌다는 점이 밝혀져야 한다."고 하여 객관적 관련공동설을 취하고 있다(대판 2008. 4. 24, 2007다44774). 사안에서 대리운전자 乙과 택시운전자 丙의 공동 과실로 자동차 사고가 발생하였고, 이로 인하여 甲이 사망하는 손해가 발생하였으므로 양자는 연대하여 甲에게 그 손해를 배상하여야 한다.

(나) 공동불법행위자의 손해배상책임

공동불법행위자는 "연대하여 그 손해를 배상할 책임이 있다."(제760조 제1항). 여기서 '연대하여'라는 의미에 대하여 다수설과 판례(대판 1999. 2. 26, 98다52469)는 부진정연대채무라고 하고, 소수설은 법문대로 연대채무라고 하는 견해가 있다. 생각건대 부진정연대채무는 법적 목적공동체의 의미에서 다수 채무의 내적 관련성을 결여하고 있는 점에서 연대채무와 구별되므로 공동불법행위자의 손해배상책임은 부진정연대채무로 보아야 할 것이다.

한편 피해자가 공동불법행위자에게 손해배상을 청구하는 경우 과실상계를 함에 있어서 참작하여야 할 쌍방의 과실에 대하여는 논란이 있다. 이에 대하여 판례는 "공동불법행위책임은 가해자 각 개인의 행위에 대하여 개별적으로 그로 인한 손해를 구하는 것이 아니라 그 가해자들이 공동으로 가한 불법행위에 대하여 그 책임을 추궁하는 것이므로, 공동불법행위로 인한 손해배상책임의 범위는 피해자에 대한 관계에서 가해자들 전원의 행위를 전체적으로 함께 평가하여 정하여야 하고, 그 손해배상액에 대하여는 가해자 각자가 그 금액의 전부에 대한 책임을 부담하는 것이며, 가해자의 1인이 다른 가해자에 비하여 불법행위에 가공한 정도가 경미하다고 하더라도 피해자에 대한 관계에서 그 가해자의 책임 범위를 위와 같이 정하여진 손해배상액의 일부로 제한하여 인정할 수 없다."고 하여 **전체적 평가설**을 따르고 있다(대판 2005. 10. 13, 2003다24147). 이 경우 공동불법행위자 상호 간의 과실의 경중, 위법성 정도, 손해와 인과관계의 밀접성, 구상권 행사의 가능성은 고려요소가 아니다. 사안에서 교통사고의 과실비율은 대리운전자 乙이 70%, 택시운전자 丙이 30%이었으며, 안전띠를 매지 않은 甲에게도 5%의 과실이 인정되었다. 따라서 甲은 乙과 丙에게 전체 손해액의 95%를 청구할 수 있으며, 乙과 丙은 내부적으로 부진정연대채무를 부담하며, 그들 상호 간에는 부담부분에 따라 구상권을 행사할 수 있다.

(3) 소결

甲은 乙과 丙에 대하여 공동불법행위로 인한 손해배상책임을 물을 수 있으며, 손해배상의 범위는 乙과 丙의 전체적 과실과 甲의 과실을 상계하여 산정한다. 그리고 乙과 丙은 甲에 대하여 부진정연대채무의 성질을 가진 손해배상책임을 부담하며, 乙과 丙은 상호 간에 과실의 부담부분에 따라 손해배상책임을 진다.

Ⅲ. 丁과 戊의 손해배상청구

1. 丁과 戊의 법적 지위

丁은 甲의 배우자이며, 戊는 甲의 태아이다. 戊는 태아로서 甲의 사망

당시 아직 출생하지 아니하였으나 태아도 손해배상청구권에 관하여는 이미 출생한 것으로 간주하므로(제762조), 그 뒤에 출생한 이상 甲의 사망으로 인하여 입게 될 정신적 고통에 대한 위자료를 청구할 수 있다(대판 1993. 4. 27, 93다4663). 한편 丁과 戊는 甲의 상속인으로서 甲이 가진 권리를 승계하여 乙과 丙 및 A에게 행사할 수 있다

2. 생명침해로 인한 위자료청구

우리 민법은 "타인의 생명을 해한 자는 피해자의 직계존속, 직계비속 및 배우자에 대하여는 재산상의 손해없는 경우에도 손해배상의 책임이 있다."고 생명침해로 인한 손해배상책임을 규정하고 있다(제752조). 사안에서 丁과 戊는 가해자인 乙과 丙 및 乙의 사용자 A에 대하여 甲에 대한 생명침해로 인한 위자료의 배상을 청구할 수 있다.

3. 甲의 손해배상청구권 상속

(1) 재산상의 손해배상청구권

불법행위에 의한 손해배상청구권은 일반 채권과 마찬가지로 양도성을 가지며(제449조 제1항 본문), 상속의 대상이 된다. 사안에서 상속인인 丁과 戊는 피상속인 甲이 가해자 乙과 丙 및 乙의 사용자 A에 대하여 가지는 재산상의 손해배상청구권을 상속받아 이를 행사할 수 있다.

(2) 정신적 손해배상청구권

(가) 상속성 여부

불법행위로 사람의 생명을 침해한 경우, 즉 피해자가 즉사한 경우에 피해자인 사자에게도 재산상의 손해배상청구권과 함께 위자료청구권이 발생하고, 그 청구권들이 모두 상속인에게 상속되는지가 문제된다. 왜냐하면 상속인은 피상속인의 재산에 관한 포괄적 권리의무를 승계하지만 피상속

인의 일신에 전속한 것은 승계되지 않기 때문이다(제1005조). 이에 대하여 **다수설과 판례**(대판 1969. 4. 15, 69다268)는 피해자가 즉사한 경우에도 시간적 간격이 존재하며, 피해자의 의사표시에 관계없이 위자료청구권이 발생하고, 이러한 위자료청구권은 특별한 사정이 없는 한 상속된다는 **당연상속설**을 취한다. 이에 대하여 소수설은 피해자가 즉사한 경우에도 위자료청구권을 인정하는 것은 이론적 모순이고, 사망자의 위자료청구권은 일신전속권이며, 제752조가 근친자에게 위자료청구권을 부여한 것은 상속부인을 전제로 한 것이라는 **상속부인설**을 취한다. 이에 대하여 판례는 "불법행위로 사람의 생명을 침해한 경우에 그 생명을 침해당한 피해자 본인의 정신적 고통에 대한 위자료청구와 그 피해자의 직계비속 등의 정신적 고통에 대한 위자료청구는 각각 별개의 소송물이다."고 하여 피해자 본인의 고유한 위자료청구권을 인정하고 있다(대판 2008. 3. 27, 2008다1576). 또한 "위자료청구권은 생명·신체 등 피해자로부터 제3자에게 양도할 수 없는 법익의 침해에 의하여 생긴 것이지만 그러한 법익의 침해로 인하여 생긴 위자료청구권은 재산적 손해의 배상청구권과 구별하여 상속성·양도성을 부인할 이유가 없다."고 하여 위자료청구권의 상속성을 인정하고 있다(대판 1976. 4. 13, 75다396). 사안에서 甲은 자동차 사고로 즉사하였지만 위자료청구권을 파기하거나 면제했다고 볼 수 있는 특별한 사정이 없으므로 丁과 戊는 甲의 위자료청구권을 상속받을 수 있다.

(나) 상속능력

태아는 상속순위에 관하여 이미 태어난 것으로 본다(제1000조 제3항). 사안에서 戊는 丁과 甲의 위자료청구권을 공동으로 상속한다(제1003조 제1항).

3. 소결

생명침해로 인한 피해자의 위자료청구권은 피해자의 사망으로 인하여 상속된다. 그러므로 피해자의 상속인이 민법 제752조에 규정된 유족인 경우에도 그 유족은 민법 제752조의 위자료청구권과 피해자로부터 상속받은 위자료청구권을 함께 행사할 수 있다. 따라서 丁과 戊는 민법 제752조에 의하여 인정되는 상속인 고유의 위자료청구권과 甲으로부터 상속받은 재산상의 손해배상청구권 및 위자료청구권 양자를 乙과 丙 및 A에게 행사할 수 있다.

Ⅳ. 사안의 해결

(1) 甲은 A에 대하여 대리운전계약의 불이행으로 인한 손해배상을 청구할 수 있다. 또한 甲은 A의 피용자인 乙의 불법행위로 생명침해를 당하였으므로 A에게는 사용자책임을, 乙에게는 불법행위로 인한 손해배상책임을 물을 수 있다. 이 경우 甲의 생명침해는 乙의 불법행위와 丙의 불법행위가 공동으로 행하여졌으므로 甲은 양자에게 공동불법행위책임을 물을 수 있다.

(2) 丁은 甲의 배우자로서, 戊는 甲의 태아로서 각각 가해자 乙과 丙 및 A에게 甲의 생명침해로 인한 위자료청구권을 행사할 수 있다. 또한 甲이 가해자인 乙과 丙 및 A에 대하여 가지는 재산상의 손해배상청구권과 위자료청구권을 상속받아 이를 함께 乙과 丙 및 A에게 행사할 수 있다.

참고판례

1. 대법원 2009. 5. 28. 선고 2007다87221 판결

자동차손해배상 보장법 제3조에 정한 '다른 사람'은 자기를 위하여 자동차를 운행하는 자 및 당해 자동차의 운전자를 제외한 그 외의 자를 지칭하는 것이므로, 동일한 자동차에 대하여 복수로 존재하는 운행자 중 1인이 당해 자동차의 사고로 피해를 입은 경우에도 사고를 당한 그 운행자는 다른 운행자에 대하여 자신이 같은 법 제3조에 정한 '다른 사람'임

을 주장할 수 없는 것이 원칙이다. 다만, 사고를 당한 운행자의 운행지배 및 운행이익에 비하여 상대방의 그것이 보다 주도적이거나 직접적이고 구체적으로 나타나 있어 상대방이 용이하게 사고의 발생을 방지할 수 있었다고 보이는 경우에 한하여 비로소 자신이 '다른 사람'임을 주장할 수 있을 뿐이다.

2. 대법원 1992. 6. 23. 선고 91다33070 전원합의체 판결

피용자와 제3자가 공동불법행위로 피해자에게 손해를 가하여 그 손해배상채무를 부담하는 경우에 피용자와 제3자는 공동불법행위자로서 서로 부진정연대관계에 있고, 한편 사용자의 손해배상책임은 피용자의 배상책임에 대한 대체적 책임이어서 사용자도 제3자와 부진정연대관계에 있다고 보아야 할 것이므로, 사용자가 피용자와 제3자의 책임비율에 의하여 정해진 피용자의 부담부분을 초과하여 피해자에게 손해를 배상한 경우에는 사용자는 제3자에 대하여도 구상권을 행사할 수 있으며, 그 구상의 범위는 제3자의 부담부분에 국한된다고 보는 것이 타당하다.

3. 대법원 2008. 4. 24. 선고 2007다44774 판결

공동불법행위가 성립하려면 행위자 사이에 의사의 공통이나 행위공동의 인식이 필요한 것은 아니지만, 객관적으로 보아 행위자 각자의 고의 또는 과실에 기한 행위가 공동으로 행하여져 피해자에 대한 권리침해 및 손해발생에 공통의 원인이 되었다고 인정되는 경우라야 할 것이므로(대법원 1982. 12. 28. 선고 80다3057 판결, 대법원 1989. 5. 23. 선고 87다카2723 판결 등 참조), 공동불법행위를 이유로 손해배상책임을 인정하기 위하여는 먼저 행위자 각자의 고의 또는 과실에 기한 행위가 공동으로 행하여졌다는 점이 밝혀져야 한다고 할 것이다.

4. 대법원 1969. 4. 15. 선고 69다268 판결

정신적 고통에 대한 피해자의 위자료 청구권도 재산상의 손해배상 청구권과 구별하여 취급할 근거없는 바이므로 그 위자료 청구권이 일신 전속권이라 할 수 없고 피해자의 사망으로 인하여 상속된다 할 것이며 피

해자의 재산상속인이 민법 제752조 소정의 유족인 경우라 하여도 그 유족이 민법 제752조 소정 고유의 위자료 청구권과 피해자로 부터 상속받은 위자료 청구권을 함께 행사할 수 있다고 하여 그것이 부당하다 할 수 없고 피해자의 위자료 청구권은 감각적인 고통에 대한 것 뿐만 아니라 피해자가 불법 행위로 인하여 상실한 정신적 이익을 비재산 손해의 내용으로 할 수 있는 것이어서 피해자가 즉사한 경우라 하여도 피해자가 치명상을 받은 때와 사망과의 사이에는 이론상 시간적 간격이 인정 될 수 있는 것이므로 피해자의 위자료 청구권은 당연히 상속의 대상이 된다고 해석함이 상당하다.

[21] 사용자책임(2): 회원권 분양 책임

사례*

 2000. 7.경 甲은 乙로부터 丙이 분양하는 B리조트 콘도미니엄의 회원권을 시세보다 저렴하게 매수할 수 있도록 해 주겠다는 제의를 받았다. 甲은 乙의 기망에 빠져 2000. 8. 24. 乙에게 2억원을 주면서 2000. 9. 15.까지 회원권에 대한 명의개서가 완료되지 않으면 위약금으로 2억 4천만원을 반환받기로 약정하였다. 또한 甲은 乙로부터 위의 약정이 이행되지 않으면 丙이 모든 책임을 진다는 내용의 丙 명의의 약정서와 영수증을 교부받았다. 그러나 丙은 자신이 가진 회원권을 매도할 계획이 없었고, 甲이 乙로부터 받은 丙 명의의 약정서와 영수증은 乙이 丙의 인장을 위조하여 작성한 것이다. 한편 乙은 1997. 9. 1.부터 'A 레져컨설팅'이라는 상호로 회원권 분양 영업을 하여 오던 자로서, 丙이 분양하는 B리조트 콘도미니엄의 회원권을 알선, 중개해 주고 그 실적에 따라 丙으로부터 일정한 수수료를 받아왔다. 丙은 乙에게 丙이 분양하는 B리조트 콘도미니엄의 회원권 분양과 관련하여 丙의 상호나 명칭을 사용하여 영업하도록 허락하였고, 그 결과 甲은 丙을 영업주로 오인하여 乙과 거래하였다. 乙은 회원권의 명의개서 일자가 경과하였음에도 불구하고 甲에게 회원권에 대한 명의개서를 완료하여 주지 않고 있다.
 [사례1] 甲이 乙과 丙에게 행사할 수 있는 법적 권리는?
 [사례2] 丙이 甲에게 손해를 배상한 경우에 乙에게 행사할 수 있는 권리는?

[개요]

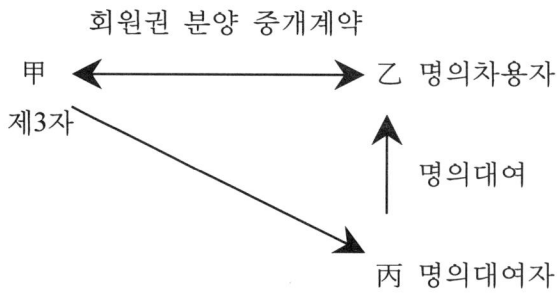

---

* 이 사안은 대법원 2005. 2. 25. 선고 2003다36133 판결에 기초하여 작성한 것이다.

I. 문제의 소재

(1) 甲은 B리조트 콘도미니엄의 회원권 분양을 중개하여 주겠다는 乙의 기망에 빠져 乙과 분양권의 명의개서를 약정하였다. 그러므로 甲은 乙과 체결한 회원권 분양 중개계약을 사기를 이유로 취소할 수 있으며, 또한 사기에 의한 불법행위를 이유로 손해배상을 청구할 수 있을 것이다. 그리고 乙은 甲으로부터 2억원을 받고 분양권의 명의개서를 이행하지 않고 있으므로 甲은 乙에게 위약금 약정에 따라 2억 4천만원을 손해배상으로 청구할 수 있을 것이다.

한편 丙은 乙에게 자기의 상호를 사용하여 영업할 것을 허락하였고, 그 결과 甲은 丙을 영업주로 오인하여 乙과 회원권에 대한 명의개서 약정을 체결하였으므로 甲은 丙에게 명의대여자 책임을 물을 수 있을 것이다. 또한 甲은 乙과 업무상 객관적인 지휘·감독관계에 있는 丙에게 사용자책임을 물을 수 있을 것이다.

(2) 丙은 甲에게 배상한 2억 4천만원 전액에 대하여 乙에게 구상권을 행사할 수 있을 것이다.

II. 甲의 乙에 대한 권리행사

1. 甲의 법적 지위

甲은 乙의 기망에 빠져 乙과 회원권 분양 중개계약을 체결하였으므로 甲은 사기를 이유로 乙과 체결한 회원권 분양 중개계약을 취소할 수 있다. 또한 甲은 乙이 2억원을 받고 회원권의 명의개서를 이행하지 않고 있으므로 채무불이행을 이유로 손해배상을 청구할 수 있으며, 사기에 의한 불법행위를 이유로 손해배상을 청구할 수도 있다.

2. 회원권 분양 중개계약 취소

(1) 요건

甲이 乙과 체결한 회원권 분양 중개계약을 취소하기 위해서는(제110조 제1항),

첫째, 표의자의 의사표시가 있어야 한다. 사안에서 甲은 乙의 기망에 빠져 乙과 회원권 분양 중개계약을 체결하였다.

둘째, 사기자의 고의가 있어야 한다. 여기서 "고의"는 표의자를 기망하여 착오에 빠지게 하려는 고의(기망의 고의)와 그 착오에 기하여 표의자로 하여금 구체적인 의사표시를 하게 하려는 고의(동기화 의식)가 있어야 한다. 사안에서 丙은 자신이 가진 회원권을 매도할 계획이 없었으나 乙은 甲에게 丙이 소유하고 있는 B리조트 콘도미니엄의 회원권을 시세보다 저렴하게 매수할 수 있도록 해 주겠다는 제의를 하였으며, 이에 따라 甲은 乙과 회원권 분양 중개계약을 체결하였다.

셋째, 사기자의 기망행위가 있어야 한다. 여기서 "기망행위"라 함은 표의자에게 사실과 다른 그릇된 관념을 가지게 하거나 이를 유지 또는 강화하게 하는 일체의 행위를 말한다. 사안에서 乙은 甲에게 丙이 분양하는 B리조트 콘도미니엄의 회원권을 시세보다 저렴하게 매수할 수 있도록 해 주겠다는 제의를 하였고, 또한 분양권 명의개서 약정이 이행되지 않으면 丙이 모든 책임을 진다는 내용의 丙 명의의 약정서와 영수증을 甲에게 교부하였다.

넷째, 기망행위가 위법하여야 한다. 기망행위의 위법성 유무는 개별적·구체적으로 판단되어야 하며, 신의칙 및 거래관념에 비추어 용인될 수 있는 범위를 넘지 않는 것이어야 한다. 사안에서 甲이 乙로부터 받은 분양권 명의개서 약정서와 영수증은 乙이 丙의 인장을 위조하여 작성한 것이다.

다섯째, 기망행위와 의사표시 사이에 인과관계가 있어야 한다. 즉 기망행위와 착오 사이에 인과관계가 있어야 하고, 착오와 의사표시 사이에도 인과관계가 있어야 한다. 사안에서 甲은 乙의 기망에 빠져 丙을 영업주로 오인하였고, 그 결과 甲은 乙과 회원권 분양 중개계약을 체결하였다.

결론적으로 甲이 乙과 체결한 회원권 분양 중개계약은 乙의 사기에 의하여 체결되었다고 할 수 있다.

(2) 효과

사기에 의한 의사표시는 취소할 수 있다(제110조 제1항). 사안에서 甲은 乙의 기망에 빠져 乙과 회원권 분양 중개계약을 체결하였으므로 甲은 乙과 체결한 회원권 분양 중개계약을 취소할 수 있다. 이 경우 甲은 계약을 취소할 수 있는 상태로 된 때로부터 3년 내에, 계약을 체결한 2000. 8. 24일부터 10년 내에 취소권을 행사하여야 한다(제146조).

3. 손해배상청구

(1) 채무불이행책임

1) 손해배상청구

甲은 乙과 회원권 분양 중개계약을 체결하고 대금을 지급하였으나 乙은 甲에게 약정한 회원권의 명의개서를 하여 줄 수 없다. 그러므로 甲은 乙에게 채무불이행으로 인한 손해배상을 청구할 수 있다(제390조).

2) 손해배상액의 예정

위약금은 채무불이행의 경우에 채무자가 채권자에게 지급할 것을 약정한 금전이다. 위약금은 위약벌의 성질을 가지는 것과 손해배상액 예정의 성질을 가지는 것이 있으며, 민법은 후자로 추정한다(제398조 제4항). 위약금이 손해배상액의 예정으로 인정되는 경우에 채무불이행이 있으면 채권자는 실제의 손해액을 증명할 필요 없이 그 예정액을 청구할 수 있고, 실제 손해액이 예정액을 초과하더라도 그 초과액을 청구할 수 없다(대판 1988. 5. 10, 87다카3101). 만일 위약금을 위약벌로 인정하려면 이를 주장·입증하여야 한다(대판 2001. 1. 19, 2000다42632). 사안에서 甲은 2000. 8. 24. 乙에게 2억원을 주면서 2000. 9. 15.까지 회원권에 대한 명의개서가 완료되지 않으면 위약금으로 2억 4천만원을 반환받기로 약정하였다. 그러므로 甲은 乙에게 위약금으로 2억 4천만원을 청구할 수 있다.

3) 계약해제

채무자의 책임 있는 사유로 이행이 불능하게 된 때에는 채권자는 계약을 해제할 수 있다(제546조). 사안에서 乙은 甲에게 丙이 분양하는 B리조트 콘도미니엄의 회원권을 시세보다 저렴하게 매수할 수 있도록 해 주겠다고 약속하였으나 이를 이행할 수 없으므로 甲은 乙과 체결한 회원권 분양 중개계약을 해제할 수 있다.

(2) **불법행위책임**

甲이 乙에게 불법행위로 인한 손해배상을 청구할 수 있기 위해서는(제750조),

첫째, 가해자의 고의 또는 과실에 의한 가해행위가 있어야 한다. 사안에서 丙은 자신이 가진 회원권을 매도할 계획이 없었으나 乙은 甲에게 丙이 분양하는 B리조트 콘도미니엄의 회원권을 시세보다 저렴하게 매수할 수 있도록 해 주겠다고 기망하였다.

둘째, 가해행위가 위법하여야 한다. 사안에서 乙은 甲에게 분양권 명의개서 약정이 이행되지 않으면 丙이 모든 책임을 진다는 내용의 丙 명의의 약정서와 영수증을 교부하였으나 이는 乙이 丙의 인장을 위조하여 작성한 것이다.

셋째, 가해행위로 인하여 손해가 발생하여야 한다. 사안에서 甲은 乙에게 분양권 매수대금으로 2억원을 주었으나 회원권에 대한 명의개서가 완료되지 않고 있다.

넷째, 가해자의 가해행위와 손해 사이에 인과관계가 있어야 한다. 사안에서 甲은 乙의 기망에 빠져 乙에게 2억원을 주었다.

결론적으로 甲은 乙에게 불법행위로 인한 손해배상을 청구할 수 있다.

III. 甲의 丙에 대한 권리행사

1. 甲의 법적 지위

甲은 乙의 기망에 빠져 乙과 회원권 분양 중개계약을 체결하였고, 그 결과 甲은 2억원의 손해를 입었다. 따라서 甲은 乙에 대하여 업무상으로 객관적인 지휘·감독관계에 있는 丙에게 사용자책임을 물을 수 있다. 또한 丙은 乙에게 자기의 상호를 사용하여 영업할 것을 허락하였고, 그 결과 甲은 丙을 영업주로 오인하여 거래를 하였으므로 丙에게 명의대여자 책임을 물을 수 있다. 이 경우 명의차용자의 거래행위가 민법 제756조에 따른 사용자책임 요건을 구비하고 있다면 사용자책임도 물을 수 있으며, 양자는 경합관계에 있다.

2. 명의대여자 책임

(1) 책임의 구성

상법 제24조는 "타인에게 자기의 성명 또는 상호를 사용하여 영업을 할 것을 허락한 자는 자기를 영업주로 오인하여 거래한 제3자에 대하여 그 타인과 연대하여 변제할 책임이 있다."고 명의대여자의 책임에 대하여 규정하고 있다. 여기서 명의대여자가 지는 책임범위는 "명의차용자의 영업상 거래와 관련하여 생긴 채무"에 한하고, 원칙적으로 명의차용자의 불법행위 등으로 인한 채무나 단순한 개인적 채무와 같이 거래관계 이외의 원인으로 인하여 생긴 채무에 대해서는 그 책임을 지지 않는다. 이에 대하여 우리나라의 학설 중에는 명의차용자의 불법행위에 의한 채무에 대하여는 설령 그것이 사무의 집행에 관하여 행하여진 것이라고 하더라도 명의대여자는 책임을 지지 않는다는 견해와 불법행위로 인한 채무는 거래로 인한 것이 아니므로 명의대여자의 책임에 속하지 않는다고 하면서도, 다만 사기적인 거래로 인한 것은 포함되는 경우가 있을 것이라는 견해가 있다. 생각건대 거래행위의 외형을 띤 불법행위의 경우에 상법 제24조의 유추적용을 배제한다면 명의대여자가 영업주라는 외관을 신뢰하여 거래행위를 하더라도 그 거래행위가 적법한 행위이면 그 신뢰가 보호되고, 그것이 불법행위이면 그 신뢰가 보호되지 않는다는 불합리한 결과가 초래될 수 있다. 따라서 거래행위의 외형을 띤 불법행위의 경우에는 피해자의 손해와 외관의 신뢰 사이에 상당인과관계가 있으므로 상법 제24조를 유추적용하여야 한다고 본다.

(2) 요건

甲이 丙에게 명의대여자 책임을 묻기 위한 요건으로는(상법 제24조),

첫째, 명의대여자가 타인에게 자기의 성명 또는 상호를 사용하여 영업할 것을 허락하여야 한다. 여기서 명의대여자가 대여하는 "명의"는 상법 제24조에 규정하고 있는 "성명 또는 상호"에 한정되지 않고 '지점', '대리점', '영업소' 등과 같이 명의대여자를 영업주로 오인시키는 외관이면 충분하다. 그리고 명의대여자가 자기의 명의를 사용하여 영업을 하도록 허락하는 것은 명시적이든 묵시적이든 가능하다. 사안에서 丙은 乙에게 자기의 상호나 명칭을 사용하여 영업하도록 허락하였다.

둘째, 명의차용자의 영업이 명의대여자의 영업인 듯한 외관이 존재해야 한다. 명의대여자가 영업을 하는 경우에는 영업의 동일성이 인정되어야 한다. 여기서 '영업외관'의 동일성은 엄격하게 요구되지 않으므로 명의대여자와 명의차용자 사이의 영업범위에 차이가 있다고 하더라도 유사하다고 인정되는 경우에도 인정된다(대판 1978. 6. 13, 78다236). 사안에서 乙

은 'A레져컨설팅'이라는 상호로 회원권 분양 영업을 하면서 丙이 운영하는 B리조트 콘도미니엄의 회원권 분양을 알선, 중개해 주고 그 실적에 따라 丙으로부터 일정한 수수료를 받아왔으므로 乙에게는 丙의 영업인 듯한 외관이 존재한다.

셋째, 거래상대방인 제3자가 명의차용자와 거래할 때 명의대여자를 영업주로 오인하여야 한다. 하지만 제3자가 명의인과 실제 거래당사자가 다르다는 사실을 알았거나 중대한 과실로 이를 알지 못한 경우에는 명의대여자가 책임을 지지 않는다. 사안에서 甲은 丙을 영업주로 오인하여 乙과 거래하였고, 또한 甲은 乙로부터 회원권에 대한 명의개서 약정이 이행되지 않으면 丙이 모든 책임을 진다는 내용의 丙 명의의 약정서와 영수증을 교부받았으므로 丙을 영업주로 오인하였다.

(3) 효과

명의대여자는 자기를 영업주로 오인하여 거래한 제3자에 대하여 명의차용자와 연대하여 변제할 책임이 있다. 이는 명의대여자가 명의차용자의 채무변제를 보증한다는 의미가 아니라 제3자에 대하여 자기의 책임을 부담한다는 것이다. 여기서 "연대하여"의 의미는 부진정연대채무로 보는 것이 통설과 판례의 태도이다. 사안에서 甲은 乙과 丙에 대하여 회원권에 대한 명의개서를 청구할 수 있다.

3. 사용자책임

(1) 요건

우리 민법 제756조 제1항은 "타인을 사용하여 어느 사무에 종사하게 한 자는 피용자가 그 사무집행에 관하여 제3자에게 가한 손해를 배상할 책임이 있다. 그러나 사용자가 피용자의 선임 및 그 사무감독에 상당한 주의를 한 때 또는 상당한 주의를 하여도 손해가 있을 경우에는 그러하지 아니하다."고 이른바 사용자책임을 인정하고 있다. 따라서 甲이 丙에게 사

용자책임을 묻기 위한 요건으로는,

첫째, 타인을 사용하여 어느 사무에 종사하게 하여야 한다. 여기서 "사무"는 법률적·계속적인 것에 한하지 않고 사실적·일시적 사무라도 무방하며(대판 1989. 10. 10, 89다카2278), "사용관계"는 실질적인 지휘·감독관계를 뜻한다. 특히 명의대여 관계의 경우에 민법 제756조가 규정하고 있는 사용자책임의 요건으로서의 사용관계에 있는지의 여부는 실제적으로 지휘·감독을 하였는지의 여부에 관계없이 객관적·규범적으로 보아 사용자가 그 불법행위자를 지휘·감독해야 할 지위에 있었는지의 여부를 기준으로 결정하여야 한다(대판 2005. 2. 25, 2003다36133). 사안에서 丙의 사업목적, 乙의 영업의 내용과 업무방식, 丙과 乙의 영업 관련성 등을 비추어 보면 丙으로서는 乙과 사이에 직접적인 고용관계가 없다고 하더라도 객관적으로 보아 乙을 지휘·감독할 지위에 있다고 볼 수 있다.

둘째, 피용자가 그 사무집행에 관하여 제3자에게 손해를 가하였어야 한다. 여기서 "사무집행에 관하여"는 원칙적으로 가해행위가 피용자의 직무범위에 속하는 행위이어야 하지만 피용자의 직무행위 자체가 아니라도 그 행위의 외형으로 관찰하여 마치 직무범위 내에 속하는 것과 같이 보이는 행위도 포함한다. 이와 같이 **학설과 판례**는 사무집행 관련성의 판단기준에 대하여 사무집행의 외형을 기준으로 하는 **외형이론**에 따른다(대판 1984. 2. 28, 82다카1875). 특히 타인에게 어떤 사업에 관하여 자기의 명의를 사용할 것을 허용한 경우에는 그 사업이 내부관계에 있어서는 타인의 사업이고 명의자의 고용인이 아니라고 하더라도 외부관계에 있어서는 그 사업이 명의자의 사업이고, 또한 그 타인은 명의자의 종업원임을 표명한 것과 다름이 없다(대판 2005. 2. 25, 2003다36133). 이 경우 명의대여자와 명의차용자 사이에 객관적으로 지휘·감독관계에 있음은 원칙적으로 이를 주장하는 피해자 측에 있다. 사안에서 丙은 乙에게 丙이 분양하는 B리조트 회원권과 관련하여 丙의 상호나 명칭을 사용하여 영업을 하도록 허락하였고, 이로 인하여 甲은 丙을 영업주로 오인하였으며, 그 결과 甲은 乙의 중개계약의 형식을 빌린 사기행위로 인하여 손해를 입었다.

셋째, 피용자의 가해행위가 불법행위의 일반적 성립요건을 갖추어야 한다. 사용자책임의 본질을 대위책임으로 보는 다수설 및 판례(대판 1981. 8. 11, 81다298)는 피용자의 제3자에 대한 가해행위가 고의나 과실 및 책임능력 등 불법행위의 성립요건을 갖추어야 한다고 한다. 사안에서 乙은 丙이 가진 B리조트 회원권 분양 영업을 기화로 甲에게 丙이 보유하는 회원권을 시세보다 저렴하게 구입해 주겠다고 기망하였고, 甲은 乙의 기망에 빠져 乙에게 2억원을 주었다.

넷째, 사용자가 제756조 제1항 단서의 면책사유 있음을 입증하지 못하였어야 한다. 우리 민법은 사용자책임의 경우에 두 가지 면책사유를 두고 있다.

하나는 사용자가 피용자의 선임 및 그 사무감독에 상당한 주의를 하였지만 피용자의 행위로 인하여 손해가 발생한 경우에 면책된다. 이에 대한 입증책임은 사용자에게 있다는 것이 **통설과 판례**(대판 1998. 5. 15, 97다58538)의 입장이다. 사안에서 丙은 乙을 선임·감독하는데 자기에게 과실이 없다는 것을 입증하여야 한다.

다른 하나는 사용자가 피용자의 선임 및 그 사무감독에 상당한 주의를 하여도 손해가 있다는 것은 사용자의 부주의와 손해의 발생 사이에 인과관계가 없으면 책임이 생기지 않는다는 것을 의미한다. 이러한 면책사유에 관한 입증책임도 사용자에게 있으며(대판 1998. 5. 15, 97다58538), 그 결과 사용자책임은 사실상 무과실책임에 가깝게 되었다. 사안에서 丙은 乙에 대한 선임·감독과 甲의 손해 사이에 인과관계가 없다는 것을 입증하여야 한다.

(2) 효과

사용자는 피용자의 가해행위로 인하여 발생한 손해에 대하여 직접 피해자에게 배상책임을 진다. 이 경우 사용자책임은 피용자 자신의 일반불법행위책임과 병존할 수 있으며, 사용자는 피용자가 손해배상책임을 지는 범위 내에서 피해자에게 배상책임을 진다. 만일 이 경우 피해자에게 과실이 있으면 사용자는 과실상계를 할 수 있다(대판 2002. 12. 26, 2000다56952). 사안에서 甲은 丙에게 2억 4천만원의 손해배상을 청구할 수 있다.

Ⅳ. 丙의 乙에 대한 권리행사

1. 丙의 법적 지위

乙은 1997. 9. 1.부터 'A레져컨설팅'이라는 상호로 회원권 분양 영업을 하여 오던 자로서, 丙이 분양하는 B리조트 콘도미니엄의 회원권을 알선, 중개해 주고 그 실적에 따라 丙으로부터 일정한 수수료를 받아왔다. 丙은 乙에게 丙이 분양하는 B리조트 콘도미니엄의 회원권 분양과 관련하여 丙의 상호나 명칭을 사용하여 영업을 하도록 허락하였고, 甲은 丙을 영업주로 오인하여 乙과 거래를 하였다. 그러므로 丙은 乙에 대하여 상법상의 "명의대여자" 또는 민법상의 "사용자"의 법적 지위를 가지며, 丙은 乙과 공동으로 甲에게 부진정연대책임을 진다.

2. 구상권 행사

사용자가 피해자에게 손해를 배상한 때에는 피용자에 대하여 구상권을 행사할 수 있다(제756조 제3항). 구상의 범위에 관하여 **대위책임설**은 배상액 전액에 대하여 구상권을 행사할 수 있다고 하고, **고유책임설**은 사용자의 고유한 책임부분을 제외한 나머지 배상액만 피용자에게 구상할 수 있다고 한다. 판례는 "일반적으로 사용자가 피용자의 업무수행과 관련하여 행하여진 불법행위로 인하여 직접 손해를 입었거나 그 피해자인 제3자에게 사용자로서의 손해배상책임을 부담한 결과로 손해를 입게 된 경우에 있어서, 사용자는 그 사업의 성격과 규모, 시설의 현황, 피용자의 업무내용과 근로조건 및 근무태도, 가해행위의 발생원인과 성격, 가해행위의 예방이나 손실의 분산에 관한 사용자의 배려의 정도, 기타 제반 사정에 비추어 손해의 공평한 분담이라는 견지에서 신의칙상 상당하다고 인정되는 한도 내에서만 피용자에 대하여 손해배상을 청구하거나 그 구상권을 행사할 수 있다."고 판시하고 있다(대판 1996. 4. 9, 95다52611). 사안에서 丙이 甲에게 손해배상으로 2억 4천만원을 전액 지급하였다면 丙은 乙에게 이를 구상할 수 있다.

V. 사안의 해결

(1) 甲은 乙과 체결한 회원권 분양 중개계약을 사기를 이유로 취소할 수 있으며, 또한 乙에게 사기에 의한 불법행위를 이유로 손해배상을 청구할 수 있다. 그리고 乙은 甲으로부터 2억원을 받고 분양권의 명의개서를 이행하지 않고 있으므로 甲은 乙에게 위약금 약정에 따라 2억 4천만원을 손해배상으로 청구할 수 있다.

한편 丙은 乙에게 자기의 상호를 사용하여 영업할 것을 허락하였고, 그 결과 甲은 丙을 영업주로 오인하여 乙과 회원권에 대한 명의개서 약정을 체결하였으므로 甲은 丙에 대하여 명의대여자책임을 물을 수 있다. 또한 甲은 乙과 업무상 객관적인 지휘·감독 관계에 있는 丙에 대하여 사용자책임을 물을 수도 있으며, 양자는 경합관계에 있다.

(2) 丙은 乙의 불법행위로 인하여 甲에게 2억 4천만원을 배상하였으므로 乙에게 배상액 전액에 대하여 구상권을 행사할 수 있다.

참고판례

1. 대법원 2005. 2. 25. 선고 2003다36133 판결

[1] 타인에게 어떤 사업에 관하여 자기의 명의를 사용할 것을 허용한

경우에 그 사업이 내부관계에 있어서는 타인의 사업이고 명의자의 고용인이 아니라 하더라도 외부에 대한 관계에 있어서는 그 사업이 명의자의 사업이고 또 그 타인은 명의자의 종업원임을 표명한 것과 다름이 없으므로, 명의사용을 허용받은 사람이 업무수행을 함에 있어 고의 또는 과실로 다른 사람에게 손해를 끼쳤다면 명의사용을 허용한 사람은 민법 제756조에 의하여 그 손해를 배상할 책임이 있다고 할 것이고, 명의대여관계의 경우 민법 제756조가 규정하고 있는 사용자책임의 요건으로서의 사용관계가 있느냐 여부는 실제적으로 지휘·감독을 하였느냐의 여부에 관계없이 객관적·규범적으로 보아 사용자가 그 불법행위자를 지휘·감독해야 할 지위에 있었느냐의 여부를 기준으로 결정하여야 할 것이다.

[2] 사용자책임이 면책되는 피해자의 중대한 과실이라 함은 거래의 상대방이 조금만 주의를 기울였더라면 피용자의 행위가 그 직무권한 내에서 적법하게 행하여진 것이 아니라는 사정을 알 수 있었음에도 만연히 이를 직무권한 내의 행위라고 믿음으로써 일반인에게 요구되는 주의의무에 현저히 위반하는 것으로 거의 고의에 가까운 정도의 주의를 결여하고, 공평의 관점에서 상대방을 구태여 보호할 필요가 없다고 봄이 상당하다고 인정되는 상태를 말한다.

[3] 일반적인 거래관행과 상이하다는 것을 잘 알고 있음에도 불구하고 명의사용자의 불법적 행위에 편승하여 계약을 체결한 거래의 상대방에게는 일반적으로 요구되는 주의의무를 현저히 위반한 중과실이 인정된다고 판단한 사례.

2. 대법원 1996. 4. 9. 선고 95다52611 판결

[1] 일반적으로 사용자가 피용자의 업무수행과 관련하여 행하여진 불법행위로 인하여 직접 손해를 입었거나 그 피해자인 제3자에게 사용자로서의 손해배상책임을 부담한 결과로 손해를 입게 된 경우에 있어서, 사용자는 그 사업의 성격과 규모, 시설의 현황, 피용자의 업무내용과 근로조건 및 근무태도, 가해행위의 발생원인과 성격, 가해행위의 예방이나 손실의 분산에 관한 사용자의 배려의 정도, 기타 제반 사정에 비추어 손해의 공평한 분담이라는 견지에서 신의칙상 상당하다고 인정되는 한도 내

에서만 피용자에 대하여 손해배상을 청구하거나 그 구상권을 행사할 수 있다.

   [2] 피용자가 업무수행과 관련한 불법행위로 사용자가 입은 손해 전부를 변제하기로 하는 각서를 작성하여 사용자에게 제출한 사실이 있다고 하더라도, 그와 같은 각서 때문에 사용자가 공평의 견지에서 신의칙상 상당하다고 인정되는 한도를 넘는 부분에 대한 손해의 배상까지 구할 수 있게 되는 것은 아니다.

[22] 도급인책임과 공작물점유자책임

사례*

甲은 주택 Y의 건축주 겸 시공자로서 乙에게 건축공사의 일부인 슬래브 및 처마 형틀설치공사의 도급을 주었다. 그리고 甲은 건설회사 A를 통하여 공사가 설계도면대로 시행되고 있는지를 점검하는 정도로 감독하였다. 乙은 丙 등 4명의 목공을 고용하여 자신이 가져온 형틀 자재를 사용하여 형틀설치작업을 하던 중 형틀이 무너지는 바람에 丙이 지상으로 추락하여 부상을 입었다. 이 추락사고로 인하여 공사 현장의 공공도로를 지나던 행인 丁도 파편에 맞아 1개월의 부상을 입었다. 사고조사 결과 신축 중인 Y에는 추락사고 방지를 위한 작업 발판이나 안전망 등의 안전시설이 전혀 설치되어 있지 않았고, 이러한 안전시설의 설치의무는 甲에게 있으며, 추락 원인은 형틀에 하자가 있음이 밝혀졌고, 나아가 丙도 작업에 필요한 보호장비를 갖추지 않았다는 사실이 밝혀졌다.

당사자 사이의 법률관계를 설명하시오?

[개요]

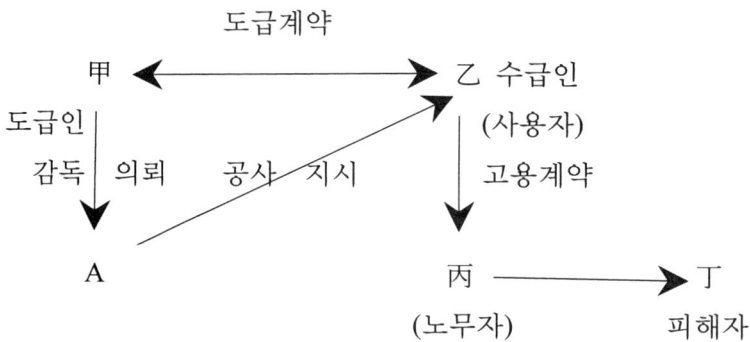

---

* 이 사안은 대법원 1992. 10. 27. 선고 91다30866 판결을 기초로 하여 구성한 것이다.

Ⅰ. 문제의 제기

(1) 甲은 乙과 Y의 건축공사 중 일부인 슬래브 및 처마 형틀설치공사에 대한 노무도급계약을 체결하였다. 그러나 甲은 乙에게 노무도급계약의 경우에 인정되는 부수적 의무로서 보호의무를 위반함으로써 노무수급인의 생명·신체에 피해를 입혔다. 그러므로 甲은 乙 및 丙에게 노무도급계약상의 채무불이행책임과 불법행위로 인한 손해배상책임을 부담할 것이다.

(2) 乙은 丙과 고용계약을 체결하였으므로 乙은 丙에 대한 보호의무를 부담한다. 그러나 乙은 추락 방지의 안전시설까지 설치할 의무가 있다고 보기 어렵기 때문에 丙은 乙에게 보호의무 위반을 이유로 손해배상을 청구할 수 없을 것이다.

(3) 丙은 Y의 형틀설치작업 도중 지상으로 추락하여 부상을 입었으므로 甲에게 불법행위로 인한 손해배상을 청구할 수 있을 것이다. 또한 甲은 건축주 겸 시공자로서 Y에 대한 건축공사에서 추락사고 방지를 위한 작업 발판이나 안전망 등의 안전시설을 전혀 설치하지 않았으므로 공작물점유자·소유자책임을 물을 수 있을 것이다.

Ⅱ. 甲과 乙 사이의 법률관계

1. 도급계약

甲은 乙과 Y의 건축공사 중 일부인 슬래브 및 처마 형틀설치공사에 대한 도급계약을 체결하였다. 그러므로 甲은 도급인으로서 수급인인 乙에게 어떤 책임을 부담하는지가 문제된다.

2. 도급인책임

(1) 채무불이행책임

노무도급의 경우 도급인은 수급인에게 일의 완성에 대하여 보수를 지급하여야 할 의무를 부담하며(제664조 참조), 수급인이 노무를 제공하는 과정에서 생명·신체·건강을 해치는 일이 없도록 필요한 조치를 강구할 보호의무도 부담한다. 판례도 "주택신축공사 중 슬래브와 처마의 형틀설치공사만을 수급한 자에게 추락방지 안전시설을 설치할 의무가 있고, 건축주에게는 그러한 의무가 없다고 본 원심판결에 안전시설 설치의무와 공작물의 설치보존상 하자로 인한 손해배상책임에 관한 법리오해 등의 위법이 있다."고 하고 있다(대판 1992. 10. 27, 91다30866). 사안에서 甲은 Y의 건축공사를 시공함에 있어 슬래브 및 처마 형틀설치공사에 위험방지를 위한 안전시설을 설치할 의무를 부담하며, 甲은 이러한 의무를 위반하여 丙에게 손해를 야기하였으므로 甲은 乙에게 채무불이행책임을 부담한다.

(2) 불법행위책임

수급인은 독립적인 지위에서 일의 완성의무를 부담하므로 원칙적으로 도급인의 피용자라고 할 수 없다. 따라서 도급인은 수급인이 그 일에 관하여 제3자에게 가한 손해에 대하여 배상할 책임이 없다(제757조 본문). 다만, 도급인이 수급인의 작업에 관하여 지휘·감독할 권한이 있는 경우 그 도급 또는 지시에 관하여 도급인에게 중대한 과실이 있는 때에는 예외적으로 도급인은 사용자로서 책임을 부담한다. 판례도 "도급계약에 있어서 도급인은 도급 또는 지시에 관하여 중대한 과실이 없는 한 그 수급인이 그 일에 관하여 제3자에게 가한 손해를 배상할 책임은 없는 것이고, 다만 도급인이 수급인의 일의 진행 및 방법에 관하여 구체적인 지휘감독권을 유보하고 공사의 시행에 관하여 구체적으로 지휘감독을 한 경우에는 도급인과 수급인의 관계는 실질적으로 사용자와 피용자의 관계와 다를 바가 없으므로, 수급인이나 수급인의 피용자의 불법행위로 인하여 제3자에게 가한 손해에 대하여 도급인은 민법 제756조 소정의 사용자책임을 면할 수 없는 것으로서 위 지휘·감독이란 실질적인 사용자관계가 인정될 정도로 구체적으로 공사의 운영 및 시행을 직접 지시, 지도하고 감시, 독려하는 등 공사시행방법과 공사진행에 관한 것이어야 할 것이다."고 한다(대판 1991. 3. 8, 90다18432). 특히 판례는 "사용자 및 피용자 관계인정의 기초가 되는 도급인의 수급인에 대한 지휘·감독은 건설공사의 경우에는 현장에서 구체적인 공사의 운영 및 시행을 직접 지시, 지도하고 감시 독려함으로써 시공자체를 관리함을 말하고 단순히 공사의 공정을 조정하고 공사의 운영 및 시공의 정도가 설계도 또는 시방서대로 시행되고 있는가를 점검하는 정도의 것이라면 이는 공정을 감독하는 감리에 불과하고 여기에 해당한다고 볼 수 없으므로 도급인이 수급인의 공사에 대하여 감리적인 감독을 함에 지나지 않을 때에는 양자의 관계를 사용자 및 피용자의 관계에 있다고 볼 수 없으니 사용자책임이 없다."고 한다(대판 1983. 11. 22, 83다카1153). 사안에서 甲은 乙에게 건축공사의 일부인 슬래브 및 처마 형틀설치공사의 도급을 주었고, 건설회사 A를 통하여 공사가 설계도면대로 시행되고 있는지를 점검하는 정도로 감독하였다. 그러므로 甲과 乙 사이에는 사용자 및 피용자의 관계에 있다고 볼 수 없으며, 그 결과 甲은 민법 제756조에 의한 사용자책임을 부담하지 않는다.

(3) 소결

甲은 乙과 Y의 건축공사 중 일부인 슬래브 및 처마 형틀설치공사에 대한 도급계약을 체결하였으므로 甲은 乙에게 보호의무 위반에 대한 손해배상책임을 부담한다. 그러나 甲은 乙과 사용자 및 피용자의 관계에 있다고 볼 수 없으므로 사용자책임의 일종인 도급인책임을 부담하지 않는다.

Ⅲ. 乙과 丙 사이의 법률관계

1. 고용계약

乙은 甲으로부터 도급받은 건축공사의 일부인 슬래브 및 처마 형틀설치공사를 위하여 丙을 고용하였다. 그러므로 乙은 고용계약에 수반되는 신의칙상의 부수적 의무로서 丙의 안전을 배려할 의무를 부담하는지가 문제된다.

2. 사용자책임

乙은 丙에게 보수지급의무 외에 보호의무로서 안전배려의무를 부담한다. 그러므로 사용자는 고용계약에 수반되는 신의칙상의 부수적 의무로서 피용자가 노무를 제공하는 과정에서 생명, 신체, 건강을 해치는 일이 없도록 인적·물적 환경을 정비하는 등 필요한 조치를 강구하여야 할 보호의무를 부담하고, 이러한 보호의무를 위반함으로써 피용자가 손해를 입은 경우에 이를 배상할 책임이 있다(대판 2000. 5. 16, 99다47129). 사안에서 안전시설은 Y의 건축공사의 거의 모든 공정에 필요하고, 2층 슬래브 및 처마의 형틀설치 공사만을 부분적으로 수급받은 乙은 형틀에 소요되는 자재만을 준비하면 족한 것이지 추락방지의 안전시설까지 설치할 의무까지 있다고 보기 어렵다(대판 1992. 10. 27, 91다30866).

3. 소결

乙은 甲의 수급인으로 Y의 건축공사 중 일부인 슬래브 및 처마 형틀설치공사를 수행하면 된다. 그러므로 乙은 형틀에 소요되는 자재만을 준비하면 충분하며, 추락방지의 안전시설까지 설치할 의무가 있다고 보기 어렵다. 따라서 丙은 乙에게 보호의무 위반을 이유로 손해배상을 청구할 수 없다.

Ⅳ. 丙과 甲 사이의 법률관계

1. 丙의 법적 지위

丙은 乙의 피용자로서 Y의 건축공사 중 일부인 슬래브 및 처마 형틀설치공사를 수행할 의무를 부담한다. 그러나 형틀설치작업을 하던 중 형틀이 무너지는 바람에 지상으로 추락하여 부상을 입었다. 따라서 丙은 Y의 건축주인 甲에게 불법행위로 인한 손해배상을 청구할 수 있으며, 공작물소유자의 책임도 물을 수 있다.

2. 불법행위책임

불법행위책임이 성립하기 위해서는(제750조), 첫째로 가해자의 가해행위가 있어야 하고, 둘째로 가해자의 가해행위가 고의·과실에 의하여야 하며, 셋째로 가해행위가 위법하여야 하며, 넷째로 가해행위와 손해 사이에 인과관계가 있어야 한다. 사안에서 甲은 Y의 건축주 겸 시공자로서 Y에 대한 건축공사에서 추락사고 방지를 위한 작업 발판이나 안전망 등의 안전시설을 전혀 설치하지 않았다. 따라서 Y의 형틀설치작업 도중 지상으로 추락하여 부상을 입은 丙은 甲에게 불법행위로 인한 손해배상을 청구할 수 있다.

3. 공작물점유자·소유자책임

(1) 공작물점유자·소유자책임이 성립하기 위해서는(제758조 제1항),

첫째, 공작물의 설치·보존에 하자가 있어야 한다. 여기서 '공작물'은 인공적 작업에 의하여 만들어진 물건을 말하며, 일시적인 것이든 영구적인 것이든 묻지 않는다. 그리고 '공작물의 설치·보존의 하자'라 함은 공작물이 그 용도에 따라 통상 갖추어야 할 안전성을 갖추지 못한 상태에 있음을 말하며, 이와 같은 안전성의 구비여부를 판단함에 있어서는 당해 공작물의 설치보존자가 그 공작물의 위험성에 비례하여 사회통념상 일반적으로 요구되는 정도의 방호조치의무를 다하였는지의 여부를 기준으로 삼아야 한다(대판 1994. 10. 28, 94다16328). 사안에서 甲은 건축주 겸 시공자로서 Y에 대한 건축공사에서 추락사고 방지를 위한 작업 발판이나 안전망 등의 안전시설을 전혀 설치하지 않았다.

둘째, 공작물 등의 하자로 인하여 손해가 발생하였어야 한다. 사안에서 丙의 추락은 형틀의 하자에 의하여 발생하였다.

셋째, 점유자에게 면책사유가 없어야 한다. 점유자가 책임을 면하기 위해서는 자신이 면책사유를 입증하여야 한다. 사안에서 甲은 형틀설치작업의 감독의무자로서 형틀에 하자가 없도록 감독할 주의의무를 게을리하였다.

(2) 공작물점유자·소유자책임의 효과로는,

첫째, 공작물의 설치·보존의 하자로 인한 배상책임은 1차적으로 점유자가 지며, 그 책임은 손해방지의무의 해태로 인한 과실책임이다. 사안에서 乙은 형틀설치작업의 감독의무자로서 형틀에 하자가 없도록 감독할 주의의무를 게을리하였다.

둘째, 점유자의 책임이 성립하지 않는 경우에는 2차적으로 소유자가 손해배상책임을 진다. 특히 직접점유자나 그와 같은 지위에 있는 자가 공작물의 하자로 피해를 입은 경우 소유자가 책임을 지고, 그 경우 피해자에게 보존상의 과실이 있더라도 과실상계의 사유가 될 뿐이다(대판 1993. 2. 9, 92다31668). 사안에서 丙의 추락사고로 인하여 수급인 乙도 손해를 입었으므로 甲은 Y의 소유자로서 乙과 丙에게 손해배상책임을 진다. 그리고 丙에 대해서는 작업에 필요한 보호장비를 갖추지 않은 과실이 인정되므로 과실상계를 하여야 한다.

셋째, 점유자와 소유자가 모두 공작물의 설치·보존에 하자 있음을 이유로 민법 제758조에 따라 손해배상책임을 진다면 그들의 각 불법행위는 그들 간에 주관적 공동관계가 없어도 객관적인 공동관계가 존재하므로 민법 제760조에 따라 공동불법행위자로서 연대하여 손해배상책임을 진다(대판 1968. 2. 27, 67다1975).

V. 사안의 해결

(1) 甲은 乙에게 노무도급계약의 경우에 인정되는 부수적 의무로서 보호의무를 부담한다. 그러나 乙의 피용자 丙이 Y의 형틀설치작업을 하던 중에 신체상의 피해를 입었다. 그러므로 甲은 乙 및 丙에게 노무도급계약상의 채무불이행책임과 불법행위로 인한 손해배상책임을 부담한다.

(2) 乙은 丙과 고용계약을 체결하였으므로 乙은 丙에 대한 안전배려의무를 부담한다. 그러나 乙에게는 추락방지의 안전시설까지 설치할 의무가 있다고 보기 어려우므로 丙은 乙에게 보호의무 위반을 이유로 손해배상을 청구할 수 없다.

(3) 丙은 Y의 형틀설치작업 도중 지상으로 추락하여 부상을 입었으므로 甲에게 불법행위로 인한 손해배상을 청구할 수 있다. 또한 丙은 甲에게 공작물점유자·소유자책임을 물을 수 있다. 나아가 丙은 乙이 형틀설치작업의 감독의무자로서 형틀에 하자가 없도록 감독할 주의의무를 게을리 하였으므로 乙에게 공작물의 설치·보존의 하자로 인한 손배배상책임을 물을 수 있다.

참고판례

1. 대법원 1992. 10. 27. 선고 91다30866 판결

주택신축공사 중 슬래브와 처마의 형틀설치공사만을 수급한 자에게 추락방지 안전시설을 설치할 의무가 있고, 건축주에게는 그러한 의무가 없다고 본 원심판결에 안전시설 설치의무와 공작물의 설치보존상 하자로

인한 손해배상책임에 관한 법리오해 등의 위법이 있다고 하였다.

2. 대법원 1983. 11. 22. 선고 83다카1153 판결

[1] 도급인이 수급인의 일의 진행 및 방법에 관하여 구체적인 지휘감독권을 유보한 경우에는 도급인과 수급인의 관계는 실질적으로 사용자 및 피용자의 관계와 다를 바 없으므로 수급인이나 하수급인이 고용한 제3자의 불법행위로 인한 손해에 대하여 도급인은 사용자 책임을 면할 수 없다.

[2] 사용자 및 피용자 관계인정의 기초가 되는 도급인의 수급인에 대한 지휘감독은 건설공사의 경우에는 현장에서 구체적인 공사의 운영 및 시행을 직접 지시, 지도하고 감시 독려함으로써 시공자체를 관리함을 말하고 단순히 공사의 공정을 조정하고 공사의 운영 및 시공의 정도가 설계도 또는 시방서대로 시행되고 있는가를 점검하는 정도의 것이라면 이는 공정을 감독하는 감리에 불과하고 여기에 해당한다고 볼 수 없으므로 도급인이 수급인의 공사에 대하여 감리적인 감독을 함에 지나지 않을 때에는 양자의 관계를 사용자 및 피용자의 관계에 있다고 볼 수 없으니 사용자 책임이 없다.

3. 대법원 1997. 4. 25. 선고 96다53086 판결

[1] 건축공사의 일부분을 하도급받은 자가 구체적인 지휘·감독권을 유보한 채, 재료와 설비는 자신이 공급하면서 시공 부분만을 시공기술자에게 재하도급하는 경우와 같은 노무도급의 경우, 그 노무도급의 도급인과 수급인은 실질적으로 사용자와 피용자의 관계에 있다.

[2] 위 [1]항의 경우 도급인은 수급인이 노무를 제공하는 과정에서 생명·신체·건강을 해치는 일이 없도록 물적 환경을 정비하고 필요한 조치를 강구할 보호의무를 부담하며, 이러한 보호의무는 실질적인 고용계약의 특수성을 고려하여 신의칙상 인정되는 부수적 의무로서 구 산업안전보건법시행령(1995. 10. 19. 대통령령 제14787호로 개정되기 전의 것) 제3조 제1항에 의하여 사업주의 안전상 조치의무를 규정한 산업안전보건법 제23조가 적용되지 아니하는 사용자일지라도 마찬가지로 인정된다고 할

것이고, 만일 실질적인 사용관계에 있는 노무도급인이 고의 또는 과실로 이러한 보호의무를 위반함으로써 노무수급인의 생명·신체·건강을 침해하여 손해를 입힌 경우 노무도급인은 노무도급계약상의 채무불이행책임과 경합하여 불법행위로 인한 손해배상책임을 부담한다(상가신축공사를 시공하는 건축주로부터 일부 공사를 도급받은 수급인에 의해 고용된 전문기술자가 공사 중 누전으로 사망한 사안에서, 수급인의 안전조치의무 위반을 이유로 손해배상책임을 인정한 사례).

4. 대법원 1991. 3. 8. 선고 90다18432 판결

[1] 도급계약에 있어서 도급인은 도급 또는 지시에 관하여 중대한 과실이 없는 한 그 수급인이 그 일에 관하여 제3자에게 가한 손해를 배상할 책임은 없는 것이고 다만 도급인이 수급인의 일의 진행 및 방법에 관하여 구체적인 지휘감독권을 유보하고 공사의 시행에 관하여 구체적으로 지휘감독을 한 경우에는 도급인과 수급인의 관계는 실질적으로 사용자와 피용자의 관계와 다를 바 없으므로, 수급인이나 수급인의 피용자의 불법행위로 인하여 제3자에게 가한 손해에 대하여 도급인은 민법 제756조 소정의 사용자 책임을 면할 수 없는 것으로서 위 지휘감독이란 실질적인 사용자관계가 인정될 정도로 구체적으로 공사의 운영 및 시행을 직접 지시, 지도하고 감시, 독려하는 등 공사시행방법과 공사진행에 관한 것이어야 할 것이다.

[2] 하도급자가 하수급자의 실질적인 사용자로서 하수급자의 과실로 인한 손해에 대하여 사용자책임이 있다고 하려면 하도급자가 하수급자의 공사에 구체적인 지휘감독을 한 내용이 확정된 후에 이를 판단하여야 할 것이므로 하도급자가 공사에 관하여 구체적으로 지휘감독한 내용을 석명하여 이를 판단하여야 할 것임에도 불구하고 이에 이르지 아니하고 막연히 "구체적으로 지휘감독하였다"는 증언만으로 하도급자가 구체적으로 지휘감독하였다고 설시하여 하도급자에게 사용자책임을 인정한 것은 심리미진이나 이유불비, 도급인의 사용자책임에 대한 법리를 오해한 잘못을 범하였다고 하겠다.

5. 대법원 2000. 5. 16. 선고 99다47129 판결

[1] 불법행위로 인한 손해배상에 있어 가해자의 불법행위만에 의하여 손해가 발생한 것이 아니라 피해자의 행위 기타 귀책사유 등이 경합하여 손해가 발생한 경우에도 가해자의 불법행위가 손해 발생의 한 원인이 되었다면 가해자는 그로 인하여 피해자가 입은 손해를 배상할 책임이 있다.

[2] 사용자는 근로계약에 수반되는 신의칙상의 부수적 의무로서 피용자가 노무를 제공하는 과정에서 생명, 신체, 건강을 해치는 일이 없도록 인적·물적 환경을 정비하는 등 필요한 조치를 강구하여야 할 보호의무를 부담하고, 이러한 보호의무를 위반함으로써 피용자가 손해를 입은 경우 이를 배상할 책임이 있다.

6. 대법원 1994. 10. 28. 선고 94다16328 판결

민법 제758조 제1항에 규정된 공작물의 설치·보존상의 하자라 함은 공작물이 그 용도에 따라 통상 갖추어야 할 안전성을 갖추지 못한 상태에 있음을 말하는 것으로서, 이와 같은 안전성의 구비여부를 판단함에 있어서는 당해 공작물의 설치보존자가 그 공작물의 위험성에 비례하여 사회통념상 일반적으로 요구되는 정도의 방호조치의무를 다하였는지의 여부를 기준으로 삼아야 한다.

7. 대법원 1993. 2. 9. 선고 92다31668 판결

공작물의 설치 또는 보존의 하자로 인하여 타인에게 손해를 가한 때에는 1차적으로 공작물의 점유자가 손해를 배상할 책임이 있고 공작물의 소유자는 점유자가 손해의 방지에 필요한 주의를 해태하지 아니한 때에 비로소 2차적으로 손해를 배상할 책임이 있는 것이나, 공작물의 임차인인 직접점유자나 그와 같은 지위에 있는 것으로 볼 수 있는 자가 공작물의 설치 또는 보존의 하자로 인하여 피해를 입은 경우에는 그 가옥의 소유자는 민법 제758조 제1항 소정의 책임자로서 이에 대하여 손해를 배상할 책임이 있는 것이고 그 피해자에게 보존상의 과실이 있더라도 과실상계의 사유가 될 뿐이다.

8. 대법원 1968. 2. 27. 선고 67다1975 판결

피고들이 모두 공작물의 설치보존에 하자있음을 이유로 본조에 의하여 손해배상책임이 있다면 그들의 각 불법행위는 그들 간에 주관적 공동관계가 없어도 객관적인 공동관계가 있으므로 민법 제760조 소정 공동불법행위자로서 연대하여 손해를 배상할 책임이 있다.

[23] 인격권 침해

> **사례**
>
> 성형외과 의원을 운영하는 의사 乙은 온라인마케팅 대행업체를 운영하는 丙과 병원 홍보에 관한 온라인마케팅 대행계약을 체결하였다. 丙의 직원 丁은 병원 홍보를 위하여 개설한 블로그에 신인 여성가수 그룹 리더 甲이 실제 성형수술을 받았는지 확인하지 않은 채 甲의 고등학교 졸업사진과 가수 데뷔 후 사진 여러 장을 비교하며 甲이 성형수술을 받은 것으로 보인다는 취지의 글과 함께 사진을 게재하였다. 이로 인하여 甲은 '성형미인'이라는 대중의 비난과 함께 그룹의 인기가 하락하여 약 1억원에 상당하는 음원 및 공연 수입이 감소하였고, 또한 텔레비전 예능프로그램 출연도 중지하게 되었다.
> 甲이 행사할 수 있는 법적 구제방법은?

[개요]

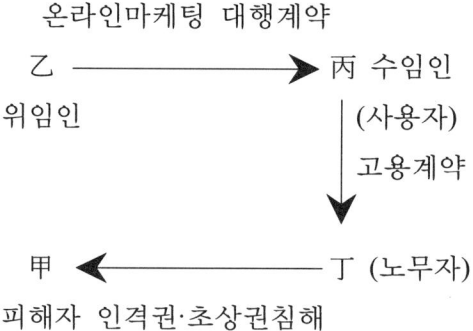

Ⅰ. 문제의 제기

(1) 甲은 丁에게 인격권 및 초상권 침해를 이유로 하는 불법행위책임을 물을 수 있을 것이다. 이 경우 甲은 丁에게 현실적으로 발생한 1억원의 재산적 손해, 텔레비전 예능프로그램 출연 중지에 따른 일실이익의 손해, 그리고 인격권 및 초상권 침해에 따른 정신적 손해의 배상을 청구할 수 있을 것이다.

(2) 甲은 丙에게 丁과 고용관계에서 발생하는 지휘·감독의무 위반을 이유로 사용자책임을 물을 수 있을 것이다. 이 경우 丙은 丁과 공동으로 甲에게 공동불법행위책임을 질 것이다.

(3) 甲은 乙에게 丙과 위임관계에서 발생하는 지휘·감독의무 위반을 이유로 사용자책임을 물을 수 있을 것이다. 이 경우 乙은 丙 및 丁과 공동불법행위책임을 질 것이다.

Ⅱ. 甲의 丁에 대한 손해배상청구

1. 甲의 법적 지위

丁은 자신이 관리하는 블로그에 甲이 성형수술을 받은 것으로 보인다는 글을 게시함으로써 甲의 명예감정 등 인격권을 침해하였다. 또한 丁은 甲의 동의 없이 병원 홍보를 위하여 개설된 블로그에 여러 장의 사진을 게재함으로써 甲의 초상권을 침해하였다. 따라서 甲은 丁에게 불법행위책임을 물을 수 있다(서울중앙지판 2012. 6. 8, 2010가합104084).

2. 丁의 불법행위책임

(1) 요건

甲이 丁에게 불법행위책임을 묻기 위해서는(제750조),

첫째, 가해자의 고의 또는 과실에 의한 가해행위가 있어야 한다. 사안에서 丁은 자신이 관리하는 블로그에 甲이 성형수술을 받은 것으로 보인다는 글과 사진을 게시함으로써 일반 대중으로 하여금 甲이 연예활동을 하기 위해 성형수술을 받은 '성형미인'이라는 인식을 갖도록 하였다. 이는 甲이 가지는 인격권 및 초상권 침해에 해당한다고 할 수 있다.

둘째, 가해행위가 위법하여야 한다. 사안에서 丁의 행위는 대중의 호감을 얻는 것이 절대적으로 중요한 신인 여성가수의 대중적 이미지에 커다란 영향을 미치고, 또한 甲에 대한 사회적 평가를 저해하는 행위에 해당하므로 위법성이 있다고 할 수 있다.

셋째, 가해행위로 인하여 손해가 발생하였어야 한다. 사안에서 甲은 丁의 행위로 인하여 현실적으로 1억원의 재산적 손해, 텔레비전 예능프로그램 출연 중지에 따른 일실이익의 손해, 그리고 일반적 인격권 및 초상권 침해에 따른 정신적 손해를 입었다.

넷째, 가해자의 가해행위와 손해 사이에 인과관계가 있어야 한다. 사안에서 甲의 손해는 丁의 행위로 인하여 발생하였다.

결론적으로 丁의 행위는 甲에 대한 불법행위의 요건을 충족한다.

(2) 효과

1) 손해배상청구

불법행위가 성립하면 가해자는 피해자에게 그로 인한 손해를 배상하여야 한다. 사안에서 甲은 丁에게 인격권 및 초상권 침해를 이유로 하는 불법행위책임을 물을 수 있다. 즉 甲은 현실적으로 발생한 1억원의 재산적 손해, 텔레비전 예능프로그램 출연 중지에 따른 일실이익의 손해, 그리고 인격권 및 초상권 침해에 따른 정신적 손해인 위자료도 배상청구 할 수 있다. 이 경우 丁이 甲에게 배상하여야 할 위자료의 범위는 丁이 글과 사진을 게시한 경위와 그 내용, 이로 인하여 甲이 입은 명예감정의 침해와 이미지 훼손의 정도, 丁의 글이 게시된 매체의 접근성과 전파성, 丁의 글이 게시된 기간 등을 고려하여 산정하여야 한다.

2) 금지청구

인격권 침해에 대해서는 손해배상청구권 외에 사전적·예방적 구제수단으로 침해정지 및 방지 등의 금지청구권이 인정된다(대판 1996. 4. 12, 93다40614). 이 경우 인격권의 보호 대상은 "생명·자유·신체·건강·명예·사생활의 비밀과 자유·초상·성명·음성·대화·저작물 및 사적 문서 그 밖의 인격적 가치"를 말하며, 현재 인격권이 침해되고 있거나 침해될 우려가 있는 경우에는 그 침해가 위법한 한도에서 그 배제 또는 예방을 청구할 수 있다. 사안에서 甲은 丁에게 블로그에 게재한 자신에 대한 글 및 사진의 삭제를 청구할 수 있다.

3) 명예회복에 적당한 처분

우리 민법은 명예훼손의 경우 "타인의 명예를 훼손한 자에 대하여는 법원은 피해자의 청구에 의하여 손해배상에 갈음하거나 손해배상과 함께 명예회복에 적당한 처분을 명할 수 있다."고 규정하고 있다(제764조). 사안에서 甲은 법원에 대하여 명예회복에 적당한 처분을 명하여 줄 것을 청구할 수 있다.

Ⅲ. 甲의 丙에 대한 손해배상청구

1. 丙의 법적 지위

丙은 丁의 사용자로서 丁을 지휘·감독하는 관계에 있다. 따라서 丁이 그 사무집행에 관하여 타인에게 손해를 가한 경우에 丙은 사용자책임을 진다.

2. 丙의 사용자책임

(1) 요건

丙의 丁에 대한 사용자책임이 성립하기 위해서는,

첫째, 타인을 사용하여 어느 사무에 종사하게 하여야 한다. 여기서 "사무"는 법률적·계속적인 것에 한하지 않고 사실적·일시적인 사무라도 무방하며(대판 1989. 10. 10, 89다카2278), "사용관계"는 실질적인 지휘·감독관계를 뜻한다. 사안에서 丁은 丙의 직원이므로 직접적인 고용관계가 존재하며, 따라서 丙은 丁을 지휘·감독할 지위에 있다고 볼 수 있다.

둘째, 피용자가 그 사무집행에 관하여 제3자에게 손해를 가하였어야 한다. 여기서 "사무집행에 관하여"는 원칙적으로 가해행위가 피용자의 직무범위에 속하는 행위이어야 하지만 피용자의 직무행위 자체가 아니라도 그 행위의 외형으로 관찰하여 마치 직무 범위 내에 속하는 것과 같이 보이는 행위도 포함한다. 이와 같이 **통설과 판례**는 사무집행 관련성의 판단기준에 대하여 사무집행의 외형을 기준으로 하는 외형이론에 따른다(대판 1984. 2. 28, 82다카1875). 사안에서 丁은 병원 홍보에 관한 온라인마케팅 대행계약의 이행을 위하여 개설한 블로그에 신인 여성가수 甲이 성형수술을 받은 것으로 보인다는 글과 사진을 게시함으로써 일반 대중으로 하여금 甲이 연예활동을 하기 위해 성형수술을 받은 '성형미인'이라는 인식을 갖도록 하였다.

셋째, 피용자의 가해행위가 불법행위의 일반적인 성립요건을 갖추어야 한다. 사용자책임의 본질을 대위책임으로 보는 **다수설 및 판례**(대판 1981. 8. 11, 81다298)는 피용자의 제3자에 대한 가해행위가 고의 또는 과실 및 책임능력 등 불법행위의 성립요건을 갖추어야 한다고 한다. 사안에서 丁은 甲의 인격권 및 초상권을 침해하는 불법행위를 하였다.

넷째, 사용자가 제756조 제1항 단서의 면책사유 있음을 입증하지 못하였어야 한다. 즉 사용자가 피용자의 선임 및 그 사무감독에 상당한 주의를 하였지만 피용자의 행위로 인하여 손해가 발생한 경우이거나 사용자가 피용자의 선임 및 그 사무감독에 상당한 주의를 하여도 손해가 있을 경우에는 면책된다. 이에 대한 입증책임은 사용자에게 있다는 것이 **통설과 판례**(대판 1998. 5. 15, 97다58538)의 입장이며, 판례는 보상책임의 취지에 따라 사용자의 면책가능성을 사실상 봉쇄함에 따라 사용자책임은 실제로는 무과실책임으로 운용되고 있다. 사안에서 丙은 丁을 선임·감독하는데 과실이 없다는 것을 입증하지 못하는 한 甲에게 사용자책임을 져야 한다.

결론적으로 丙의 행위는 丁에 대한 사용자책임을 성립시킨다.

(2) 효과

사용자는 피용자의 가해행위로 인하여 발생한 손해에 대하여 직접 피해자에게 배상책임을 진다. 이 경우 사용자책임은 피용자 자신의 일반불법행위책임과 병존할 수 있으며, 사용자는 피용자가 손해배상책임을 지는 범위 내에서 피해자에게 책임을 진다. 이 경우 피해자에게 과실이 있으면 사용자는 과실상계를 할 수 있다(대판 2002. 12. 26, 2000다56952). 사안에서 甲은 丙에게 1억원의 재산적 손해, 일실이익의 손해, 그리고 인격권 및 초상권 침해에 따른 정신적 손해의 배상을 청구할 수 있다.

IV. 甲의 乙에 대한 손해배상청구

1. 乙의 법적 지위

乙은 丙과 병원 홍보에 관한 온라인마케팅 대행계약을 체결하였다. 온라인마케팅 대행계약은 당사자 일방이 상대방에 대하여 사무의 처리를 위탁하고, 상대방이 이를 승낙함으로써 성립하는 위임계약의 성질을 가진다(제680조). 따라서 위임인과 수임인 사이에는 일종의 신임관계가 발생하며, 그 결과 수임인은 위임 사무의 처리에 있어 선관주의의무를 부담한다(제681조). 사안에서 乙은 丙과 온라인마케팅 대행계약을 체결하였으므로 乙

은 丙을 실질적으로 지휘·감독하는 지위에 있으며, 丙은 위임계약의 내용 및 사무의 성질에 따라 선량한 관리자의 주의로써 위임사무를 처리하여야 한다.

2. 乙의 사용자책임

(1) 요건

乙의 丙에 대한 사용자책임이 성립하기 위해서는,

첫째, 타인을 사용하여 어느 사무에 종사하게 하여야 한다. 乙은 丙에게 병원 홍보를 위한 온라인마케팅 업무를 일임하였다.

둘째, 피용자가 그 사무집행에 관하여 제3자에게 손해를 가하였어야 한다. 사안에서 乙이 丙과 체결한 온라인마케팅 대행계약은 병원의 온라인홍보 업무에 관한 것이고, 그 결과 乙은 丙을 지휘·감독하는 관계에 있으며, 나아가 丙의 업무는 병원을 홍보하기 위한 블로그 등을 관리하는 것을 그 내용으로 하므로 丙의 업무는 乙의 사무집행과 외형상 객관적으로 관련된다고 볼 수 있다.

셋째, 피용자의 가해행위가 불법행위의 일반적 성립요건을 갖추어야 한다. 사안에서 丙의 이행보조자인 丁은 병원 홍보를 위하여 개설한 블로그에 甲에 대한 글과 사진을 게시함으로써 甲의 명예감정을 침해하고, 이미지를 훼손하였다.

넷째, 사용자가 민법 제756조 제1항 단서의 면책사유 있음을 입증하지 못하였어야 한다. 사안에서 乙은 丙을 선임·감독하는데 과실이 없다는 것을 입증하지 못하는 한 甲에게 사용자책임을 진다.

(2) 효과

사용자는 피용자의 가해행위로 인하여 발생한 손해에 대하여 직접 피해자에게 배상책임을 진다. 이 경우 사용자책임은 피용자 자신의 일반불법행위책임과 병존할 수 있으며, 사용자는 피용자가 손해배상책임을 지는 범위 내에서 피해자에게 책임을 진다. 사안에서 甲은 乙에게 1억원의 재산적 손해, 일실이익의 손해, 그리고 일반적 인격권 및 초상권 침해에 따른 정신적 손해배상을 청구할 수 있다.

3. 乙과 丙의 책임관계

(1) 공동불법행위책임

우리 민법은 제760조 제1항에서 "수인이 공동의 불법행위로 타인에게 손해를 가한 때에는 연대하여 그 손해를 배상할 책임이 있다."고 규정하고 있다. 이러한 공동불법행위가 성립하기 위하여는,

첫째, 각자의 행위가 각각 독립해서 불법행위의 요건을 갖추어야 한다. 사안에서 丁은 甲의 인격권 및 초상권을 침해하였고, 丙은 丁과의 고용관계에서 발생하는 지휘·감독의무를 소홀히 하였고, 乙도 丙과의 위임관계에서 발생하는 지휘·감독의무를 소홀히 하였다.

둘째, 각 행위자의 가해행위 사이에 관련 공동성이 있어야 한다. 여기서 '관련공동성'에 대하여 **다수설과 판례**는 행위자들의 공모 내지 공동의 인식은 필요하지 않으며 객관적으로 관련공동하고 있으면 된다고 한다. 그리고 사용자책임은 피용자 자신의 일반불법행위책임과 병존할 수 있다. 판례도 "피용자와 제3자가 공동불법행위로 피해자에게 손해를 가하여 그 손해배상채무를 부담하는 경우에 피용자와 제3자는 공동불법행위자로서 서로 부진정연대관계에 있고, 한편 사용자의 손해배상책임은 피용자의 배상책임에 대한 대체적 책임이어서 사용자도 제3자와 부진정연대관계에 있다고 보아야 할 것이다."고 한다(대판(전원합의체) 1992. 6. 23, 91다33070). 사안에서 乙의 사용자책임은 丙의 사용자책임, 丁의 일반불법행위책임과 병존할 수 있으며, 그 결과 乙은 丙 및 丁과 공동으로 甲에게 손해배상책임을 부담한다.

(2) 책임의 범위

피용자의 배상책임과 사용자의 배상책임은 부진정연대채무관계에 있으며, 사용자가 피해자에게 손해를 배상한 경우에는 피용자에 대하여 구상권을 행사할 수 있다. 판례도 "사용자가 피용자와 제3자의 책임비율에 의하여 정해진 피용자의 부담부분을 초과하여 피해자에게 손해를 배상한 경우에는 사용자는 제3자에 대하여도 구상권을 행사할 수 있으며, 그 구상의 범위는 제3자의 부담부분에 국한된다고 보는 것이 타당하다."고 판시하고 있다(대판(전원합의체) 1992. 6. 23, 91다33070). 이 경우 사용자는 배상액 전액에 대하여 구상권을 행사할 수 있으나 판례는 제반사정을 고려하여 신의칙에 기하여 구상권을 제한할 수 있다는 입장이다. 사안에서 乙이 丙의 부담부분을 초과하여 甲에게 손해를 배상한 경우 乙은 丙에게 구상권을 행사할 수 있다.

V. 사안의 해결

(1) 甲은 丁에게 인격권 및 초상권 침해를 이유로 불법행위책임을 물을 수 있다. 이 경우 甲은 丁에게 현실적으로 발생한 1억원의 재산적 손해, 텔레비전 예능프로그램 출연 중지에 따른 일실이익의 손해, 그리고 인격권 및 초상권 침해에 따른 정신적 손해배상을 청구할 수 있다.

(2) 甲은 丙에게 丁과 고용관계에서 발생하는 지휘·감독의무 위반을 이유로 사용자책임을 물을 수 있다. 이 경우 丙은 丁과 공동으로 甲에게 공동불법행위책임을 진다.

(3) 甲은 乙에게 丙과 위임관계에서 발생하는 지휘·감독의무 위반을 이유로 사용자책임을 물을 수 있다. 이 경우 乙은 丙 및 丁과 공동불법행위책임을 지며, 乙이 丙의 부담부분을 초과하여 甲에게 손해를 배상한 경우 乙은 丙에게 구상권을 행사할 수 있다.

[24] 환경오염책임

사례

양식장 운영자 甲이 원자력발전소 乙의 온배수를 이용하기 위하여 온배수 영향권 내에 육상수조식양식장을 설치하였는데 원자력발전소 乙에서 배출된 온배수가 이상고온으로 평소보다 온도가 높아진 상태에서 자연해수와 혼합되어 위 양식장의 어류가 집단 폐사하였다. 이 사건에서 甲은 원자력발전소 乙이 가동된 이후에 양식장을 설치하였고, 배수구 부근이 온배수의 확산영역임을 사전에 알고 온배수를 자신의 이익으로 이용하기 위하여 자의로 양식장을 설치하였다. 한편 乙은 甲으로부터 온배수 이용에 대한 어떠한 대가를 받은 바 없으며, 다만 원자력발전소로부터 배출되는 온배수로 인하여 해양생태계가 파괴되지 않도록 함은 물론 인근 어업 및 양식업에 피해가 발생하지 않도록 원자력발전소 설치 당시부터 취·배수구를 해안으로부터 상당한 거리에 위치한 심층바다에 설치하여야 할 의무가 있음에도 이에 이르지 못하였다.

甲과 乙 사이의 법률관계는?

[개요]

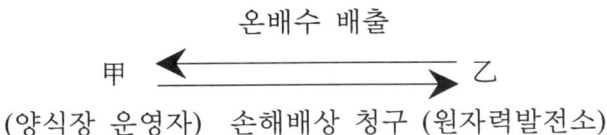

(양식장 운영자)　손해배상 청구　(원자력발전소)

Ⅰ. 문제의 소재

甲은 乙의 온배수 배출행위로 인하여 어류의 폐사라는 피해를 입었으나 乙과 계약관계가 없으므로 계약책임은 문제되지 않고 불법행위책임만이 문제된다. 불법행위책임은 책임 근거에 따라 다시 일반불법행위와 특별법상의 불법행위로 구분되므로 양자로 나누어 책임법리를 검토할 필요가 있다.

Ⅱ. 일반불법행위에 기한 손해배상청구

1. 甲의 법적 지위

甲은 양식장 운영자로서 乙이 운영하는 원자력발전소의 온배수를 이용하기 위하여 온배수 영향권 내에 육상수조식양식장을 설치하였다. 그러나 乙이 배출한 온배수에 의하여 양식장의 어류가 집단 폐사하였다. 따라서 甲은 乙에게 손해배상을 청구할 수 있다.

2. 불법행위의 성립요건

乙의 침해행위가 불법행위가 되기 위한 요건으로는(제750조),

첫째, 가해자의 위법행위가 고의, 과실에 의한 것이어야 한다. 여기서 '과실'은 사회생활상 요구되는 주의를 기울였다면 그러한 결과의 발생을 방지할 수 있었음에도 불구하고 그러한 주의를 다하지 않은 것이다. 이 경우 가해자의 과실에 대한 증명책임은 피해자가 부담한다. 사안에서 乙은 양식업에 피해가 발생하지 않도록 원자력발전소 설치 당시부터 취·배수구를 해안으로부터 상당한 거리에 위치한 심층 바다에 설치하여야 할 의무가 있음에도 이러한 의무를 준수하지 않았다.

둘째, 가해행위가 위법하여야 한다. 여기서 '위법성'은 관련 행위 전체를 일체로만 판단하여 결정하여야 하는 것은 아니고, 문제가 되는 행위마다 개별적·상대적으로 판단하여야 한다(대판 2001. 2. 9, 99다55434). 판례도 "어느 시설을 적법하게 가동하거나 공용에 제공하는 경우에도 그로부터 발생하는 유해배출물로 인하여 제3자가 손해를 입은 경우에는 그 위법성을 별도로 판단하여야 하고, 이러한 경우의 판단기준은 그 유해의 정도가 사회생활상 통상의 수인한도를 넘는 것인지의 여부라고 할 것"이라고 판시하고 있다(대판 2003. 6. 27, 2001다734). 사안에서 비록 이상고온이라는 특수한 자연환경이 작용하기는 하였지만 乙이 배출한 온배수로 인하여 구체적이고도 사회통념상 용인될 수 없는 피해가 발생한 이상 乙의 온배수 배출행위와 그 결과는 수인한도를 초과하여 위법하다고 할 것이다.

셋째, 가해행위에 의하여 손해가 발생하였어야 한다. 여기서 '손해'는 현실적으로 발생한 자연적 피해사실을 의미하며, 현실적으로 손해가 발생하였는지의 여부는 사회통념에 비추어 객관적이고 합리적으로 판단하여야 한다. 사안에서 乙이 배출한 온배수에 의하여 甲의 양식장의 어류가 집단 폐사하였다.

넷째, 가해자의 위법행위와 피해자의 손해 사이에 인과관계가 있어야 한다. 일반적으로 불법행위로 인한 손해배상청구에 있어서 가해행위와 손해 발생 간의 인과관계의 입증책임은 피해자가 부담하여야 한다.

한편 가해행위가 손해발생의 원인이 된 이상 자연력과의 경합이 있더라도 가해자는 손해배상책임을 부담한다. 즉 판례는 "피해자가 입은 손해가 자연력과 가해자의 과실행위가 경합되어 발생된 경우 가해자의 배상범위는 손해의 공평한 부담이라는 견지에서 손해발생에 대하여 자연력이 기여하였다고 인정되는 부분을 공제한 나머지 부분으로 제한하여야 함이 상당하고, 다만 피해자가 입은 손해가 통상의 손해와는 달리 특수한 자연적 조건 아래 발생한 것이라 하더라도 가해자가 그와 같은 자연적 조건이나 그에 따른 위험의 정도를 미리 예상할 수 있었고 또한 과도한 노력이나 비용을 들이지 아니하고도 적절한 조치를 취하여 자연적 조건에 따른 위험의 발생을 사전에 예방할 수 있었다면, 그러한 사고방지 조치를 소홀히 하여 발생한 사고로 인한 손해배상의 범위를 정함에 있어서 자연력의 기여분을 인정하여 가해자의 배상범위를 제한할 것은 아니다."고 판시하고 있다(대판 2003. 6. 27, 2001다734). 사안에서 甲의 손해는 해수온도의 상승이라는 자연력과 온배수의 배출이라는 乙의 행위 두 요인이 복합적으로 작용하여 발생한 것인 한편, 乙로서는 피해를 쉽게 예견할 수 있었다거나 과도한 노력이나 비용을 들이지 않고도 피해를 방지할 수 있었다고는 볼 수 없으므로, 공평의 원칙상 자연력의 기여도를 고려하여야 한다.

3. 불법행위의 효과

불법행위의 효과로서 손해배상청구권이 발생한다. 여기서 불법행위로 인한 재산상의 손해는 위법한 가해행위로 인하여 발생한 재산상의 불이익, 즉 불법행위가 없었더라면 존재하였을 재산 상태와 불법행위가 가해진 이후의 재산 상태와의 차이를 말하는 것이고(대판 2000. 11. 10, 98다39633; 대판 2006. 1. 26, 2002다12659), 이러한 손해의 액수에 대한 증명책임은 손해배상을 청구하는 피해자인 원고에게 있으므로(대판 1994. 3. 11, 93다57100; 대판 2011. 7. 28, 2010다18850), 원고는 불법행위가 없었더라면 존재하였을 재산 상태와 불법행위가 가해진 이후의 재산 상태가 무엇인지에 관하여 이를 증명할 책임을 진다.

한편 불법행위로 인한 손해의 발생 또는 확대에 관하여 피해자에게도 과실이 있어서 가해자의 손해배상 범위를 정하기 위하여 양자의 과실비율을 교량함에 있어서는 손해의 공평부담이라는 제도의 취지에 비추어 사고 발생에 관련된 제반 상황이 충분히 고려되어야 할 것이며, 과실상계 사유에 관한 사실인정이나 그 비율을 정하는 것이 사실심의 전권사항이라고 하더라도 그것이 형평의 원칙에 비추어 현저히 불합리해서는 안 된다(대판 2003. 6. 27, 2001다734). 사안에서 甲은 원자력발전소 가동 이후에 양식장을 설치하였고, 배수구 부근이 온배수의 확산영역임을 사전에 알고 온배수를 자신의 이익으로 이용하기 위하여 자의로 양식장을 설치한 것이며, 乙은 甲으로부터 온배수 이용에 대한 어떠한 대가를 받은 바 없으므로 온배수의 악영향을 피하는 것은 일차적으로 甲의 의무라고 할 것이다. 따라서 乙의 과실과 甲의 과실을 고려하되 형평의 원칙에 비추어 현저히 불합리하여서는 안 된다.

Ⅲ. 특별법상 불법행위에 기한 손해배상청구

1. 甲의 법적 지위

甲이 乙에게 환경오염으로 인하여 발생한 피해의 배상을 청구할 수 있기 위해서는 원자력발전소의 온배수 배출이 환경오염에 해당하는지가 문제된다. 이에 대하여 환경정책기본법 제3조 제4호는 "환경오염이라 함은 사업활동 기타 사람의 활동에 따라 발생되는 대기오염, 수질오염, 토양오염, 해양오염, 방사능오염, 소음·진동, 악취 등으로서 사람의 건강이나 환경에 피해를 주는 상태를 말한다."고 규정하고 있으며, 판례도 "원전냉각수 순환시 발생되는 온배수의 배출은 사람의 활동에 의하여 자연환경에 영향을 주는 수질오염 또는 해양오염으로서 환경오염에 해당한다."고 판시하고 있다(대판 2002. 10. 22, 2000다65680, 65697). 사안에서 乙이 배출한 온배수는 환경오염에 해당하므로 甲은 乙에게 환경정책기본법상의 손해배상을 청구할 수 있다.

2. 적용요건

환경정책기본법 제44조 제1항은 "환경오염 또는 환경훼손으로 피해가 발생한 경우에는 해당 환경오염 또는 환경훼손의 원인자가 그 피해를 배상하여야 한다."고 규정하고 있다. 따라서 甲이 乙에게 환경정책기본법상의 손해배상을 청구할 수 있기 위해서는,

첫째, "환경오염원인자 등"에 의하여 환경오염이 발생하였어야 한다. 여기서 "환경오염원인자"는 자기의 행위 또는 사업활동으로 환경오염 또는 환경훼손의 원인을 발생시킨 자를 말하며, 그는 오염·훼손을 방지하고 오염·훼손된 환경을 회복·복원할 책임을 지며, 환경오염 또는 환경훼손으로 인한 피해의 구제에 드는 비용을 부담하여야 한다(제7조 참조). 사안에서 乙은 사업활동으로 환경오염의 원인을 발생시킨 자에 해당된다.

둘째, 환경오염으로 인하여 피해가 발생하였어야 한다. 판례는 "환경정책기본법 제31조 제1항 및 제3조 제1호, 제3호, 제4호에 의하면, 사업장 등에서 발생되는 환경오염으로 인하여 피해가 발생한 경우에는 당해 사업자는 귀책사유가 없더라도 그 피해를 배상하여야 하고, 위 환경오염에는 소음·진동으로 사람의 건강이나 환경에 피해를 주는 것도 포함되므로, 이 사건 원고들의 손해에 대하여 피고는 그 귀책사유가 없더라도 특별한 사정이 없는 한 이를 배상할 의무가 있다."고 판시하고 있다(대판 2001. 2. 9, 99다55434). 환경정책기본법 제44조는 환경오염 피해에 대하여 무과실책임을 규정하고 있으므로 과실은 더 이상 문제되지 않는다. 또한 환경오염 물질의 배출은 그 자체로서 위법한 것이 아니라 가해행위가 사회적으로 인용할 수 있는 한도를 넘는 경우에 비로소 위법하게 된다.

셋째, 환경오염 피해에 있어서는 가해기업이 배출한 어떤 유해한 원인물질이 피해물건에 도달하여 손해가 발생하였다면 가해자측에서 그 무해함을 입증하지 못하는 한 책임을 면할 수 없다(대판 1984. 6. 12, 81다558). 사안에서 (1) 甲이 운영하는 원자력발전소에서 양식장의 어류에 악영향을 줄 수 있는 온배수가 배출되고, (2) 그 온배수가 해수와 혼합되어 양식장에 도달하였으며, (3) 그 후 양식장의 어류가 폐사하였다는 사실이 각 모순없이 증명된 이상 원자력발전소의 온배수 배출과 양식장의 어류 폐사가 발생함으로 말미암은 손해 간의 인과관계가 일응 증명되었다고 할 것이므로, 乙이 (1) 원자력발전소의 온배수에는 양식장의 어류의 생육에 악영향을 끼칠 수 있는 원인물질이 들어 있지 않으며, (2) 원인물질이 들어 있다 하더라도 그 해수혼합율이 안전농도 범위내에 속한다는 사실의 반증을 들어 인과관계를 부정하지 못하는 한 그 불이익은 乙이 부담한다.

3. 적용 효과

환경정책기본법에서는 손해배상의무만을 정할 뿐 그 배상내용에 관하여는 규정이 없다. 그러므로 다른 특별한 규정이 없는 한 민법의 손해배상 법리에 의한다.

Ⅳ. 사안의 해결

甲은 乙의 온배수 배출행위로 인하여 어류의 폐사라는 피해를 입었으므로 甲은 乙에게 민법 제750조에 기한 손해배상청구권을 행사하거나 또는 환경정책기본법상의 손해배상청구권을 행사할 수 있다.

참고판례

1. 대법원 2003. 6. 27. 선고 2001다734 판결

[1] 불법행위에 기한 손해배상 사건에 있어서 피해자가 입은 손해가 자연력과 가해자의 과실행위가 경합되어 발생된 경우 가해자의 배상범위는 손해의 공평한 부담이라는 견지에서 손해발생에 대하여 자연력이 기여하였다고 인정되는 부분을 공제한 나머지 부분으로 제한하여야 함이 상당하고, 다만 피해자가 입은 손해가 통상의 손해와는 달리 특수한 자연적 조건 아래 발생한 것이라 하더라도 가해자가 그와 같은 자연적 조건이나 그에 따른 위험의 정도를 미리 예상할 수 있었고 또 과도한 노력이나 비용을 들이지 아니하고도 적절한 조치를 취하여 자연적 조건에 따른 위험의 발생을 사전에 예방할 수 있었다면, 그러한 사고방지 조치를 소홀히 하여 발생한 사고로 인한 손해배상의 범위를 정함에 있어서 자연력의 기여분을 인정하여 가해자의 배상범위를 제한할 것은 아니다.

[2] 자연력과 가해자의 과실행위가 경합되어 손해가 발생한 경우 가해자의 배상범위를 제한함에 있어서 자연력의 기여도에 관한 비율의 결정은 그것이 형평의 원칙에 비추어 현저히 불합리하다고 인정되지 아니하는 한 사실심의 전권사항에 속한다.

[3] 환경정책기본법 제3조 제4호는 "환경오염이라 함은 사업활동 기타 사람의 활동에 따라 발생되는 대기오염, 수질오염, 토양오염, 해양오염, 방사능오염, 소음·진동, 악취 등으로서 사람의 건강이나 환경에 피해를 주는 상태를 말한다."고 규정하고 있으므로, 원전냉각수순환시 발생되는

온배수의 배출은 사람의 활동에 의하여 자연환경에 영향을 주는 수질오염 또는 해양오염으로서 환경오염에 해당한다.

[4] 불법행위 성립요건으로서의 위법성은 관련 행위 전체를 일체로만 판단하여 결정하여야 하는 것은 아니고, 문제가 되는 행위마다 개별적·상대적으로 판단하여야 할 것이므로 어느 시설을 적법하게 가동하거나 공용에 제공하는 경우에도 그로부터 발생하는 유해배출물로 인하여 제3자가 손해를 입은 경우에는 그 위법성을 별도로 판단하여야 하고, 이러한 경우의 판단 기준은 그 유해의 정도가 사회생활상 통상의 수인한도를 넘는 것인지 여부이다.

[5] 불법행위로 인한 손해의 발생 또는 확대에 관하여 피해자에게도 과실이 있어서 가해자의 손해배상의 범위를 정하기 위하여 양자의 과실비율을 교량함에 있어서는 손해의 공평부담이라는 제도의 취지에 비추어 사고 발생에 관련된 제반 상황이 충분히 고려되어야 할 것이며, 과실상계 사유에 관한 사실인정이나 그 비율을 정하는 것이 사실심의 전권사항이라고 하더라도 그것이 형평의 원칙에 비추어 현저히 불합리해서는 안된다.

2. 대법원 1984. 6. 12. 선고 81다558 판결

[1] 일반적으로 불법행위로 인한 손해배상청구사건에 있어서 가해행위와 손해발생간의 인과관계의 입증책임은 청구자인 피해자가 부담하나, 수질오탁으로 인한 이 사건과 같은 공해로 인한 손해배상청구 소송에 있어서는 기업이 배출한 원인물질이 물을 매체로 간접적으로 손해를 끼치는 수가 많고 공해문제에 관하여는 현재의 과학수준으로 해명할 수 없는 분야가 있기 때문에 가해행위와 손해발생 간의 인과관계의 고리를 모두 자연과학적으로 증명하는 것은 곤란 내지 불가능한 경우가 대부분이므로 피해자에게 사실적 인과관계의 존재에 관한 엄밀한 과학적 증명을 요구함은 공해의 사법적 구제의 사실상 거부가 될 우려가 있는 반면에 가해기업은 기술적 경제적으로 피해자 보다 원인조사가 훨씬 용이할 뿐 아니라 그 원인을 은폐할 염려가 있어, 가해기업이 배출한 어떤 유해한 원인물질이 피해물건에 도달하여 손해가 발생하였다면 가해자측에서 그 무해

함을 입증하지 못하는 한 책임을 면할 수 없다고 봄이 사회형평의 관념에 적합하다.

[2] 수질오탁으로 인한 공해소송인 이 사건에서 (1)피고공장에서 김의 생육에 악영향을 줄 수 있는 폐수가 배출되고 (2)그 폐수중 일부가 유류를 통하여 이사건 김양식장에 도달하였으며 (3)그후 김에 피해가 있었다는 사실이 각 모순없이 증명된 이상 피고공장의 폐수배출과 양식 김에 병해가 발생함으로 말미암은 손해간의 인과관계가 일응 증명되었다고 할 것이므로, 피고가 (1)피고 공장폐수 중에는 김의 생육에 악영향을 끼칠 수 있는 원인물질이 들어 있지 않으며 (2)원인물질이 들어 있다 하더라도 그 해수혼합율이 안전농도 범위내에 속한다는 사실을 반증을 들어 인과관계를 부정하지 못하는 한 그 불이익은 피고에게 돌려야 마땅할 것이다.

3. 대법원 2001. 2. 9. 선고 99다55434 판결

[1] 불법행위 성립요건으로서의 위법성은 관련 행위 전체를 일체로만 판단하여 결정하여야 하는 것은 아니고, 문제가 되는 행위마다 개별적·상대적으로 판단하여야 할 것이므로 어느 시설을 적법하게 가동하거나 공용에 제공하는 경우에도 그로부터 발생하는 유해배출물로 인하여 제3자가 손해를 입은 경우에는 그 위법성을 별도로 판단하여야 하고, 이러한 경우의 판단 기준은 그 유해의 정도가 사회생활상 통상의 수인한도를 넘는 것인지 여부라고 할 것이다.

[2] 환경정책기본법 제31조 제1항 및 제3조 제1호, 제3호, 제4호에 의하면, 사업장 등에서 발생되는 환경오염으로 인하여 피해가 발생한 경우에는 당해 사업자는 귀책사유가 없더라도 그 피해를 배상하여야 하고, 위 환경오염에는 소음·진동으로 사람의 건강이나 환경에 피해를 주는 것도 포함되므로, 피해자들의 손해에 대하여 사업자는 그 귀책사유가 없더라도 특별한 사정이 없는 한 이를 배상할 의무가 있다.

[25] 자동차결함에 대한 책임

사례

甲은 A회사의 영업부 사원으로 근무하고 있으며, A회사는 甲에게 H사로부터 구입한 신형 봉고트럭을 업무용으로 배정하였다. 甲은 배정받은 봉고트럭을 운전하던 중 차체에 아주 작은 진동이 감지되어 H사의 자동차서비스센터에서 점검을 받았으나 차체에 이상이 없다는 판정을 받았다. 이후 甲은 차체의 진동이 통상적인 것이라고 생각하고 차량을 운행하였으며, 약 3개월 후 甲은 배송시간을 맞추기 위하여 제한속도 100km의 자동차전용도로에서 시속 120km의 속도로 차를 운전하던 중 차체가 갑자기 우측으로 중심을 잃으면서 중앙분리대와 부딪친 후 전복되었다. 이 사고로 甲은 전치 3개월의 중상을 입었고, 배송 중이던 물건은 모두 파손되었다. 또한 옆 차선을 운행하던 乙의 자동차와 충돌하여 인명사고는 없었으나 차량이 파손되는 손해를 야기하였다. 사고조사 결과에 의하면, 봉고트럭 우측 뒷바퀴의 베어링이 심하게 파손되었음이 밝혀졌고, 자동차의 운행거리는 동 차종에 사용되는 베어링의 이론상 수명거리(1300만km)에 크게 못 미치는 5,000km에 불과하였다.

[문제1] A와 甲이 행사할 수 있는 권리는?
[문제2] 乙은 누구에게 어떠한 권리를 행사할 수 있는가?

[개요]

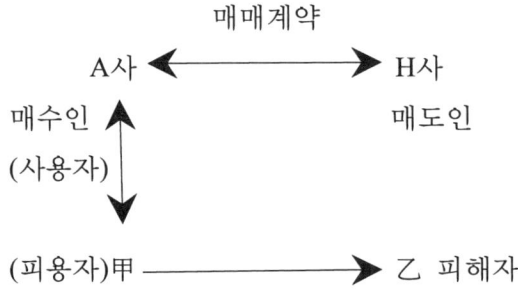

Ⅰ. 문제의 제기

(1) A는 H사로부터 봉고트럭을 구입하였으므로 H사에게 계약책임을 물을 수 있을 것이다. 이 경우 봉고트럭의 하자에 대해서는 하자담보책임을, 확대손해에 대하여는 불완전이행을 이유로 채무불이행책임을 물을 수 있을 것이다. 또한 자동차 사고가 부품의 결함으로 인하여 발생하였으므로 제조물책임을 물을 수 있을 것이다. 한편 甲은 A의 영업사원으로서 A로부터 배정받은 H사의 봉고트럭을 운전하다가 사고를 당하였으므로 H사를 상대로 제조물책임을 물을 수 있을 것이다.

(2) 乙은 甲이 야기한 자동차 사고로 인하여 자신의 차량이 파손되었으므로 甲에게 불법행위로 인한 손해배상책임을 물을 수 있을 것이다. 또한 乙은 H사에 대해서는 제조물책임을 물을 수 있을 것이다.

Ⅱ. A의 권리행사

1. A의 법적 지위

A는 H사로부터 봉고트럭을 구입하였으므로 H사에게 계약상의 책임을 물을 수 있다. 즉 봉고트럭의 하자에 대해서는 하자담보책임을, 확대손해에 대하여는 채무불이행책임을 물을 수 있다. 또한 자동차 사고가 자동차의 부품 결함으로 인하여 발생하였으므로 H사에게 제조물책임을 물을 수 있다. 또한 A의 영업사원인 甲은 A로부터 배정받은 H사의 봉고트럭을 운전하다가 사고를 당하였으므로 H사를 상대로 제조물책임을 물을 수 있을 것이다.

2. 하자담보책임

(1) 성립요건

매매의 목적물에 하자가 있는 경우에 매도인은 매수인에게 하자담보책임을 진다. 종류물에 대한 하자담보책임이 성립하기 위해서는(제581조),

첫째, 매매계약이 유효하게 성립하여야 한다. 사안에서 A는 H사로부터 봉고트럭을 구입하는 매매계약을 체결하였으며 다른 사정이 없으면 위 매매계약은 유효하다.

둘째, 매매의 목적물에 하자가 있어야 한다. 여기서 '하자'의 개념에 대하여 학설은 일반적으로 그 종류의 물건이 보통 가지고 있는 성질이 없는 경우라고 하는 **객관설**, 당사자 사이에 합의된 성질이 없으면 하자가 존재하나 당사자의 의사가 불분명한 때에는 객관설처럼 판단하여야 한다는 **주관설**, 물건이 본래 가지고 있어야 할 객관적 성질이 없는 경우와 매매 당사자가 합의한 성질이 없는 경우라는 **병존설**로 나뉘어 있다. 판례는 "매매의 목적물이 거래통념상 기대되는 객관적 성질·성능을 결여하거나, 당사자가 예정 또는 보증한 성질을 결여한 경우에 매도인은 매수인에 대하여 그 하자로 인한 담보책임을 부담한다."고 하여 병존설을 취하고 있다(대판 2000. 1. 18, 98다18506). 생각건대 하자는 물건이 가지고 있어야 할 성질을 가지고 있지 못한 경우를 말하며, 여기서 '가지고 있어야 할 성질'은 우선 그에 관한 당사자의 합의에 의하여 판단하는 것이 타당하다. 다만, 주관적 표준에 의하여 하자를 판단할 수 없을 때에는 그 종류의 물건이 일반적으로 가지고 있는 성질이 없는 경우에 하자가 있다고 하여야 한다. 사안에서 봉고트럭은 불특정물에 속하며, 봉고트럭이 특정되기 이전에 이미 차량에 내재해 있던 베어링의 결함으로 인하여 사고가 발생한 것으로 추정된다. 따라서 A가 구입한 봉고트럭은 거래통념상 기대되는 객관적 성질을 결여하고 있다고 볼 수 있다.

셋째, 매수인이 하자가 있음을 알지 못하고, 알지 못하는데 과실이 없어야 한다. 이에 대한 입증책임은 담보책임을 면하려는 매도인이 부담한다. 사안에서 A는 봉고트럭을 구입한 후 3개월 동안 사용하였으나 차량의 하자를 알지 못하였고, 또한 H사의 자동차서비스센터에서 점검을 받았으나 차체에 이상이 없다는 판정을 받았음을 고려할 때 A는 봉고트럭의 하자를 알았거나 이를 알지 못하는데 과실이 없다고 판단된다.

따라서 H사는 A에게 하자담보책임을 진다.

(2) 효과

매도인의 하자담보책임이 성립하면 매수인은 매도인에게 계약해제 및 손해배상을 청구할 수 있다. 또한 매수인은 이러한 청구권 대신에 완전물급부청구권을 행사할 수 있다.

첫째, 종류물의 하자로 인하여 매매의 목적을 달성할 수 없을 때에는 매수인은 계약을 해제하고 손해배상을 청구할 수 있으나, 하자가 그 정도로 중대하지 않은 때에는 매수인은 계약을 해제하지 못하고 손해배상만 청구할 수 있다(제581조 제1항, 제580조 제1항 본문, 제575조 제1항). 이 경우 손해배상은 신뢰이익의 배상이며, 여기에는 하자로 인한 가치감소도 포함되어야 한다. 사안에서 부품의 하자로 인하여 봉고트럭 본래의 목적에 따른 운행이 불가능한 것으로 보여지지 않으므로 A는 H사와 체결한 매매계약을 해제할 수 없다. 그러나 부품의 하자로 인하여 봉고트럭이 전복되는 사고가 발생하였으므로 A는 H사에게 봉고트럭의 수리비를 손해배상으로 청구할 수 있다.

둘째, 불특정물매매의 경우에 매수인은 계약해제 또는 손해배상을 청구하지 않고 하자없는 물건 즉 완전물급부를 청구할 수 있다(제581조 제2항). 이 경우 매수인이 완전물급부청구권을 행사하면 손해배상은 청구하지 못한다. 한편 판례는 "매매목적물의 하자가 경미하여 수선 등의 방법으로도 계약의 목적을 달성하는 데 별다른 지장이 없는 반면 매도인에게 하자없는 물건의 급부의무를 지우면 다른 구제방법에 비하여 지나치게 큰 불이익이 매도인에게 발생되는 경우와 같이 하자담보의무의 이행이 오히려 공평의 원칙에 반하는 경우에는, 완전물급부청구권의 행사를 제한함이 타당하다."고 한다(대판 2014. 5. 16, 2012다72582). 사안에서 봉고트럭의 하자의 정도, 하자 수선의 용이성, 하자의 치유가능성 및 완전물급부의 이행으로 인하여 매도인에게 미치는 불이익의 정도 등의 여러 사정을 고려하면 A에게 완전물급부청구권을 인정하기 어렵다고 할 수 있다.

3. 채무불이행책임

(1) 성립요건

채무자가 채무의 이행으로서 이행행위를 하였으나 그것이 채무의 내용에 좇은 완전한 이행이 아니므로 채권자에게 손해가 발생한 경우에 불완전이행이 문제된다. 이 경우 불완전이행이 성립하기 위해서는,

첫째, 채무자의 이행행위가 있어야 한다. 사안에서 H사는 A에게 매매의 목적물인 봉고트럭을 인도해 주었다.

둘째, 그 이행이 불완전하여야 한다. 사안에서 H사가 A에게 인도한 봉고트럭은 우측 뒷바퀴의 베어링이 파손되어 있었으므로 완전한 물건을 인도하였다고 볼 수 없다.

셋째, 불완전이행이 채무자의 유책사유에 의하여야 한다. 사안에서 A는 봉고트럭 차체에 작은 진동이 감지되어 H사의 자동차서비스센터에서 점검을 받았으나 차체에는 이상이 없다는 판정을 받았다. 하지만 사고조사 결과 봉고트럭의 우측 뒷바퀴의 베어링이 파손되어 있었으므로 봉고트럭의 하자는 H사의 유책사유에 해당한다고 할 수 있다.

넷째, 불완전이행이 위법하여야 한다. 사안에서 매도인인 H사는 매수인인 A에게 하자 없는 완전한 물건을 인도할 의무를 부담하나 베어링이 파손된 물건을 인도하였으므로 이행행위에 위법성이 인정된다.

따라서 H사는 A에게 채무불이행책임을 진다.

(2) 효과

채무자가 불완전이행을 하였더라도 완전 이행이 가능한 경우에는 채권

자는 완전물급부청구권을 행사할 수 있으며, 추완이 가능하면 추완청구권이 생기고, 그 이외에 이행지체로 인한 손해배상을 청구할 수 있다. 그러나 완전 이행이 가능하지 않은 경우에는 확대손해와 전보배상만 청구할 수 있다. 사안에서 파손된 베어링의 교체는 완전 이행이 가능하므로 A는 H사에게 베어링의 하자보수를 청구하거나 하자없는 동종의 신차 인도를 청구하거나 운송 중이던 물건의 파손에 대한 손해배상을 청구할 수 있다.

4. 제조물책임

(1) 성립요건

제조물책임이란 제조물의 결함으로 인하여 발생한 손해에 대하여 제조업자가 지는 책임을 말한다. 제조물법상의 손해배상책임이 성립하기 위해서는(제조물책임법 제3조 제1항),

첫째, 제조물에 결함이 있어야 한다. 여기서 '제조물'이란 제조되거나 가공된 동산(다른 동산이나 부동산의 일부를 구성하는 경우를 포함한다)을 말하며(제조물책임법 제2조 제1호), '결함'이란 해당 제조물에 제조상·설계상 또는 표시상의 결함이 있거나 그 밖에 통상적으로 기대할 수 있는 안전성이 결여되어 있는 것을 말한다(제조물책임법 제2조 제1호). 특히 '제조상의 결함'이란 제조업자가 제조물에 대하여 제조상·가공상의 주의의무를 이행하였는지에 관계없이 제조물이 원래 의도한 설계와 다르게 제조·가공됨으로써 안전하지 못하게 된 경우를 말한다(제조물책임법 제2조 제1호 가목). 사안에서 자동차 부품인 베어링도 제조물책임법의 규율대상이 되는 제조물에 포함되며, 출고된 지 3월 된 자동차의 베어링이 파손된 것은 제조상의 결함에 해당한다고 볼 수 있다.

둘째, 제조물의 결함으로 인하여 생명·신체 또는 재산에 대한 손해가 발생하여야 한다. 제조물책임은 제조물 그 자체 외의 손해(확대손해)가 발생한 경우에 지는 배상책임이므로 그 제조물에 대하여만 발생한 손해에는 제조물책임이 적용되지 않는다. 사안에서 자동차 베어링의 파손으로 인하여 자동차가 전복되는 사고가 발생하였고, 그 결과 자동차가 파손되었다. 이 경우 자동차의 파손은 제조물 그 자체에 해당하므로 제조물책임이 적용되지 않는다. 따라서 제조물책임의 적용대상은 봉고트럭 운전자 甲의 중상으로 인한 손해, 운송 중이던 물건의 파손, 乙의 자동차의 파손에 대한 손해만 해당한다.

셋째, 결함과 손해 사이에 인과관계가 있어야 한다. 이러한 인과관계는 피해자가 증명하여야 하는데, 이러한 증명은 매우 어려우므로 제조물책임법은 결함에 대한 추정규정을 신설하였다. 즉 피해자가 ① 해당 제조물이 정상적으로 사용되는 상태에서 피해자의 손해가 발생하였다는 사실, ② 제1호의 손해가 제조업자의 실질적인 지배영역에 속한 원인으로부터 초래되었다는 사실, ③ 제1호의 손해가 해당 제조물의 결함 없이는 통상적으로 발생하지 아니한다는 사실을 증명한 경우에는 제조물을 공급할 당시 해당 제조물에 결함이 있었고 그 제조물의 결함으로 인하여 손해가 발생한 것으로 추정한다. 다만, 제조업자가 제조물의 결함이 아닌 다른 원인으로 인하여 그 손해가 발생한 사실을 증명한 경우에는 그러하지 아니하다(제조물책임법 제3조의2). 사안에서 A는 봉고트럭을 정상적으로 사용하는 상태에서 손해가 발생하였고, 그 손해가 H사의 실질적인 지배영역에 속한 원인으로 초래되었으며, 봉고트럭의 전복이라는 사고가 베어링의 결함 없이는 통상적으로 발생하지 아니한다는 사정을 입증하여야 한다. 반면에 H사는 봉고트럭의 전복이라는 사고가 베어링이 아닌 다른 원인으로 발생한 것임을 입증하여야 한다. 사안에서 봉고트럭의 전복은 베어링의 결함으로 인하여 발생한 것으로 추정된다.

따라서 H사는 A에게 제조물책임을 진다.

(2) 효과

제조업자는 제조물의 결함으로 생명·신체 또는 재산에 손해를 입은 자에게 그 손해를 배상하여야 한다. 이 경우 제조업자에게 과실이 있는지는 묻지 않는다. 그리고 제조물책임법은 손해배상의 범위에 관하여 명문의 규정을 두고 있지 않으므로 그 범위는 원칙적으로 통상손해로 한정된다. 사안에서 A는 H사에게 파손된 봉고트럭의 수리비 및 운송 중이던 물건의 파손으로 인한 손해의 배상을 청구할 수 있다. 그리고 봉고트럭을 운전한 甲도 H사에게 전치 3개월의 중상에 대한 치료비, 위자료 및 일실이익의 배상을 청구할 수 있다. 이에 대하여 H사는 甲에게 속도위반에 대한 과실상계를 주장할 수 있다.

5. 청구권 경합

(1) 하자담보책임과 불완전이행책임의 관계

종류물인도채무의 불완전이행으로 인한 손해배상청구권과 하자로 인한 담보책임법상의 손해배상청구권의 관계는 담보책임의 법적 성질을 어떻게 보는지에 따라 달라진다. 먼저 **법정책임설**은 담보책임 규정을 불완전이행책임 규정의 특칙으로 이해하므로 양자의 경합은 일어나지 않는다고 한다. 이에 대하여 **채무불이행책임설**은 하자담보책임이 발생하더라도 매도인의 유책사유에 의한 불완전이행의 경우에는 채무불이행책임의 일반원칙이 적용되어야 하므로 양자의 경합을 인정한다. 판례는 "매도인이 성토작업을 기화로 다량의 폐기물을 은밀히 매립하고 그 위에 토사를 덮은 다음 도시계획사업을 시행하는 공공사업시행자와 사이에서 정상적인 토지임을 전제로 협의취득절차를 진행하여 이를 매도함으로써 매수자로 하여금 그 토지의 폐기물처리비용 상당의 손해를 입게 하였다면 매도인은 이른바 불완전이행으로서 채무불이행으로 인한 손해배상책임을 부담하고, 이는 하자 있는 토지의 매매로 인한 민법 제580조 소정의 하자담보책임과 경합적으로 인정된다고 할 것이다."고 양자의 경합을 인정한다(대판 2004. 7. 22, 2002다51586). 생각건대 목적물에 하자가 있는 경우에 담보책임만 인정하면 담보책임의 범위에 속하지 않는 확대손해는 배상 범위에 속하지 않게 되어 매도인 권리 보호에 공백이 생기므로 양자의 경합을 인정하는 것이 타당하다. 사안의 경우 A는 H사에게 자동차의 하자에 대한 담보책임과 그로 인한 확대손해에 대하여 채무불이행책임을 물을 수 있다.

(2) 불완전이행책임과 제조물책임의 관계

불완전이행으로 인한 손해배상청구권과 제조물책임법상의 손해배상청구권의 관계는 양자의 요건, 입증책임, 권리의 행사기간 등이 서로 다르므로 피해자 보호를 위하여 양자의 경합이 인정된다. 제조물책임법도 제조물의 결함으로 인한 손해배상책임에 관하여 제조물책임법에 규정된 것을 제외하고는 민법에 따른다고 규정하고 있다(제8조). 사안의 경우 A는 H사에게 자동차의 결함에 대한 제조물책임과 별도로 베어링의 하자로 인한 확대손해에 대하여 채무불이행책임을 물을 수 있다.

Ⅲ. 乙의 권리행사

1. 乙의 법적 지위

乙은 甲이 야기한 자동차 사고로 인하여 자신의 차량이 파손되었으므로 甲에게 불법행위로 인한 손해배상책임을 물을 수 있는지가 문제된다. 또한 A에 대하여는 제조물책임을 물을 수 있는지가 문제된다.

2. 甲에 대한 권리행사

불법행위가 성립하기 위해서는 가해자의 고의·과실에 의한 가해행위가 있어야 한다. 여기서 '가해행위'는 가해자의 의식있는 거동 내지 동작을 말하며, '과실'은 자기의 행위로부터 일정한 결과가 발생할 것을 인식하여야 함에도 불구하고 부주의로 인하여 인식하지 못하고 그 행위를 하는 심리상태이다. 이에 대하여 판례는 "불법행위의 성립요건으로서의 과실은 이른바 추상적 과실만이 문제되는 것이고, 이러한 과실은 사회평균인으로서의 주의의무를 위반한 경우를 가리키는 것이지만, 그러나 여기서의 '사회평균인'이라고 하는 것은 추상적인 일반인을 말하는 것이 아니라 그때 그때의 구체적인 사례에 있어서의 보통인을 말하는 것이다."고 한다(대판 2001. 1. 19, 2000다12532). 따라서 운전에 관하여는 운전자 중 보통·평균인을 기준으로 과실 여부를 판단하여야 한다. 나아가 행정적인 단속법규 위반과 같은 과실은 법적 평가의 측면이 다르므로 단속법규 위반이 있다고 하여 반드시 과실이 있다고 할 수 없다. 사안에서 甲이 야기한 자동차 사고는 차량의 베어링 파손으로 인하여 발생하였으며, 甲은 베어링의 결함을 알지 못하였으므로 이로 인한 사고가 발생할 것이라고 인식하였다고 볼 수 없다. 또한 甲은 배송시간을 맞추기 위하여 제한속도 100km의 자동차전용도로에서 시속 120km의 속도로 차를 운전하였다. 하지만 다른 사정이 없는 한, 이러한 속도위반이 있다는 이유만으로 甲에게 자동차 사고에 대한 과실이 있다고 보기 어렵다.

3. H사에 대한 권리행사

제조업자는 제조물의 결함으로 생명·신체 또는 재산상의 손해를 입은 자에게 그 손해를 배상하여야 한다. 사안에서 H사가 A에게 인도한 봉고트럭은 베어링의 결함에 의하여 사고가 발생하였고, 이로 인하여 옆 차선을 운행하던 乙의 자동차도 파손되는 손해를 입었다. 따라서 乙은 H사에게 제조물책임법에 따른 손해배상을 청구할 수 있다.

Ⅳ. 사안의 해결

(1) A는 H사에게 봉고트럭의 하자를 이유로 하자담보책임을 물을 수 있으며, 확대손해에 대하여는 불완전이행을 이유로 채무불이행책임을 물을 수 있다. 또한 자동차 사고가 베어링의 결함으로 인하여 발생하였으므로 A는 H사에게 제조물책임을 물을 수 있다. 이 경우 A는 이러한 청구권을 병존적으로 행사할 수 있다. 한편 甲은 봉고트럭을 운전하던 중 자동차의 결함으로 사고를 당하였으므로 제조사인 H사를 상대로 제조물책임

을 물을 수 있다.

(2) 乙은 甲이 야기한 자동차 사고로 인하여 자신의 차량이 파손되는 손해를 입었다. 그러나 甲은 자동차 사고에 대하여 과실이 있다고 보기 어려우므로 乙은 甲에게 불법행위로 인한 손해배상책임을 물을 수 없다. 그 대신 乙은 H사에게 제조물책임법에 따른 손해배상을 청구할 수 있다.

참고판례

1. 대법원 2000. 1. 18. 선고 98다18506 판결

매매의 목적물이 거래통념상 기대되는 객관적 성질·성능을 결여하거나, 당사자가 예정 또는 보증한 성질을 결여한 경우에 매도인은 매수인에 대하여 그 하자로 인한 담보책임을 부담한다 할 것이고, 한편 건축을 목적으로 매매된 토지에 대하여 건축허가를 받을 수 없어 건축이 불가능한 경우, 위와 같은 법률적 제한 내지 장애 역시 매매목적물의 하자에 해당한다 할 것이나, 다만 위와 같은 하자의 존부는 매매계약 성립시를 기준으로 판단하여야 할 것이다.

2. 대법원 2014. 5. 16. 선고 2012다72582 판결

민법의 하자담보책임에 관한 규정은 매매라는 유상·쌍무계약에 의한 급부와 반대급부 사이의 등가관계를 유지하기 위하여 민법의 지도이념인 공평의 원칙에 입각하여 마련된 것인데, 종류매매에서 매수인이 가지는 완전물급부청구권을 제한 없이 인정하는 경우에는 오히려 매도인에게 지나친 불이익이나 부당한 손해를 주어 등가관계를 파괴하는 결과를 낳을 수 있다. 따라서 매매목적물의 하자가 경미하여 수선 등의 방법으로도 계약의 목적을 달성하는 데 별다른 지장이 없는 반면 매도인에게 하자 없는 물건의 급부의무를 지우면 다른 구제방법에 비하여 지나치게 큰 불이익이 매도인에게 발생되는 경우와 같이 하자담보의무의 이행이 오히려 공평의 원칙에 반하는 경우에는, 완전물급부청구권의 행사를 제한함이 타당하다.

그리고 이러한 매수인의 완전물급부청구권의 행사에 대한 제한 여부는

매매목적물의 하자의 정도, 하자 수선의 용이성, 하자의 치유가능성 및 완전물급부의 이행으로 인하여 매도인에게 미치는 불이익의 정도 등의 여러 사정을 종합하여 사회통념에 비추어 개별적·구체적으로 판단하여야 한다.

3. 대법원 2004. 7. 22. 선고 2002다51586 판결

매도인이 성토작업을 기화로 다량의 폐기물을 은밀히 매립하고 그 위에 토사를 덮은 다음 도시계획사업을 시행하는 공공사업시행자와 사이에서 정상적인 토지임을 전제로 협의취득절차를 진행하여 이를 매도함으로써 매수자로 하여금 그 토지의 폐기물처리비용 상당의 손해를 입게 하였다면 매도인은 이른바 불완전이행으로서 채무불이행으로 인한 손해배상책임을 부담하고, 이는 하자 있는 토지의 매매로 인한 민법 제580조 소정의 하자담보책임과 경합적으로 인정된다고 할 것이다.

4. 대법원 2001. 1. 19. 선고 2000다12532 판결

불법행위의 성립요건으로서의 과실은 이른바 추상적 과실만이 문제되는 것이고 이러한 과실은 사회평균인으로서의 주의의무를 위반한 경우를 가리키는 것이지만, 그러나 여기서의 '사회평균인'이라고 하는 것은 추상적인 일반인을 말하는 것이 아니라 그때 그때의 구체적인 사례에 있어서의 보통인을 말하는 것이다.

한글색인

ㄱ

감독자책임	190
계약교섭	26
계약책임설	27
계약해제	80
계약해지	117
공동불법행위	204
공동불법행위책임	153, 245
공작물점유자·소유자책임	231
권한을 넘은 표현대리	38
기망행위	214

ㄴ

노무도급	228

ㄷ

담보책임	99, 119, 136, 140
대가관계	75
대리운전계약	200
도급인책임	228
동시이행의 항변	82
동시이행의 항변권	40, 59, 139

ㅁ

명의대여자 책임	217
목적물보관의무	118
무권대리	38
무단전대	127

ㅂ

법정책임설	27
변제제공	83
보호의무	27
부당이득반환	150
불능	46, 70
불법원인급여	161
불법행위책임설	27
불안의 항변권	48
불완전이행	260
불합의	5
비용상환청구권	172

ㅅ

사기	71, 106
사용자책임	180, 200, 219, 230, 242, 244
사정변경원칙	51
선관주의의무	42
수정해석	15
승낙	4
승낙적격	3
신뢰손해	29

ㅇ

약관	14
연착통지	4
오표시무해의 원칙	5
온라인마케팅 대행계약	243

완전물급부청구권	259
위약금	215
위약금 약정	101
위험부담	58
유치권	138
의사표시의 해석	6
이자약정	162
이행거절권	49
이행불능	46, 63, 88
이행지체	52, 79, 98
이행청구권	87
인격권 침해	241
임차권양도계약	120

ㅈ

자동차 운행자	12
제작물공급계약	24, 133
재조물책임	261

ㅊ

착오	7
채권자위험부담	61
청구권 경합	263
청약	2, 25
청약의 유인	25
추완청구	111

ㅍ

판례	27

ㅎ

하자담보책임	107, 258
현상광고	24
회원권 분양 중개계약	214

판례색인

대판 1967. 5. 18, 66다2618　109
대판 1967. 5. 18. 선고 66다2618 전원합의체 판결　113
대판 1968. 2. 27. 선고 67다1975　233.237
대판 1969. 4. 15. 선고 69다268　210
대판 1969. 7. 22. 선고 69다684　184. 186
대판 1970. 2. 24. 69다1410, 1411　74
대판 1970. 12. 29. 70다2449　101
대판 1970. 12. 29. 선고 70다2449　104
대판 1977. 5. 24. 선고 77다354　185
대판 1981. 1. 13, 80다380　151
대판 1982. 1. 26, 81다528　100
대판 1982. 1. 26. 선고 81다528　103
대판 1982. 5. 25. 81다카1061　151
대판 1982. 5. 25. 선고 81다카1061　156
대판 1982. 12. 28, 80다2750　100
대판 1982. 12. 28. 선고 80다2750　103
대판 1983. 3. 22, 82다카1533　154
대판 1983. 11. 22, 83다430　162
대판 1983. 11. 22. 선고 83다430　167
대판 1983. 11. 22, 83다카1153　229
대판 1983. 11. 22. 선고 83다카1153　234
대판 1983. 12. 13, 83다카1489　39
대판 1983. 12. 13. 선고 83다카1489 전원합의체 판결　44
대판 1984. 6. 12. 81다558　252
대판 1984. 6. 12. 선고 81다558　254
대판 1985. 11. 26. 84다카2543　14
대판 1986. 2. 25. 선고 85다카1812　125
대판 1986. 12. 23. 86다카556　12, 13
대판 1987. 7. 7, 86다카2475　38
대판 1987. 7. 7. 선고 86다카2475　44
대판 1987. 7. 21, 86다카2446　134.143
대판 1989. 11. 14, 89다카15298　109.113
대판 1990. 2. 13, 89다카11401　135
대판 1990. 2. 13. 선고 89다카11401　143
대판 1990. 11. 23, 90다카24335　48
대판 1990. 11. 23. 선고 90다카24335　54
대판 1991. 3. 8, 90다18432　229
대판 1991. 3. 8. 선고 90다18432　235
대판 1991. 10. 25. 선고 91다22605　157
대판 1991. 12. 24. 선고, 90다카23899, 전원합의체 판결　17
대판 1992. 4. 14, 91다4102　12
대판 1992. 4. 14, 91다17146 · 17153　109
대판 1992. 6. 23, 91다33070　201.245
대판 1992. 6. 23. 선고 91다33070 전원합의체 판결　210
대판 1992. 10. 27, 91다30866　228
대판 1992. 10. 27. 선고 91다30866　233
대판 1992. 12. 24. 선고 92다22114　139.145.174.176
대판 1992. 12. 24, 92다25120　164
대판 1992. 12. 24. 선고 92다25120　169
대판 1993. 2. 9, 92다31668　232
대판 1993. 2. 9. 선고 92다31668　236

대판 1993. 4. 27, 92다45308　　　118
대판 1993. 4. 27. 선고 92다45308　　123
대판 1993. 5. 27, 92다20163　　　47
대판 1993. 11. 23, 93다25080　　　136
대판 1993. 11. 23. 선고 93다37328　103
대판 1993. 12. 10, 93다12947　　　165
대판 1993. 12. 10. 선고 93다12947　167
대판 1994. 2. 8, 93다13605　　　182
대판 1994. 2. 8. 선고 93다13605　　197
대판 1994. 2. 8. 선고 93다13605 전원합의체 판결　　　185
대판 1994. 8. 23. 선고 93다60588　196
대판 1994. 10. 14, 94다3964　　　153
대판 1994. 10. 14. 선고 94다3964　158
대판 1994. 10. 28, 94다16328　232.236
대판 1995. 4. 14, 94다6529　　　89
대판 1995. 4. 14. 선고 94다6529　　94
대판 1995. 5. 12, 94다25551　　　152
대판 1995. 5. 12. 선고 94다25551　156
대판 1995. 9. 15, 95다16202, 95다16219　　　139, 145
대판 1996. 1. 23, 94다31631, 31648　137
대판 1996. 1. 23. 선고 94다31631, 31648　　　144
대판 1996. 1. 23, 95다38233　　　149
대판 1996. 1. 23. 선고 95다38233　157
대판 1996. 4. 9, 95다52611　　184, 223
대판 1996. 4. 9. 선고 95다52611　186, 224
대판 1996. 4. 12, 93다40614　　　241
대판 1996. 4. 12, 95다55245　　　100

대판 1996. 4. 12. 선고 95다55245　103
대판 1996. 6. 14, 94다41003　　　120
대판 1996. 6. 14. 선고 94다41003　124
대판 1996. 11. 26, 96다35590·35606　81
대판 1997. 4. 25. 선고 96다53086　234
대판 1997. 5. 7. 선고 96다39455　114
대판 1997. 5. 24, 77다354　　　180
대판 1997. 10. 24, 95다49530,49547　　　165, 166
대판 1997. 10. 24. 선고 95다49530,49547　　　168
대판 1997. 10. 24. 선고 97다28698　76
대판 1998. 3. 13, 97다54604, 54611　41
대판 1998. 3. 13. 선고 97다54604,54611　　　43
대판 1998. 10. 20, 98다31691　　154
대판 2000. 1. 18, 98다18506　　258
대판 2000. 1. 18. 선고 98다18506　266
대판 2000. 5. 16, 99다47129　　230
대판 2000. 5. 16. 선고 99다47129　236
대판 2000. 11. 10, 98다39633　　250
대판 2001. 1. 19, 2000다12532　　265
대판 2001. 1. 19. 선고 2000다12532　267
대판 2001. 2. 9, 99다55434　　　248
대판 2001. 2. 9. 선고 99다55434　255
대판 2001. 9. 28, 2001다10960　　119
대판 2001. 9. 28. 선고 2001다10960　124
대판 2002. 8. 23, 99다66564,66571　173
대판 2002. 8. 23. 선고 99다66564,66571　　　176
대판 2003. 1. 24, 2000다22850　　88

대판 2003. 4. 11, 2001다53059 2, 25, 26
대판 2003. 4. 11. 선고 2001다53059 8
대판 2003. 4. 11. 선고, 2001다53059 32
대판 2003. 6. 27. 2001다734 249, 250
대판 2003. 6. 27. 선고 2001다734 253
대판 2003. 12. 11. 선고 2003다49771 77
대판 2004. 3. 12, 2001다79013 64
대판 2004. 3. 12. 선고 2001다79013 66
대판 2004. 3. 18, 2001다82507 150
대판 2004. 3. 18. 선고, 2001다82507 전원합의체 판결 157
대판 2004. 5. 28, 2002다32301 30, 31
대판 2004. 5. 28. 선고, 2002다32301 33
대판 2004. 7. 22, 2002다51586 108, 109, 263
대판 2004. 7. 22, 선고 2002다51586 113, 267
대판 2004. 12. 9, 2004다49525 41
대판 2005. 2. 25, 2003다36133 220
대판 2005. 2. 25. 선고 2003다36133 223
대판 2005. 7. 22. 선고 2005다7566,7573 76
대판 2006. 10. 13, 2004다21862 24
대판 2006. 10. 13. 선고, 2004다21862 33
대판 2006. 10. 26. 선고 2004다24106, 24113 55
대판 2007. 2. 15. 선고 2004다50426 전원합의체 판결 168

대판 2007. 4. 26. 선고 2005다24318 196
대판 2007. 6. 1. 선고, 2005다5812,5829, 5836 25, 28, 29, 33
대판 2007. 8. 23, 2005다59475·59482·59499 14
대판 2008. 2. 28, 2006다10323 117, 122
대판 2008. 2. 28. 선고 2006다10323 124
대판 2008. 4. 24. 선고 2007다44774 210
대판 2009. 5. 28, 2008다98655,98662 59
대판 2009. 5. 28. 선고 2007다87221 209
대판 2009. 5. 28. 선고 2008다98655,98662 66
대판 2013. 6. 27, 2013다14880,14897 81
대판 2014. 5. 16, 2012다72582 260
대판 2014. 5. 16. 선고 2012다72582 266
대판 2016. 8. 18. 선고 2014다31691, 31707 145
대판 2017. 10. 12, 2016다9643 59
대판 2017. 10. 12. 선고 2016다9643 67
대판 2018. 2. 13, 2017다275447 3
대판 2018. 2. 13. 선고 2017다275447 8
대판 2020. 6. 11, 2020다201156 142
대판 2020. 6. 11. 선고 2020다201156 146
대판 2021. 5. 27, 2017다225268 138
대판 2021. 5. 27. 선고 2017다225268 144

| 저자 소개 |

정 진 명

[약력]
- 충남대학교 법과대학 졸업
- 동 대학원 졸업(법학박사)
- 독일 뮌헨대학교 방문연구원
- 부산외국어대학교 교수 역임
- 사법시험 위원
- (현) 단국대학교 법과대학 교수

[주요 저서 및 논문]
- 「독일민법의 기초」 (디터 메디쿠스 저), 법원사, 1999
- 「가상공간법 연구(Ⅰ)」, 법원사, 2003
- 「민법총칙 사례연습(개정증보판)」, 동방문화사, 2021
- 「물권법 사례연습」, 동방문화사, 2020
- 계약해제의 효과에 관한 연구 외 80여 편

채권각론 사례연습

초판 발행 / 2023. 9. 5.
지 은 이 / 정 진 명
펴 낸 이 / 조 형 근
펴 낸 곳 / 도서출판 동방문화사
　　　　　서울시 서초구 방배로 16길 13 지층
　　　　　전 화 : (02) 3473-7294
　　　　　팩 스 : (02) 587-7294
　　　　　메 일 : 34737294@hanmail.net
　　　　　등 록 : 서울 제22-1433호

파본은 바꿔 드립니다.
본서의 무단복제행위를 금합니다.
정 가 : 28,000원　　　ISBN　979-11-89979-66-9　93360